［新版］日本国紀〈上〉

百田尚樹

幻冬舎文庫

［新版］日本国紀 上

序にかえて

日本ほど素晴らしい歴史を持っている国はありません。

もちろん世界中の人々が自分の国について同じように思っていることでしょう。それでも敢えて、日本ほど素晴らしい歴史を持っている国はないと、私は断言します。神話とともに成立し、以来二千年近く、一つの国が続いた例は世界のどこにもありません。これ自体が奇跡といえるほどです。

北太平洋の西に浮かぶ日本列島は豊かな自然に恵まれていますが、一方で、世界有数の地震国であり、台風や河川の氾濫など、常に厳しい自然災害に見舞われてきました。だからこそ、人々は互いに助け合い、仲睦まじく暮らしてきました。同時にどれほどの痛手を受けても立ち直るという力強さを培《つちか》いました。

幕末から明治にかけて、日本を訪れた欧米の人たちは一様に、日本人の誠実さ、善良さ、勤勉さに驚いています。これは近世に限ったことではありません。千七百年以上も前に中国大陸で書かれた『魏志《ぎし》』の中の「倭人伝」にも、日本人は盗みはしない、争いごとは少ないとわざわざ記されています。私たちの祖先が、外国人が特筆するほど優しい人たちであったことを、心から嬉しく思います。

一八〇〇年代の半ば、私たちの国は欧米列強によって鎖国の扉をこじ開けられ、強引に世界の舞台に引きずり出されました。当時の世界は欧米列強による植民地争奪戦の時代であり、白人にとって有色人種は「人」ではなく、奴隷に近い存在でした。日本はその暴風の中で独立を保ったばかりか、あっという間に欧米列強に肩を並べる強国となりました。

ところが、第二次世界大戦により、日本は木端《こっぱ》微塵《みじん》にされました。三百万人以上の尊い命が失われ、国力は世界最貧国ともいえる状況にまで落ちました。しかし、そこから世界が驚倒するほどの復興を見せます。それどころか、戦後の日本は世界の平和に貢献し、多くの発展途上国を援助してきたのです。

これが日本です。私たちの国です。

ヒストリーという言葉はストーリーと同じ語源とされています。つまり歴史とは「物語」です。本書は日本人の物語、いや私たち自身の壮大な物語なのです。

百田尚樹

［新版］日本国紀　上巻

第一章

古代～大和政権誕生　13

第四章 鎌倉幕府〜応仁の乱 151

第五章 戦国時代 215

第六章　江戸時代　257

※本書では人物の年齢を満年齢、あるいはその年の年齢で表記しています。

第一章

古代〜大和政権誕生

日本の古代史を語る上での大きな障壁は、六世紀以前のことがよくわかっていないことです。

考古学的な資料を除けば、『魏志』をはじめとする中国の史書と、『古事記《こじき》』と『日本書紀《にほんしょき》』が文献資料のほぼすべてといえるのですが、中国の史書における日本の記述には伝聞や臆測が多くあり、『古事記』と『日本書紀』にも神話が多数含まれているため、どこまでが事実かはっきりしません。

ただ、私がむしろ素晴らしいと感じている点はまさにそこで、日本の歴史は神話と結びついているからこそ、格別にユニークなものとなっています。古代ギリシャやローマ帝国も神話と結びついている国といえますが、ギリシャは紀元前には滅んでいますし、ローマ帝国も跡も形もありません。

ところが、我が国、日本は神話の中の天孫《てんそん》の子孫が万世《ばんせい》一系とされ、実際、大和政権が成立した四世紀以降から二十一世紀の現代までその皇統が続いているとされています。こんな国は世界のどこにもありません。しかも『古事記』も『日本書紀』もただの作り話ではありません。そこここに考古学的な裏付けのある話が鏤《ちりば》められているのです。

そもそも神話というものは、実際に起こった出来事が暗喩を用いて象徴的な物語として描かれていたり、別の何かに置き換えられて書かれていたりすることがよくあります。一見荒唐無稽に思える話の中に、真実が隠されているのが神話であり、それらを想像し読み解くことが、神話を読む楽しみの一つだともいえます。

したがってこの章では、考古学的資料を最優先し、『魏志』および『古事記』と『日本書紀』を参考にしながら、時に私なりの大胆な解釈を加えて歴史を見ていくことにします。

さあ、これから私と一緒に、自らを知る素晴らしい旅に出かけましょう。

縄文時代

私たちの歴史はどこから始まるのか。実はこれはなかなか難しいテーマです。現代の研究によれば、日本列島に人が住み始めたのは旧石器時代と呼ばれる十数万年前とされていますが、だからといって日本に十数万年の歴史があるとはいえません。このあたりは考古学の分野であり、「歴史」というからには、文字による記録が残っている時代、あるいは日本という国家体制らしきものが整った時代以降というべきだからです。

そもそも私たち日本人の祖先はどこから来たのでしょうか。今から一万〜二万年前の日本列島は大陸と地続きの時期があり、朝鮮半島やカムチャツカ半島経由で、多くの動物とともに人間が移ってきました。南方からも海を渡ってやってきました。国家が誕生する以前の時代は、縄文《じょうもん》時代と呼ばれていますが、縄文人のルーツははっきりしません。おそらく前述した様々な経路で日本列島にやってきた種々な人々が何代にもわたって混血してできあがった民族です。

縄文時代は一万二、三千年前から二千八百年前頃まで続いたとされていますが、このように長い年月をかけ、他国には見られない独特の文化や言語を持つ個性的な民族が形成されていきました。その民族の主たるルーツを調べるには、考古学の他に、言語学、民族学、宗教学などによるアプローチが必要ですが、現在はまだ定説と呼ばれるものはありません。いずれ周辺国の人々を含めた大掛かりなDNA解析が進めば、かなりのことがわかるでしょう。

縄文時代の人々の生活は、採取・狩猟・漁撈《ぎょろう》（魚貝類や海藻をとること）が主で、本格的な農耕や牧畜は行なわれていませんでした。この時代の遺跡が北海道から九州にわたって数多く発見されていることから、縄文人が日本列島に広く分布していたことがわかります。彼らはおもに血族で、近くに川や湖がある小高い丘に竪穴《たてあな》住居などを作って暮らしていて、おそらく人々の間に階級などはなかったと考えられています。

ただし縄文人の集落や暮らしぶりについては、ここ三十年余の発掘や研究によって、それまでのイメージを大きく変える発見がされてもいます。その代表例が青森県青森市で調査が進む三内丸山遺跡です。紀元前約三九〇〇年〜前二二〇〇年頃のものとされる約四二ヘクタール（東京ドーム約九個分の広さにあたる）の大規模集落遺跡からは、竪穴建物跡のほか、大型掘立柱建物跡が発見され、ここに暮らしていた縄文人が相当高度な土木技術を有していたことがわかっています。土木技術を裏付けるものとしてはほかに、大人の墓と子どもの墓、貯蔵穴、道路跡なども見つかっています。生活用品としては、膨大な量の縄文土器に加えて石器、土偶、土・石の装身具、木器(掘り棒、袋状編み物、編布、漆器など)や骨角器、さらに他の地域から運ばれたとみられるヒスイや黒曜石など、多彩なものが出土しています。また、ヒョウタンやゴボウ、豆などの栽培植物が出土し、DNA分析で栗の栽培がされていたことも明らかになっており、農耕生活の萌芽もうかがえます。縄文時代の文明文化については、今後の研究でさらに塗り替えられていくことも期待されます。

他方、当時の世界では、日本の縄文時代のものよりもはるかに高度な文明が誕生していました。中国の黄河《こうが》・長江《ちようこう》流域、インド・パキスタンのインダス川流域、中東のチグリス・ユーフラテス川流域、エジプトのナイル川流域など(いずれも紀元前六〇〇〇~紀元前三〇〇〇年頃)では、農耕技術が発展し、大規模な都市国家が生まれていたのです。それらの地の多くでは青銅や鉄といった金属器が使用されていました(日本の縄文時代には石器と土器しかなかった)。

古代ギリシャで第一回オリンピックが開かれたのは紀元前七七六年、縄文人の多くがまだ竪穴住居で暮らしていた頃のことです。その後、古代ギリシャの王朝マケドニアからアレクサンドロス大王が出て、ヨーロッパからインドまで征服し大帝国を作ります。アレクサンドロス大王の教師は哲学者アリストテレスでした。アリストテレスは地球が球体であることを物理的・観察的な論拠から説得力をもって説明した「万学の祖」です（ギリシャでは球体説は昔からあった）。その後、アレクサンドロスの帝国が分裂し、ヨーロッパではローマが覇権を握ることとなります。

同じ頃、インドや中国大陸にも高度な文明がありました。釈迦《しゃか》や孔子《こうし》が生まれたのはいずれも紀元前五〇〇年代ですが、当時これらの地域にはすでに文字による記録が残されています。ギリシャのヘロドトスが『歴史』を著わしたのは紀元前四〇〇年代であり、中国の司馬遷《しばせん》が『史記《しき》』を著わしたのは紀元前一〇〇年前後のことです。

それらの地域に比べれば、日本はまだ文明的にははるかに遅れた地でした。しかし大きな戦争はなく、人々は前述のような集落を作って平和に暮らしていたと考えられます（考古学的資料には大戦争の形跡がない）。

縄文時代という名称は、この時代の遺跡から発見された土器（粘土をこねて作ったものを火で焼いて固くしたもの）に、縄目のような模様が付けられていたことに由来します。私は縄文土器を見ると、つい一所懸命に縄目模様を施していた先人の姿が脳裏に浮かび、微笑ましい気持ちになります。近代文明とはかけ離れた原始的な生活をしていた縄文人が、その暮らしの中に美しいものを求める心を持っていたことが感じ取れるからです。

縄文時代の人々の寿命については諸説ありますが、平均すると十五歳くらいだったといわれています。これは乳幼児の死亡率が高いためですが、十五年以上生き延びた人に限っても、平均寿命は推定三十歳くらいでした。女性の場合、十五歳から二年に一度出産すると仮定すると、八人くらいの子供を産むことができます。しかし医療技術のない当時、出産は非常に危険なことであり、八人も出産できる女性はおそらく少なかったでしょう。生まれた子供の多くが乳幼児の頃に亡くなったことをも考慮すると、縄文時代の人々は人口を維持するのがぎりぎりであったと思われます。

今、この本を書いている私も、そして読者の皆さんも、縄文時代の女性が命懸けで産み、育てた子供たちの末裔です。飢餓、病気、戦争という過酷な環境の中で生き抜き、出産と子育てという営みが数千年以上繰り返されてきたこと、その結果、自分が今ここにいることを思うと、私は胸が熱くなります。

コラム

「世界四大文明」――この用語は日本だけのもので、ヨーロッパやアメリカで使われることはありません。というのも世界の古代文明は四つどころではないからです。オーストラリア大陸や南北アメリカ大陸にも優れた文明はありましたし、日本の縄文時代の文明も一万年前まで遡《さかのぼ》れば、世界有数の高度なものといえます。ちなみに現在までに発見されている世界最古の釣り針は、沖縄の洞窟で発見された約二万三千年前のものとされますが、これは縄文時代より前です。

この「世界四大文明」という言葉は、清《しん》の政治家、梁啓超《りょうけいちょう》が二十世紀初頭、日本亡命中に作ったものです。清が西洋に比べて遅れていることに消沈していた梁が、日本人から「中国には偉大な黄河文明があるではないか」と教えられたことで自信を取り戻し、自作の詩「二十世紀太平洋歌」の中で使った用語でした。ところが、この梁による作語が、古代中国に対する憧れが強い日本で逆に定着してしまい、今も教科書などで使われているというわけなのです。

余談ですが、近年、北朝鮮がこの四大文明に「大同江文化《だいどうこう》」なるものを加えて、

「世界五大文明」という主張をしています。しかし、そのような「文明」が存在した証はありません。

弥生時代（紀元前十世紀～三世紀）

縄文時代には、採取・狩猟・漁撈が生活手段の中心でしたが、紀元前十世紀頃、北九州で水稲耕作《すいとう》が始まり、これ以降の時代を「弥生時代」と呼びます。もっとも縄文時代と弥生時代の年代区分ははっきりしたものではありません。

弥生時代という名称は、縄文土器とは形状の異なる土器が最初に発見された地が、東京府本郷区向ヶ丘弥生町（現代の東京大学の近く）であることから付けられました。

かつては水稲耕作が始まったのは紀元前五世紀頃とされ、弥生時代もその頃からとされていましたが、近年、考古学の研究が進み、水稲耕作跡の発見から弥生時代の始まりも一気に五百年ほど遡ることとなりました。水稲耕作は稲のＤＮＡなどから中国大陸の長江流域から伝わったと考えられています。

その後、青銅や鉄といった金属の使用も始まりました。これらの文化は大陸から朝鮮半島などを経由してやってきた人々が伝えたとされており、その頃から九州地方と大陸との交易はあったと考えられています。当時、東アジアにおいては、今の中国にあたる地域に圧倒的に高度な文明があり、そこではすでに鉄器が使われていました。

世界史的には青銅器時代から鉄器時代に移行するのに二千年以上かかったといわれています。鉄を熔《と》かすには、銅や錫《すず》（青銅は銅と錫の合金）を熔かすよりもはるかに高い温度を必要としますが、それにはふいごの発明を待たなければならなかったからです。しかし日本にはほぼ同時に青銅器と鉄器の技術が入ってきたため、青銅器時代と鉄器時代の境がありません。我が国では、青銅器は儀礼に用いられたり（銅鐸《どうたく》など）、宝飾として使われたりし、実用的な武器や鎌には鉄が用いられました。

水稲耕作は、日本を大きく変えました。人々は食料を大量に獲得できるようになり、人口が増え、社会は飛躍的に発展したのです。また長い間、縄文人と弥生人は骨格の違い（弥生人の方が大きい）などから違う民族ではないかと考えられていました。すなわち日本列島に土着していた縄文人を、海を渡ってやってきた弥生人が駆逐していったのではないかという説が主流だったのです。しかし当時の航海技術では大量の人間を運ぶことは難しく、また大きな戦争の跡もないこと、さらに最近のＤＮＡの研究などから、今ではこの説はほとんど否定されています。

両者の骨格の違いは、それまでの採取・漁撈中心の食生活から、米を主食にすることによる変化と考えるのが自然でしょう。大東亜戦争後に、欧米流の食生活へと変化したことによって、わずか半世紀で日本人の平均身長が一〇センチ近くも伸び、体格が大きく変わったことを見ても、食糧事情の変化が縄文人の体格を変化させた可能性は充分にあります。そう、縄文時代と弥生時代には民族や文化の断絶はなく、同じ日本人だったといえるのです。

稲作文化が日本人に変化を与えたのは身体だけではありませんでした。稲作には指導者が必要なため、その発達は人々の間に自然と上下関係を生じさせたと考えられます。また籾《もみ》が保存可能なことから、富の蓄積、貧富の差が生まれ、やがてそれらが人々の間に階級を生みました。肥沃な土地を求めて部族間の争いが起き、多くの原始小国家「クニ」のようなものが誕生したとも考えられます。

この頃のことを記した同時代の文書は日本にはありませんが、一世紀頃に編纂された中国の『漢書《かんじょ》』「地理志」の中に、「楽浪《らくろう》海中に倭人《わじん》あり、分れて百余国となり、歳時をもって来たり献見すと云う」というくだりがあります（楽浪とは現在の北朝鮮あたりにあった漢帝国の支配地域)。倭人とは日本人を指します。つまり一世紀頃の日本には多くの原始小国家があり、漢帝国に朝貢《ちょうこう》(中国皇帝に貢物《みつぎもの》を贈る行為)していたというのです。

また『後漢書《ごかんじょ》』「東夷伝《とういでん》」にも同様の記述があり、五七年に倭の奴国《なこく》が使節を送り、後漢の光武帝《こうぶ》が印綬《いんじゅ》を与えたという記録があります。約千七百年後の江戸時代に、筑前国志賀島《ちくぜんのくにしかのしま》(現在の福岡県福岡市)で発見された「漢委奴国王《かんのわのなのこくおう》」と刻印された金印がそれだと考えられています。

農耕生活と日本人

四季があり、恵まれた自然環境の中で暮らしていた縄文人は、「生物・無生物に限らず万物に霊魂が宿る」というアニミズムの思想を育んでいましたが、それが弥生時代にも受け継がれました。

稲の収穫が天候に大きく左右されることから、「自然界のあらゆるものに神が宿る」という信仰文化がいっそう強まり、後の神道へと発展していったと考えられます。

また稲作は多くの水を必要とするため、人々はそれまで生活していた小高い丘から、川の流れる平野部や湿潤地帯へと移り住みました。種まきや収穫の時などに、集落総出で豊作を祈願する祭礼を行なうようにもなりました。たとえば秋の終わりに収穫を祝う「新嘗祭《にいなめ》」もこの時期に原型が作られたと思われ、その後、大和政権の建国から現在まで宮中《きゅうちゅう》で連綿と行なわれている最重要祭祀《さいし》の一つです。もっとも応仁の乱から戦国時代は多くの宮中祭祀が中断され、江戸時代に入ってから復活しました（新嘗祭も寛正《かんしょう》四年【一四六三】〜元文《げんぶん》五年【一七四〇】に中断）。ところが、これが大東亜戦争後、アメリカ占領軍の政策により、宮中祭祀・国事行為から切り離され、その祭日が「勤労感謝の日」という意味の異なる名称に変えられてしまいました。古代からの歴史のつながりを断たれてしまったことは残念な限りです。

統一国家へ

弥生時代の日本について最も詳しく書かれた重要な歴史書といえば、古代中国の『魏志』「倭人伝」（正確には『魏志』の中の「東夷伝・倭人の条」）です。当時の大陸は『三国志《さんごくし》』でお馴染みの「魏《ぎ》、呉《ご》、蜀《しょく》」の三国時代であり、日本はこの中の魏と交流していました。

伝聞や臆測が多く含まれている『魏志』の「倭人伝」を重要視する必要はないという意見もあります。しかし当時の日本を書いた稀少な記録ですから、やはり一級の史料であることは間違いないでしょう。

『魏志』には、日本では二世紀半ばから後半に内乱が続いたと書かれています。これは「倭国大乱《わこくたいらん》」と呼ばれていますが、その規模や期間には諸説あり、詳しいことはわかっていません。『魏志』によれば、その内乱を鎮めるために、小国の王たちが擁立したのが邪馬台国《やまたいこく》の卑弥呼《ひみこ》だとされています。

とはいえ、邪馬台国は絶対的権力を備えた中央集権国家ではなく、連合国家であったようです。『魏志』には、卑弥呼が魏に朝貢したのは、二三九年とあります。この頃、邪馬台国は魏や、その後に成立した晋《しん》と交流を行なうほどの国になっていたと考えられるのですが、その邪馬台国がどこにあったのかが今も不明なのです。遺跡や遺物から畿内説が有力ではありますが、決定的とはいえず、九州説をとる学者もいます。

私は、後述するいくつかの理由で九州にあったのではないかと考えています。

古代の日本社会と日本人

『魏志』「倭人伝」には、日本人の性格や日本社会の特徴についての記述もあります。そこには「風俗は乱れていない」「盗みはしない」「争いごとは少ない」とありますが、歴史書にわざわざ記すくらいですから、当時の魏の人々にとって、これら日本人の特徴は非常に珍しいものだったに違いありません。こうした記述は、多くの歴史研究者にとっては些細なことであり、見過ごされがちですが、私は敢えてここに注目します。千八百年も前の私たちの祖先が、他人のものを盗んだり、他人と争ったりしない民族性であったことを、心から嬉しく思うのです。

もうひとつ注目すべき記述は「その会同・座起には、父子男女の別なし」というものです。つまり集会の席では長幼や男女の区別がなかったというのです。ここには女性を一段下に見る文化はありません。おそらく魏の人にとっては、これも変わったことに見えたのでしょう（風俗や文化の記述は当り前のことは記されない傾向がある）。

卑弥呼は『魏志』「倭人伝」に「鬼道を使って人を惑わす（従えた）」と書かれていることから、一種のシャーマン（巫女《みこ》）であったと考えられています。もしかしたら「日巫女」であったかもしれないと言う人もいます。

卑弥呼は二四七年か二四八年に死んだとされていますが、実はこの年に不思議なことが起きています。九州地方と大和地方でかなり大規模な日蝕《にっしょく》が見られたのです。これは現代の天文学でも明らかになっていて、日時まで特定されています。月が太陽の光を遮ることで日蝕という現象が起きることは、現代では子供でも知っていますが、天文学の知識のない古代人にとっては、太陽が突如、姿を消すというのは、とてつもなく恐ろしい出来事だったと想像できます。

その日蝕が起こった年に卑弥呼が亡くなっているのは果たして偶然でしょうか。作家の井沢元彦《いざわもとひこ》氏は、卑弥呼は天変地異の責任を取らされて殺された可能性があるという説を唱えていますが、卑弥呼が太陽神を祀る「日の巫女」であるならば、うなずける説ではあります。証拠はありませんが、こういうことを想像することも歴史のロマンであり、愉しさではないでしょうか。

また『日本書紀』の中にある天照大神《あまてらすおおみかみ》（『古事記』では天照御大神）が「天岩戸に

隠れたことで、世の中が真っ暗になった」物語は、日蝕の暗喩だという説があり、これをもって「卑弥呼＝天照大神」と考える人もいますが、太陽神が隠れて世界が闇に覆われるという話は、古代中国、東南アジア、ヨーロッパの神話にもあり、決して珍しいものではありません。二人が同一人物というのは非常に魅力ある説ではありますが、私は賛同しません。その理由は後に述べます。

倭とは何か

『漢書』をはじめとする古代中国の歴史書には、日本は「倭」と書かれています。「倭」という文字には、「小さい」「従順な」という意味がありますが、決していい意味を表わす文字ではありません。中国では昔から周辺国の国名や人物には、賤しい意味を持つ文字を当てる例があります。国名では「匈奴《きょうど》」「鮮卑《せんぴ》」「奴国」などですが、邪馬台国にも「邪」という賤字が使われ、卑弥呼にも「卑」という賤字が付けられています。『後漢書』「東夷伝」の「夷」も賤字です。

最初は文字を持たなかった日本人も、やがて漢字を習得すると、「倭」がいい意味の字ではないということがわかってきました。そこで七世紀中頃から同じ「わ」という音を持つ「和」という字を使うようになります（六六八年の天智天皇《てんじ》の即位から「和国」の文字が使われるようになったという説がある）。ちなみに「日本」という国号が正式に使われるようになったのがいつ頃かははっきりしませんが、六八九年の「飛鳥浄御原令《あすかきよみはらりょう》」において、「日本」という国号が使われています。

ここで一つ疑問が生じます。なぜ魏の人が日本を「倭」と呼んだのかということです。私は、魏に赴いた使節が自分たちのことを「わ」と言ったのではないかと想像します。日本人は昔も今も、自分のことを「われ」「わし」「わがはい」「わたし」「わが」「わい」などと言います。古い日本語が多く残っていると言われる東北地方の一部には、今も「わ」という言葉が残っています。古代中国へ渡った使節が、「お前たちは何者だ？」と訊かれて、自分たちのことを「わ」と言ったのではないか。それを聞いた中国人が、記録に「倭」ないし「倭国」と書き、その呼び名が日本に逆輸入されたのではないでしょうか。もちろん文献が残っているわけではなく、私の推測にすぎないことを断わっておきます。

大和政権が生まれるまで

限定的とはいえ、日本初の統一国家となったとされる邪馬台国が、後の大和政権となったのかどうかは不明です。私は邪馬台国が大和政権になったのではないと考えています。

大和政権の歴史書である『古事記』『日本書紀』（併せて「記紀《きき》」と呼ぶ）には、卑弥呼のことも邪馬台国のことも書かれていません。大和政権が邪馬台国なら、当時の大国であった魏から「王」に任ぜられ、多くの宝物を授かった出来事が一切記録に残されていないのは不自然です。このことが、私が「邪馬台国畿内説」をとらない理由の一つです。同様に「卑弥呼＝天照大神」も正しくないと考えています。二人がともに「太陽」と関係があるのも、弟がいたというのも偶然の一致だと思います。歴史にはこうした偶然の一致がままあります。また「日蝕＝天岩戸伝説」も、「日蝕」の記憶が語り継がれて、神話に取り入れられたのではないでしょうか。

私は、大和政権は九州から畿内に移り住んだ一族が作ったのではないかと考えています。記紀にも、そのようなことが書かれています。いわゆる「神武《じんむ》東征」（神武東遷ともいう）です。

『日本書紀』によれば、天照大神の子孫である神武天皇は九州から瀬戸内を通り、大阪平野に入ろうとしますが、長髄彦《ながすねひこ》と戦って敗れます。そこで神武天皇は大阪を大きく迂回して和歌山の熊野から大和平野に入り、その地で力を蓄え、あらためて長髄彦と戦って破ったと、記紀にあります。これは神話であって事実ではないと捉える学者が少なくありませんが、作り話にしては、妙にリアリティがあります。わざわざ負けた話を創作するのも不自然です。また、熊野は古来、大和政権にとって神聖な地です。こういったことから、「神武東征」は真実であったと私は考えています。もっとも『日本書紀』によれば神武天皇の即位は紀元前六六〇年となりますが、さすがにこの年代は考古学的に信じるに値しません。

ただし神武天皇が邪馬台国の末裔かどうかはわかりません。前述のように、記紀に卑弥呼に関する記述がまったくないからです。『魏志』「倭人伝」には、邪馬台国は狗《く》奴《な》国と戦っているという記述がありますが、私は、その後、この狗奴国が邪馬台国を滅ぼしたのではないかと考えています。神武天皇は邪馬台国を滅ぼした狗奴国の流れを汲む一族の出身ではないかとも考えられるのですが、これを証明する文献も考古学的資料も存在はしません。

銅鐸の謎

私が神武東征を事実と考える根拠の一つが銅鐸です。

二〜四世紀頃の日本には、銅矛《どうほこ》文化圏と銅鐸文化圏がありました。現在の歴史教科書では「文化圏」という言葉は使われなくなりましたが、本書では敢えて使うこととします。

畿内から中国地方の東部が銅鐸文化圏で、九州から中国地方西部が銅矛文化圏です。この二つの文化圏は、基本的に重なっていません（近年、一部の例外もあることが判明）。つまり異なる二つの国があったと考えられるのです。

二つとも青銅器ですが、銅矛は武器であり、銅鐸は祭祀に使われたものとされています。ところが銅鐸は三世紀頃から突如として使われなくなった形跡があります。そして、中国地方（特に出雲《いずも》）の遺跡から発掘される銅鐸は、丁寧に埋められており無傷であることが非常に多いのです。まるで大事なものを隠すために埋められたかのようだと言う学者もいます。もしそうなら、理由は何でしょうか。見つかると危険だから、こっそりと埋めたと考えるのが自然です。つまり新しい為政者が銅鐸を使う祭祀を禁じた可能性が考えられます。

一方、大和平野の遺跡で発掘される銅鐸の多くは壊された形で見つかっています。大和平野といえば、大和政権の最初の本拠地です。その地から発見される銅鐸の多くが、人為的な力を加えて破壊されているということは意味深長ではないでしょうか。世界の歴史を見ても、征服民が被征服民の宗教を弾圧し、その施設や祭祀の道具を破壊する行為は珍しくありません。つまり奈良にあった銅鐸文化を持った国を、別の文化圏の国が侵略し、銅鐸を破壊したと考えれば辻褄が合います。

もし神武天皇に率いられた一族が銅鐸文化を持たない人々であり、大和平野に住んでいた一族が銅鐸文化を持つ人々であったとしたら、どうでしょう。神武天皇の一族が銅鐸を破壊したとしても不思議ではありません。そして後に大和政権がじわじわと勢力を広げ、中国地方の銅鐸文化圏の国々を支配していく中で、被征服民たちが銅鐸を破壊されることを恐れてこっそりと埋めたとは考えられないでしょうか。

もちろん、そうしたことを記した史書はありません。というより、そもそも『日本書紀』や『古事記』に銅鐸に関する記述が一切ないのです。畿内でこれほど大量に見つかる銅鐸の記述がないのも不自然です。そうしたことに加え、中国地方から出土する銅鐸が丁寧に埋められ、奈良で出土する銅鐸の多くが破毀されていること、さらに記紀の「神武東征」の記述から、私は大和政権は銅鐸文化圏の国家ではなかったと考えています。

『古事記』と『日本書紀』には、天照大神が大国主命《おおくにぬしのみこと》から葦原中国《あしはらのなかつくに》を譲られる話（国譲り神話）があります。この葦原中国は出雲あたりと考えられていますが、もしかすると、大和政権が出雲地方を征服した話が「国譲りの神話」となって残ったのかもしれません。

朝鮮半島との関係

日本の歴史を語る際に避けて通れないのが、朝鮮半島との関係です。二世紀から三世紀にかけて、日本がたびたび朝鮮半島に兵を送っていたという記録が、朝鮮の史料に残っています。『日本書紀』にも「三韓征伐」の記述がありますが、これは事実関係も年代もはっきりしていません。朝鮮の記録にある日本からの派兵は、地理的な条件などを考えると九州の王朝からのものであった可能性が高いと私は見ています。

四世紀半ば以降も、日本はかなり積極的に朝鮮半島に兵を送っていて、この派兵については『日本書紀』などにも記述があります。当時の朝鮮半島は、北の高句麗《こうくり》、東の新羅《しらぎ》、西の百済《くだら》の三国が鼎立していました（この三国は民族が違っていたともいわれている）。『日本書紀』などによれば、日本は半島最南部の弁韓《べんかん》（加羅《から》、加耶《かや》とも）と呼ばれていた地方に兵を進め、三六九年には新羅と戦い、百済を従属させました。そして弁韓を任那《みまな》と名付けます。三九一年から四〇四年にかけては、百済と新羅の連合軍を破り、さらに高句麗とも戦って、朝鮮半島の南半分近くまで進出しました。

当時、海を越えて遠征するのは容易なことではありませんでした。戦闘でのリスク以前に渡航に大きなリスクがあります。兵の食料の問題もあります。にもかかわらず、日本（大和政権とは限らない）は、幾度も朝鮮半島に兵を送りました（鉄資源を求めたためというのが通説）。この史実は、日本の当時の国力が相当大きかったことを意味し、加えて日本にとって朝鮮半島の一部がきわめて重要な地域であったことをも示しています。もとは同じ一族が住んでいた可能性も考えられるのですが、それらを示す歴史的資料はありません。

後述しますが、七世紀に百済が新羅と唐の連合軍に攻められて滅亡した時にも、日本は百済再興のための兵を送っています。この時代、他国を再興するために海を越えてまで派兵を行なうのは大難事です。それを敢えてやろうというのですから、古代の日本にとって百済が単なる友好国ではなく、特別な関係の国だったと見るのが自然です。ちなみに百済があった地方では、日本式の前方後円墳に近い古墳が十四基発見されています。いずれも日本の前方後円墳よりも後の時代のものであることから、この地域が日本の文化圏に組みこまれていたとも考えられます。ただ残念なことに、日本と百済が具体的にどのような関係であったのかを知る記録はありません。

広開土王碑

日本の朝鮮進出については、明治一三年（一八八〇）に清の集安《しゅうあん》（現在の中華人民共和国吉林《きつりん》省集安市）で発見された「広開土王碑《こうかいどおうひ》」（石碑）にも記されています。広開土王（好太王《こうたいおう》）は高句麗の第十九代の王で、石碑には彼の業績が彫られており、これが四世紀から五世紀初めにかけての朝鮮半島と日本の関係を知る貴重な史料となっています。

碑文には日本は「倭」と記されていますが、それが大和政権を指すのか、あるいは九州の豪族を指すのかは不明です。

原文は漢文であり、その中に「三九一年に倭が海を渡って、百済と新羅と加羅を破り、臣民にした」という記述がありますが、現代の北朝鮮と韓国の学者たちはそれが気に入らないのか、まったく逆の解釈をしています。北朝鮮の学会は、「三九一年に高句麗が海を渡って、倭を破った」という強引な解釈をし、韓国の学会も「三九一年に高句麗は海を渡って百済を破り、新羅を救って臣民とした」と、これまたあり得ない解釈をしています。

もっともさすがにこれはかなり苦しい解釈であることを自覚していたのか、在日韓国人の歴史学者、李進熙《イジンヒ》が、大日本帝国陸軍による改竄《かいざん》・捏造《ねつぞう》説を唱えたりもしましたが、後の原石拓本の発見によって、改竄などなかったことが確認されています。

ただ、日本軍が高句麗に敗れたことはたしかなようで（広開土王碑には四〇四年に高句麗が倭を破ったと彫られている）、これ以降、日本は任那だけを支配することになります。

しかし韓国の学会は、古代に日本が任那を支配していたということ自体が気に入らないようで、第二次世界大戦後、このことを認めないように日本の学会に要求までしています。その影響でしょうか、今日の日本で使われている歴史教科書の多くから、日本の任那支配の記述が消え、加耶（加羅）諸国と独立国群であったかのような記述に変わっています。これは歴史に対する冒瀆であると私は考えています。

神功皇后の謎

『日本書紀』にも、神功《じんぐう》皇后の時代に大和政権が朝鮮半島に進出し、新羅を屈服させて百済を直轄地としたという記述がありますが、はたしてこれが広開土王碑に記されている三九一年の出来事なのかどうかは不明です。ただ『日本書紀』のこのあたりの記述は次のとおり実に謎めいたものとなっています。

九州を支配していた熊襲《くまそ》を討伐するため、筑紫《つくし》（現在の福岡県）に赴いた第十四代仲哀《ちゅうあい》天皇は、神懸《が》かりとなった妻の神功皇后から、「西海の宝の国（新羅）を授ける」という神託を受けました。

ところが、仲哀天皇はこれを信じずに、神を非難しました。すると突然崩御《ほうぎょ》したのです。普通に読めば、神の怒りに触れたためと解釈できますが、天皇の業績を称える書とも言うべき『日本書紀』に、天皇が神の罰を受けたとも読める記述があることには違和感を禁じ得ません。しかも諡号《しごう》（死後に贈られる天皇の名前）の「仲哀」に、「哀しい」という文字が入っているのも意味ありげではないでしょうか。

さらに『日本書紀』には新羅との戦いの後に奇妙な記述があります。神功皇后の出産のくだりです。生まれた子は後に第十五代応神《おうじん》天皇となりますが、『古事記』によると、応神天皇は父の仲哀天皇の死後、十五ヵ月後に生まれたことになっています。一方『日本書紀』では、仲哀天皇の崩御から十ヵ月と十日後に出産したことになっていますが、いわゆる「十月十日《とつきとおか》」（人の妊娠期間）というのは、実は九ヵ月と十日なので、これも通常の妊娠期間より一ヵ月も長いことになります。記紀には出産が遅れた理由がいろいろと書いてありますが、それが逆に怪しく、むしろ記紀編纂者が苦労しているようにも思われるのです。

仲哀天皇も神功皇后も実在しなかったのではないかという説が一部にありますが、

創作上の天皇なら、わざわざこんな不自然な記述をする理由がありません。したがって仲哀天皇も神功皇后も実在したと考える方が自然です。もっとも仲哀天皇の身長は一丈（約三メートル）あったとあり、その子の応神天皇は『古事記』では百三十歳（『日本書紀』では百十歳）まで生きたとあることから、そもそも二人の実在を疑う学者もいます。

歴史研究家の中には、この時に王朝が入れ替わったのではないかという説を唱える人もいます。仲哀天皇が、熊襲との戦いで戦死し、代わって熊襲が大和政権を滅ぼして権力を掌握したという説です（『日本書紀』にも熊襲の矢に当たったという異説がある）。しかし仮にそうなら、なぜ『日本書紀』にそのことが書かれていないのでしょうか。ひとつ考えられるのは、記紀が書かれた八世紀頃にはすでに、「皇統は万世一系であらねばならない」という不文律があったため、記紀編纂者がそのあたりをうまく工夫して書いたのではないかということです。定説にはなっていませんが、私はこの説に興味を惹かれています。少なくとも、応神天皇の父は仲哀天皇ではなかったのではないかと思うのです。

この新王朝説を私が排除しないもう一つの理由は、神功皇后とその子、応神天皇の諡号に「神」という文字が入っていることにあります。天皇の名前に「神」の文字が入ることは実は特別なことです。初代から昭和天皇まで百二十四代とされる歴代天皇の中で、諡号に「神」の字が付いているのは、初代の神武天皇、第十代崇神《すじん》天皇と第十五代応神天皇の三方のみです。

「大和朝廷の祖」とされる神武天皇の業績の大きさはいうまでもありません。畿内を統一して、強大な王朝を作ったとされている崇神天皇の業績も神武天皇に劣りません（二代から九代の天皇の業績はほとんど記録されていない）。つまりこの二方は歴代天皇の中でも特別に偉大な存在なのです。そのため、神武天皇と崇神天皇は実は同一人物ではないかという説もあります。しかも不思議なことに『日本書紀』の中で、この二人の天皇は同じ「ハツクニシラススメラミコト」という尊称が付されているのです。「ハツクニシラススメラミコト」とは、「初めて国を作った男」という意味ですが、この奇妙な一致を単なる偶然とは思えません。一方、二代から九代までの天皇は実在しないという説も根強いのです（「欠史《けっし》八代《はちだい》」といわれている）。

神功皇后とその子の応神天皇が、崇神天皇以来の「神」の文字を戴く人物であることの意味は大きいということをおわかりいただけるでしょうか。敢えて大胆に推察すれば、ここで王朝が入れ替わり、その初代を表わすために「神」の文字を用いたようにも思えるということなのです。仲哀天皇が崩御したのが平時でなく、九州での戦の途中であったことからも、戦死であった可能性は排除できないというわけです。

倭の五王

四一三年から四七八年にかけて、日本の五人の王が中国の東晋《とうしん》、宋《そう》、南斉《なんせい》、梁《りよう》に少なくとも九回朝貢した記録が残っています。この五人の王は「倭の五王」と呼ばれていて、中国の記録によれば、その名は讃《さん》、珍《ちん》、済《せい》、興《こう》、武《ぶ》となっています。日本の歴史学者の間では、讃→履中《りちゆう》天皇、珍→反正《はんぜい》天皇、済→允恭《いんぎよう》天皇、興→安康《あんこう》天皇、武→雄略《ゆうりやく》天皇という説が有力とされていますが、私はどうにも納得がいきません。

まず中国の記録の中にある名前が天皇の本名（諡号とは別）とかけ離れています。学者たちは、なぜ中国の史書でそんな名前が付けられたのかという理由をいろいろ挙げていますが、いずれも強引なこじつけのようで、そこに法則性がありません。また『古事記』にも『日本書紀』にも、前述の天皇が中国に朝貢したという記述はありません。さらに五人の王は、中国から倭国王（正式名称は「使持節都督倭《しじせつととく》・新羅・任那・加羅・秦韓《しんかん》・慕韓《ぼかん》六国諸軍事安東《あんとう》大将軍倭王」）などに任命されていますが、そうした記述もないのです。そのためか、倭の五王は九州王朝の王だったのではないかとする説を述べている歴史家もいます。

ところで前述の倭王の正式名称を見ると、中国は、倭王を朝鮮半島の大半を支配している王と見做しているようです。もっとも「倭の五王」に関する中国の史書自体の信頼性が高くないという説もあります。いずれにしても、三世紀から六世紀にかけての日本の王朝のことは、今のところよくわかっていないのが実情です。

古墳時代

かつての歴史教科書では、四〜六世紀は「大和時代」あるいは「大和朝廷時代」と呼んでいましたが、近年の考古学研究の進展により、この時代にはいわゆる統一国家はなく、したがってその政府を意味する「朝廷」も成立していなかったという見解が一般的となり、同時代を「古墳時代」と呼ぶようになりました。今ではその王朝は

「大和政権」と呼ばれることが多いようです。

古墳は三世紀後半頃から、畿内から瀬戸内海沿岸を中心に日本独自の「前方後円墳」が出現・発達し、五世紀に入ると、突如として大阪平野の南部に非常に大きな墳墓が作られるようになりました。大阪府堺市にある大仙陵《だいせんりょう》古墳（伝仁徳《にんとく》天皇陵）は、最大長八四〇メートル、最大幅六五四メートル、墳丘長四八六メートルという巨大なもので、その規模は世界最大級です。同じ大阪府の羽曳野《はびきの》市にある誉田《こんだ》御廟山《ごびょうやま》古墳（伝応神天皇陵）も大仙陵古墳に次ぐ大きさです（体積は大仙陵古墳を上回る）。

こうした巨大古墳は、当時の王朝がかなりの国力を持っていたことの証であり、同時にその王の権力の強大さがうかがえます。しかも同じような前方後円墳が日本各地に作られていることから、大和政権の力がほぼ全国にわたっていたとも考えられます。

不思議なことは、なぜ巨大古墳が突如、大阪平野の南に現れたのかです。時期的には、前述の「倭の五王」時代に重なりますが、私は、九州から畿内にやってきた王朝が大阪平野に勢力を広げたのではないか（九州王朝による二度目の畿内統一）と想像しています。ただし残念ながらこれも文献資料はありません。

大仙陵古墳は現在、宮内庁により「仁徳天皇陵」とされていますが、考古学者の中には否定的な見解も少なくありません。他の多くの古墳についても、宮内庁が認めている天皇陵に考古学者が異論を唱えているものがあります。

令和三年（二〇二一）の現在、宮内庁が管理する陵墓は七百四十三（陵が百八十八、墓が五百五十五）です。これらは研究者による自由な発掘調査ができないため、多くの古墳が謎を残したままです。宮内庁によって応神天皇陵とされている誉田御廟山古墳も、実際は誰の墓なのかは不明だと言う研究者がいます。これらの古墳を調査するには、宮内庁の認可が必要なのですが、過去に大規模な発掘調査が認められたケースはほとんどありません。それでも近年は、考古学会の要望に応えて、修復のための調査として研究者の立ち入りが認められることもあります。平成三〇年（二〇一八）十月には、宮内庁と堺市が大仙陵古墳を共同で発掘しています。

継体天皇の登場

六世紀後半になると、大規模な古墳が造られることはなくなり、また前方後円墳ではなく、方墳や円墳、八角墳が多く造られるようになりました。このことから、朝鮮半島を支配した騎馬民族が海を渡ってやってきて、新たな王朝を建てたのではないかという学説が、戦後になって盛んに唱えられた時期もありましたが、今日では荒唐無稽な説として完全に否定されています。この説が一時期受け入れられた背景には、戦前の皇国史観への反動と朝鮮人に対する贖罪意識という側面がありますが、歴史を見る際にはそうしたイデオロギーや情緒に囚われることは避けなければなりません。

古墳の形が変わったことには、同じ頃に第二十六代継体《けいたい》天皇が即位したことが関係しているのかもしれません。

継体天皇は歴代天皇の中で最も謎の多い人物です。継体天皇について詳しく書こうとすれば、それだけで一冊の本になるほどです。『日本書紀』には、五〇六年に第二十五代武烈《ぶれつ》天皇が崩御した時、皇位継承者が見当たらず、越前《えちぜん》（現在の福井県北部）から応神天皇の五世の孫である男大迹王《おおどのおう》を迎えたとあります。翌年、男大迹王は即位して天皇となりますが（継体天皇の名は死後の諡号）、何とこの時、継体天皇五十七歳でした。平均年齢が三十歳未満であったと考えられている当時としては大変な高齢です。さらに奇妙なことに、継体天皇が都入りするのは即位後十九年も経ってからです。

そもそも五代も遡らなければ天皇（応神天皇）に辿り着かない人物に、しかも五十七歳の老人に天皇を継いでもらいたいとお願いするのはいささか不自然です。ちなみに応神天皇の息子は十一人いて、彼らの四代後には相当な数の男子がいたと考えられます。にもかかわらず、先代・武烈天皇の四世以内の血縁男子が一人もいなかったというのは不自然ですし、高齢の継体天皇が即位してから十九年も都入りしなかったというのも奇妙です。

それ以上に腑に落ちないのは、継体天皇の一代前の武烈天皇に関する『日本書紀』の記述です。そこには「頻《しき》りに諸悪を造し、一善も修めたまはず」と、悪逆非道な天皇として描かれています。たとえば、妊婦の腹を裂いて、胎児を取り出したり、爪をはぎ、その手で芋を掘らせたり、人を木に登らせて、その木を伐り倒し、人が落ちて死ぬのを見て楽しんだり、という残虐な記述が多数あるのです。天皇の偉大な業績を記録するためにあるはずの『日本書紀』にこのような記述があることは、普通に考えれば変です。

しかし、継体天皇の代で一種の政変があったとするなら、むしろ納得がいきます。「武烈」という怖そうな謚号もさもありなんですし、「継体」という謚号も、きわめて暗示的な名です。

現在、継体天皇の時に、皇位簒奪《さんだつ》（本来、地位の継承資格がない者が、その地位を奪取すること）が行なわれたのではないかと考えている学者が少なくありません。つまり現皇室は継体天皇から始まった王朝ではないかという説です。継体天皇が即位してから十九年も都を定めなかったのも、その間、前王朝の一族と戦争をしていたと考えればしっくりくるというわけです。

私もこの説に一定の信憑性があるのではないかと考えたりもしました。しかし、そうだと仮定したなら、〝皇位簒奪者〟の継体天皇が、なぜ新しい王朝を打ち立てたと宣言しなかったかという疑問が生じます。中国では、天が王朝を見限った時、新たな王朝が生まれるという「易姓革命《えきせいかくめい》」という思想があり、新王朝は前王朝を徹底的に否定するのが伝統です。

しかし日本はそうではありませんでした。継体天皇の時代には、すでに「万世一系」という思想が根付いていたのだと私は考えます。当時、「天皇」（実は天皇という言葉が使われるのは七世紀になってからで、それまでは大王《おおきみ》と呼ばれていた）という存在は、それ自体が権力ではありましたが、単に武力や統治力を持っているだけでなく、象徴的な存在でもあったと思われます。

「天皇は万世一系でなければならない」という不文律があったからこそ、『日本書紀』に、不自然な記述をする必要があったとは考えられます。皇統を継ぐ者として血統は不可欠であり、継体天皇もまた、天皇の正式な系譜を継いだ人物だと強調する必要がありました。同じことは先の「仲哀天皇から応神天皇」の流れにも見ることができると私は考えています。

もちろん『日本書紀』の記述通り、継体天皇は五代遡れば応神天皇にいきつくというのは事実かもしれません。ただ、仮にそうだとしても、即位してから十九年も都に入らなかったということは、即位を巡ってかなりの権力闘争があったことを示唆しているようにも思われます。後世の例にはなりますが、約四百二十年後に「平将門《たいらのまさかど》の乱」という事件が起こります。この時の朝敵である将門も五代遡れば桓武《かんむ》天皇に行きつきます。つまり仮に将門の反乱が成功していたなら、将門も万世一系の天皇ということになります。こうしたことから継体天皇の即位も遠い血筋を持った同族の反乱であった可能性が高いと思われます。しかし『日本書紀』はそれらを押し隠し、継体天皇を正統な後継者としています。

私はここに、日本における「天皇」の不思議な力を見る思いがします。単なる権力とは別次元の存在として、日本の歴史に常に見えない力を及ぼし続ける。それが天皇なのです。

いずれにせよ、継体天皇は日本史上で極めて重要な人物です。というのも、歴史学者や考古学者の間で、実在が確実と見做されている最初の天皇が、継体天皇だとされているからです。『古事記』や『日本書紀』にある、神武天皇の祖先が神という記述が科学的には必ずしも正しくないといえるように、初期の天皇に関する話も不明な部分が多く、「史実」とするには無理がある部分が多いのです。その意味では、継体天皇をもって皇室の歴史がはっきりと始まったということもできます。

なお、本書では継体天皇以降の政権を「大和朝廷」と呼ぶことにします。

コラム　ここで「万世一系」について、簡単に説明しましょう。

日本の天皇は二代目の綏靖《すいぜい》天皇から第百二十六代の今上陛下まですべて、初代神武天皇の男系子孫です。男系とは、父、祖父、曽祖父と、男親を辿っていけば、神武天皇に辿り着く血筋を持っていることを意味します。

日本では開闢《かいびやく》以来、一度たりとも神武天皇の男系子孫ではない天皇は即位していません。ここで理解してもらいたいのは、女系天皇と女性天皇はまったく意味が違うということです。女性天皇とは文字通り「女性の天皇」で、歴史上八人（十代）存在していますが、すべて男系の女性天皇です。つまり父親を辿ると必ず天皇に行き着きます（八人の女性天皇のうち六人は父が天皇、一人は父が皇太子、一人は父の父の父が天皇）。

一方、「女系天皇」というのは、過去に一例も存在しないものです。あえて説明しますと、母が男系子孫の女性であっても、父が神武天皇の男系子孫ではない天皇のことを指すようですが、これは近年になって出てきた概念と用語に過ぎません。

仮に、女性天皇が天皇の血筋を引いていない男性と結婚し、その子が天皇になれば、その天皇は「女系天皇」ということにはなりますが、その時点で、一つの皇統が絶え、別の皇統が始まるということになります。

わかりやすい譬《たと》えとして、アニメの『サザエさん』一家を皇室と考える話があります。磯野波平を天皇として、もし波平が亡くなってサザエが即位すれば、彼女は男系の女性天皇となります。サザエが亡くなって弟のカツオが継げば、そのまま磯野朝の男系継承は保たれます。しかしサザエの後に、夫のマスオが天皇となれば、そこで磯野朝からフグ田朝に替わります。サザエの息子のタラオが継いでもフグ田朝に替わることとなり、これは「万世一系」ではありません。

日本の過去八人の女性天皇のうち、四人は既婚者（未亡人）で、彼女たちの子は天皇になっています。ただし、彼女たちの夫も天皇でしたから、その子供たちはすべて男系の血統を継いでいるのです。他の四人の未婚の女性天皇は生涯独身を貫き、子供を産みませんでした。

「万世一系」という思想がどのようにして生まれたのかはわかりません。しかし『日本書紀』編纂時にはすでに、崩してはならない伝統としてあったと見られます。そしてこれ以後、少なくとも千三百年以上にわたって男系は一度も途切れることなく継承されてきたのです。

日本はこの万世一系の皇統により、「世界最古の王朝」であると、世界の国々から畏敬と驚異をもって見られています。中国の史書にも、明らかに日本の天皇に対して一種のコンプレックスを抱いているような記述が出てきます。

余談ですが、遺伝子の視点から男系を見る識者もいて、これも興味深いものがあります。人間の性染色体にはX染色体とY染色体と呼ばれる二種類があり、女性は二つのX染色体を持っていますが、男性はX染色体とY染色体を一つずつ持っています。つまりY染色体は父親から息子にしか受け渡すことができず、逆にいえば、父方の男性は何代遡ろうと、すべて同じY染色体を持っているということになります。ところが、女性天皇が皇室のY染色体を持っていない男性と結婚した場合、皇室のY染色体はそこで途切れてしまうというわけです。

古代人が遺伝子や染色体のことを知っていたはずはありませんが、これらを考えあわせると、男系へのこだわりには偶然とは思えないものを感じます。

第二章

飛鳥時代〜奈良時代

古代から大和政権成立までを「日本の幼年時代」とするなら、飛鳥《あすか》時代から奈良時代は「少年時代」といえます。

中国王朝の臣下となる道をきっぱりと断わった日本は、この時代に独立した国家として歩み始めました。そして、私たちの祖先は、自分たちが住む国を、「日が昇る国」＝「日本」と命名します。この素晴らしい名は千三百年後の現在まで一度も変わることがありません。

日本独特の文化が育ち始めたのもこの時代です。神話と合体した歴史書である『古事記』と『日本書紀』が著わされ、また天皇から遊女や乞食者《ほかいびと》までの詠み歌が集められた、世界に類を見ない歌集、『万葉集《まんようしゅう》』が編まれました。

一方で、遣隋使《けんずいし》・遣唐使《けんとうし》を派遣し、積極的な外交が行なわれました。外来宗教である仏教が栄え、シルクロードを通ってきた多彩な文物がもたらされました。これらの文物の中には、今日、すでに生産国では消失し、我が国にのみ残されているものが多数あります。いかに私たちの祖先がそうしたものを大切にしてきたかの証です。

飛鳥時代こそ、日本という国がたくましく成長していくダイナミックな時代だったのです。

飛鳥時代（六世紀後半〜八世紀初頭）

古墳時代が終わり、第三十二代崇峻《すしゅん》天皇の時代から百年ぐらいを飛鳥時代と呼びます。これはほとんどの期間において都が飛鳥（現在の奈良県高市《たかいち》郡明日香《あすか》村）にあったからですが、万葉集などでは明日香と書かれることが多かったようです。明日香の枕詞が「とぶとりの」ということで、いつの頃からか「飛鳥」と書かれるようになりました。ただ、今も前記のように地名には明日香という字が残っています。

この頃の日本は朝鮮半島の経営にあまり力を注いでいません。あるいは継体天皇即位に関係した内戦のためか、海外にまで手を広げる余裕を失っていたのかもしれません。六世紀には朝鮮半島における影響力も低下し、五六二年には、日本支配地であったとされる任那が新羅によって滅ぼされています。

継体天皇の死後、豪族の蘇我《そが》氏と物部《もののべ》氏の間で、仏教を日本に受け入れるか否かの争いが起こりました。結局、物部氏が滅ぼされ、仏教を受け入れることとなります。

仏教が伝来する以前の日本には神道《しんとう》がありました。

神道を宗教と呼ぶことにはいささか違和感があります。神道には、他の宗教が持つ教義や経典がなく、開祖も教祖もいません。森羅万象に神が宿るという自然信仰に近い考え方が基となり、祖先を敬い、浄明正直（浄く、明るく、正しく、まっすぐ）に生きることを徳目とするという道徳観が加味されたものが神道といえると思います。天照大神などの神々が描かれている『古事記』や『日本書紀』を神道の聖典と見做す考え方も一部にありますが、神道は世界の多くの一神教のように、他の宗教を排斥したり敵視したりするものではなく、そのため仏教をも受け入れることができました。

もともとは社殿のようなものもなく、古代においては、神が降臨すると考えられた大木や巨岩や山などが神聖な場所とされていました。後に仏教寺院を真似て社殿が作られるようになり、現在、全国各地に存在する神社は約十万に及びます。

物部氏を滅ぼした蘇我氏はやがて継体天皇の孫である崇峻天皇を殺害して、第三十三代推古《すいこ》天皇を立てるなど、大きな権力を握るようになります。推古天皇は、日本初の女性天皇であり、東アジアにおいても初の女帝でした。

この推古天皇時代の六〇〇年に、日本は失った任那を取り返すため、朝鮮半島に兵を送り、一度は新羅を降伏させました。ところが、新羅は日本軍が去ると、再び任那に侵攻します。その後、日本は二度、派兵しますが、いずれも新羅を屈伏させるまでには至りませんでした。それでも七世紀は日本が再び朝鮮半島に強い影響力を持ち始めた時代であったといえるでしょう。

聖徳太子

推古天皇を摂政として補佐したのが聖徳太子《しょうとくたいし》です。もっとも聖徳太子という名前は死後の諡《おくりな》であり、生前は厩戸皇子《うまやどのおうじ》と呼ばれていました。近年、学校の教科書では、厩戸王と表記しようという流れになっているようですが、ここでは昔ながらに聖徳太子と表記します。生前の名前の表記が正しいとするなら、現在、諡号で表記している歴代天皇もすべてそうしなければならなくなります。

『日本書紀』によれば、聖徳太子は大伯父にあたる蘇我馬子《うまこ》とともに政治の実権を握ると、太子は大陸から仏教を入れ、国内に広めました。

この頃、大陸には強大な軍事力を誇る隋《ずい》帝国が誕生していました。朝鮮半島の百済、新羅、高句麗は隋の冊封《さくほう》を受けます。「冊封」とは政治的に従属するという意味で、直接支配はされないものの、隋の臣下になるということです。冊封国の首長は隋の皇帝から「王」に任ぜられます。

新羅に軍を送った同じ六〇〇年に、聖徳太子は、新羅の宗主国である隋との関係を良好に保つため、遣隋使を送りました。このあたりはかなりしたたかな外交感覚といえます。この時、大和政権が中国との交渉に臨むのは約百二十年ぶりのことでした。ただしこの記録は『隋書《ずいしょ》』にのみあり、『日本書紀』にはありません。

七年後の六〇七年に太子は再び遣隋使を送りますが、この時に託した隋皇帝あての国書の書き出し、「日出《ひい》づる処《ところ》の天子、書を日没する処の天子に致す、恙無《つつがな》きや」（日出處天子致書日沒處天子無恙云々）という文章はあまりにも有名です。

隋の皇帝、煬帝《ようだい》はその国書を読んで激怒したと伝えられます。今日、その激怒の内容について少々誤解の向きがありますが、煬帝が怒ったのは、「日出づる〜日没する」という表現よりも、おそらくは「天子」という言葉が使われていたからでした。「天子」は中国の皇帝を指す言葉で、世界に唯一人の存在だったからです。ちなみに「王」は中国の皇帝が臣下に与える位のようなものでした（卑弥呼の「親魏倭王」や

「倭の五王」など）。太子はこのような手紙を送ることで、隋に対して、「日本は決して冊封を受けない、隋と対等な国である」という気概を示したのです。

　しかし煬帝は聖徳太子の国書を無視するということはしませんでした。逆に答礼使《とうれい》を派遣し、日本の朝廷に、今後はそういう非礼はしないようにと伝えてきたのです。朝鮮半島の三国をも支配下に収めた強大な隋が、東方の小さな島国の傲慢ともいえる国書に対し、わざわざ使者を送るというのは普通はありえません。これは、当時すでに日本という国が侮れない国力を持っていた証と考えられます。実際、煬帝は、日本を敵に回せば高句麗と手を結ぶかもしれないと心配したともいわれています。

　太子も自国の力がわかっていたからこそ、強気な国書をしたためたのでしょう。朝鮮半島の国々が、中国に対しひたすら平身低頭の外交を伝統としていたのとは正反対の思想と行動でした。現代の学者の中には、太子が礼儀も言葉遣いも知らずに国書を書いたという人もいますが、太子ほどのインテリがそんなことも知らなかったとは考えられません。

　翌六〇八年、太子は三度目の遣隋使を派遣しました。このときは留学生《るがくしょう》をともなっているので、太子は日本の発展のために隋と友好関係を結び、優れた文化を取り入れる必要があると考えたのでしょう。しかしさすがに前回のような国書を書くわけにはいきません。かといって、日本の天子を「王」と書くと、自ら冊封を認めることになります。そこで太子は「天皇」という言葉を編み出しました。この時の国書の書き出しは、『日本書紀』には次のように記されています。

「東の天皇つつしみて、西の皇帝にもうす」

太子は「天皇」という言葉を用いることによって、中国の皇帝と対等の立場であるということを再度表わしたのです。おそらく煬帝は呆れたに違いありませんが、その言葉を使ってはならないと日本に伝えた記録はありません。

これが日本における「天皇」という名称の始まりとなりました。それまで「大王《おおきみ》」と呼ばれていたものが、これ以降、「天皇」という呼称に代わります。「天皇」という言葉には、日本がどこにも従属しない独立不羈《ふき》の国であるという精神が込められているのです。

コラム 「日出づる処の天子」という国書を送ったのは聖徳太子ではないという説があります。

『隋書』には、六〇〇年に書を送ったのは倭の多利思比孤《たりしひこ》（原文では多利思北孤）という名の王であると書かれているからです。妻の名は雞彌《けみ》、皇太子の名は利歌彌多弗利《りかみたふり》とありますが、いずれも『日本書紀』にはない名前です。さらに倭（『隋書』では「俀」となっている）の都は「邪靡堆《やまたい》」で、噴火する阿蘇山があると書かれています。これらのことから多利思比孤は九州の豪族だったのではないかと言う学者がいます。また『日本書紀』には聖徳太子がそういう書（「日出處天子」云々）を送ったという記述はないのです。

しかし、『隋書』には、倭では官位が十二階級に分かれているという記述があり、これは聖徳太子が定めた「冠位十二階」と符合します。また六〇八年に送った国書の「東の天皇つつしみて、西の皇帝にもうす」（こちらは『日本書紀』にある）という書き出しは、前年の「日出づる処の天子、書を日没する処の天子に致す」という文と構図が同じであり、さらに「天皇」という言葉が、この後、大和朝廷で用いられていることなどを併せ見て、私は、「多利思比孤」なる人物が聖徳太子か蘇我馬子を指すと見て間違いないと考えています。

十七条憲法の凄さ

聖徳太子が制定したといわれる日本初の成文法「十七条憲法」は、驚嘆すべき先進性を秘めています。そこには為政者である天皇の権威と力を誇示する文言はあるものの、それよりも人々が平和に暮らしていくための道徳規範が強く打ち出されています。そして何よりも驚くべきことは、第一条に（原文には一条ではなく、「一に曰《いわ》く」とある）、「和を以て貴しと為し、忤《さか》ふること無きを宗とせよ」（原文は漢文）とあることです。

これが第一条の書き出しなのですが、つまり、まず「仲良くすることが何よりも大切で、争いごとは良くない」といっているのです。その後に、「何事も話し合いで決めよう」と続きます。これは言い換えれば「民主主義」です。世界のほとんどが専制独裁国であった古代に、「争うことなく、話し合いで決めよう」ということを第一義に置いた法を定めたというのは、世界的にも珍しい画期的なことであったといえます。

第二条には「仏教を大切にせよ」と書かれています。当時の人々にとって宗教は、現代とは比べものにならないくらい重要なものでした。しかも仏教は太子自身が積極的に普及させたものです。しかし、太子はそれさえも第一条に置かずに二番目に持ってきています。

さらに驚くべきは、第三条にようやく「天皇の詔《みことのり》に従え」と書かれていることです。聖徳太子は天皇の摂政であり、同時に推古天皇の後継者であったわけですから、「尊皇」を最初に持ってきても何ら不思議ではありません。しかし太子はこれを三番目に置きました。つまり天皇の権威よりも、「和＝話し合うこと」や「仏の教え」の方が大切だと言っているのです。しかも「天皇」にではなく、天皇の「詔」に従えと書かれています。これは個人崇拝を求めていないということをも意味しています。

この後の条文にも、人として正しい行ないをすることの大切さが書かれています。

「十七条憲法」は実は聖徳太子の作ではなく、後世の創作という説を唱える研究者も少なくありません。原本がないことや、文法や語句の使い方などが後世風であることから、八世紀の『日本書紀』編纂時に、聖徳太子が作ったことにして誰かが創作したというのですが、一方、それらの説への反論もあり、真実はわかりません。

しかし私は、たとえ「十七条憲法」が八世紀に作られたものであったとしても、その先進性という価値は少しも損なわれるものではないと考えています。『日本書紀』

の編纂が開始されたのは、第四十代天武《てんむ》天皇の御代《みよ》で、天皇の権力が絶大な時代です。その時代に、「和と、話し合うことの大切さ」を謳ったということは、聖徳太子時代の政権が民主的な精神を重んじていたという証拠に他なりません。歴史学者の中には、「十七条憲法」は現代のような法体系の憲法ではないとして、その先進性を認めない人が少なくありませんが、そのような木を見て森を見ずという姿勢こそ歴史を見る目がないといえるのではないでしょうか。

飛鳥時代の文化

飛鳥時代は、仏教が広められたことで、華麗な文化が花開いた時代でもあります(厳密には前期の飛鳥文化と後期の白鳳《はくほう》文化に分かれる)。建築分野では、大阪の四天《してん》王寺、奈良の法隆寺など、日本独特の様式を持つ多くの寺院が建てられ、彫刻も薬師寺金堂薬師《やくし》三尊《さんぞん》像、法隆寺百済観音像をはじめとする数々の傑作が現存しています。絵画の分野でも高松塚古墳壁画など、現代人の目で見ても見事なものが残されています。これらの彫刻や絵画は中国や朝鮮半島の影響が見られるものの、日本人らしい芸術性、美意識が色濃く刻み込まれています。

現存するものの素晴らしさもさることながら、多くの作品が戦乱や天災によって焼失あるいは紛失したにちがいなく、にもかかわらず千年以上経った現代に、少なくない仏像や絵画が残されているという事実に、私はむしろ大きな感動を覚えます。古墳の中に残されていたものは別にして、多くが、寺院の僧たちや、敬虔な貴族や民衆によって代々大切に守り継がれてきたものなのです。これぞまさに「国宝」と呼ぶにふさわしいのではないでしょうか。

近年、外国人旅行者がこうした仏像に傷をつけたり、油をかけたりする事件が起きていますが、許されざる暴挙としか言いようがありません。

律令国家へ

中国大陸をおよそ三百七十年ぶりに統一した隋は、六一八年にわずか三代で滅び、代わって唐《とう》が統一王朝を建てました。唐の治世は約三百年にも及び、遣唐使などを通じて日本にも大きな影響を与えました。このため日本では、唐滅亡後も、中国大陸および外国のことを指す時は「唐」という文字を付けて呼ぶようになり、現代もそうした言葉が多く残っています（「唐様《からよう》」「唐物《からもの》」など）。よく「中国は漢民族の国」といわれますが、隋を建国した楊堅《ようけん》はもと北方騎馬民族の鮮卑です。隋を滅ぼした唐も鮮卑という説があり、いずれも漢民族ではありません。

この頃、日本では聖徳太子が亡くなり、蘇我蝦夷《えみし》・入鹿《いるか》の親子が権力を握ります。その権勢は天皇を上回るほどのものでした。これに危機感を抱いた皇極《こうぎょく》天皇の皇子である中大兄皇子《なかのおおえのおうじ》（後の第三十八代天智天皇）が、六四五年に蘇我入鹿を殺し、蝦夷を自害に追い込んで（乙巳《いっし》の変）、天皇による中央集権体制を整えました。

その後、中大兄皇子は都を飛鳥から大津《おおつ》（現在の滋賀県大津市）に移し、即位して天智天皇となると、唐を真似て中央集権体制を敷き、様々な法律を独自に制定して、律令国家を築き始めます（この「近江令」と呼ばれるものは実在しなかったという説もある）。律令とは中国王朝の法体系を指す言葉ですが、「律」は刑法を、「令」は一般行政法を意味します。つまり律令国家とは、法に基づく国（法治国家）ということです。それ以前の日本には成文化された法律はありませんでしたから、おそらく刑事や人々の争いごと（民事）は、経験則で処理されていたと思われます。

ちなみに当時、中国の冊封を受けていた国々（新羅やベトナムなど）の王は中国王朝の法を循守《じゅんしゅ》（従い守ること）する義務がありました。その意味でも、日本は中国の周辺国の中で特異な存在だったといえるでしょう。

なお、日本で初めて元号が用いられたのは、乙巳の変の後、孝徳《こうとく》天皇が即位した時とされています（西暦六四五年が「大化《たいか》元年」）。ただ、継続的に元号が使われるようになったのは、文武《もんむ》天皇が「大宝《たいほう》」を建元した七〇一年からです。

白村江の戦いと防人制度

日本が中央集権の体制作りを急いだのには理由がありました。それは唐の脅威に備えるためでした。隋を滅ぼした唐は強大な軍事力を誇り、六六〇年、新羅と同盟を結んで百済を攻め、これを滅ぼします。六六三年、日本は百済を再興するために五千人の兵を送りますが、白村江《はくすきのえ》（現在の韓国南西部の錦江《きんこう》河口付近）の戦いで唐・新羅連合軍に大敗を喫しました。

唐・新羅の連合軍は、六六八年に高句麗を滅ぼし、ここに朝鮮半島に長年続いた、高句麗、新羅、百済の「三国時代」が終わりを告げたのです。

この頃の日本には、未熟な造船技術と航海術しかなく、遣唐使でさえも命懸けの渡航でした。そんな時代に、五千人もの兵士を送るのは大難事だったはずです。日本が百済のために派遣した兵は累計で二万七千人ともいわれていますが、人口三百万人前後と考えられる当時の日本で、総人口の一パーセント近くを海外に派兵するという事態は、国の総力を挙げた戦いだったといえます。造船や兵糧の準備を考えると、まさに国家的大事業だったにちがいありません。ましてや相手は大唐帝国です。単に百済が友好国だというだけで、ここまでするでしょうか。つまり大和朝廷にとって、旧百済地域の確保が何より重要だったと考えるのが自然です。

そこで大胆な仮説を述べたいと思います。百済は日本の植民地に近い存在だったのではないか――というものです。

根拠はいくつもあります。当時、百済には大和朝廷から派遣された重臣が駐在していましたし、百済が滅んだ後、多くの百済の貴族が日本に亡命しています。前述したように、百済があった地方からは日本特有の前方後円墳が二十世紀以降にもいくつも発見されています。百済が日本の植民地に近いところだったとすれば、大和朝廷が総力を挙げて百済のために戦ったことも頷けます。

ただ現代の韓国の歴史学界では、百済が日本の支配下にあった可能性を論じることはタブーとされており、研究対象にすらなっていません。それどころか戦後は、かつて百済があった地から前方後円墳が発見されると（前述したように年代は日本が古い）、発掘調査もされずに壊されているといわれています。学問的真実よりも国のメンツが優先される現状では、史実究明は望めそうにありません。

話を七世紀に戻しましょう。白村江の戦いの後、日本は唐・新羅の軍隊が侵攻してくることを恐れ、北九州に防衛のための「水城《みずき》」と呼ばれる土塁と外濠を設置し、「防人《さきもり》」と呼ばれる兵士を配置しました。防人は一種の徴兵です。現代でもそうですが、当時も防衛政策を誤れば国も民族も滅亡しかねません。おそらく大和朝廷は真剣に国の守りを考えたのでしょう。

防人の多くは東国の男たちでしたが、彼らは国を守るために、故郷を離れ九州に赴いたのです。同時代に編まれた『万葉集』には、防人や彼らを送り出した家族の歌が百首ほど収められており、「防人歌」と呼ばれています。

幸いにして唐からの侵略はありませんでしたが、防人制度は十世紀まで残されました。

コラム　白村江の戦いに参加した日本軍の兵士の中に大伴部博麻《おおともべのはかま》という人物がいました。六六三年、博麻は唐軍に捕らえられ、長安《ちょうあん》に送られました。その頃、長安には唐と日本が戦争を始めたことによって捕虜扱いになっていた遣唐使が四人いました。六六四年、唐が日本侵略を企てているという情報を得た博麻は、この情報を何とか祖国に知らせようと考えて自らを奴隷として売り、その代金を四人の遣唐使に渡して、彼らの帰国資金とさせました。四人は六七一年に帰国し、朝廷に唐の計画を伝えます。

　唐に残された博麻は奴隷として暮らしていましたが、その後、自由の身になり、六九〇年にようやく帰国できました。捕虜となって二十七年後のことでした。持《じ》統《とう》天皇は博麻の国を思う心と行動に感謝し、彼に「朕《ちん》、厥《そ》の朝《ちょう》を尊《たっと》び国を愛《おも》ひて、己《おのれ》を売りて忠を顕《あらわ》すことを嘉《よろこ》ぶ」という勅語を贈ります（原文は「朕嘉厥尊朝愛国売己顕忠」）。これは、天皇が一般個人に与えた史上初の勅語となりました。また、この勅語の中にある「愛国」という言葉は、日本の文献上に初めて現れたものともなりました。

当時、「国」という概念も「国家意識」も現代のようではなかったはずです。にもかかわらず、一兵士が「愛国」の精神を持っていたことに驚くとともに、自らを犠牲にしてまで国を守ろうとしたことに感動を覚えずにはいられません。

遣唐使

六六三年の白村江の戦いの後、日本と唐の正式な交流は途絶えました。戦いの直後に日本は三度遣唐使を送っていますが（六六五年、六六七年、六六九年）、これは国交正常化に向けた使節的な意味合いの強いものでした。日本は唐の侵略を警戒して防人を配置する一方で、国交正常化への努力もしていたのです。

唐との関係が修復され、正式に遣唐使が再開されたのは大宝二年（七〇二）のことです。遣唐使はすべて朝鮮半島を経由しない海路（主要なものは三ルートあった）を使っていました。

当時の造船技術と航海術は未熟なため（航海の必需品ともいえる羅針盤はまだ発明

されていなかった)、大陸への渡航は命懸けでした。航海中に沈んだり、行方不明になった船も少なくありません。唐の鑑真《がんじん》(唐招提寺《とうしょうだいじ》を建てた僧)が日本の僧に請われて渡日を試みるものの、航海に五度失敗し六度目でようやく日本に着くことができた事実を見ても(この時も船団の一艘はベトナムに漂着した)、渡航の危険がいかに大きかったかがわかります。

遣唐使の一番の目的は先進的な技術や知識、それに仏教の経典などでした。彼らはそのために命懸けの航海をし、唐に渡ってからも、知識を必死で吸収しました。『旧《く》唐書《とうじょ》』には、日本からやってきた使節たちが、唐皇帝から下賜された数々の宝物を街で売り、その金で膨大な書物を買い込んで帰国したという話が残されています。遣唐使たちにとっては、宝物よりも知識や技術のほうが大切だったのです。日本人の旺盛な知識欲と、「国のために尽くしたい」という使命感を表わしているエピソードです。

かつて「天子」を名乗ったことで、煬帝を怒らせた日本でしたが、遣唐使の頃にはすでに天皇号を使用しており、唐皇帝と対等であることを示していました。とはいえ形式的には唐に朝貢をしていましたし、朝廷は唐が日本を臣下の国と見做していたのも承知していたようです(国内には内密にしていた)。事実、中国側の記録には、日本を対等に扱ったという記述はありません。

しかしながら他の周辺国が唐の冊封を受けていた中で、この時代、日本だけが冊封を受けませんでした。つまり東アジアにおいて、実質的に唐の臣下でなかった国は日本だけだったのです。だからこそ日本はその後、唐文化とは異なる独自の文化を発展させることができたとも言えます。

日本は先進国である唐の文化や制度を無条件に輸入したわけではありませんでした。日本にとって不要だと判断されたもの、あるいは害ありと見做されたものは受け入れませんでした。たとえば宦官《かんがん》や科挙《かきょ》の制度です。

凌遅刑《りょうちけい》（肉体を少しずつ切り刻んで殺す刑罰）や、「食人」の文化も入れませんでした。現在はあまり語られることはありませんが、中国には古代から近代に至るまで「食人文化」がありました。

日本がシャットアウトした何よりも大きなものは、中国の伝統である「易姓革命」という思想かもしれません。「易姓革命」とは簡単に言えば、「天は王朝に地上を治めさせるが、徳を失った王朝は天が見切りをつけて『革命』を起こさせ、別王朝を立てる」というものです。したがって新王朝は「天の命じるまま」前王朝の一族郎党を虐殺することも許されます。中国王朝の入れ替わりで大量虐殺が起こるのはそのためです。正当なことだからなのです。

もし日本が易姓革命の思想を入れていたなら、世界でも例のない万世一系の天皇は存在しなかったでしょう。ちなみに朝鮮半島は上記の中国文化や制度をほとんど受け入れました。彼らが自らを「小中華」と名乗るのにはそれ相応の理由があるのです。

『古事記』『日本書紀』『万葉集』の誕生

六七二年、天智天皇の死後、跡を継ぐことになった大友《おおとも》皇子（天智天皇の皇子。明治になって弘文《こうぶん》天皇の諡号を贈られるが、当時、天皇に即位したかどうかは不明とされている）に、叔父の大海人《おおあまの》皇子（天智天皇の弟）が反旗を翻し、大友皇子を倒して天武天皇となりました。この内乱を「壬申《じんしん》の乱」といいます。

天武天皇は都を近江から再び飛鳥に移し、日本初の公式歴史書である『古事記』と『日本書紀』の編纂を命じます。蘇我氏は『天皇記』など数多くの歴史書を保管していましたが、「乙巳の変」で、それらの多くが書庫とともに焼失していました。そこで天武天皇は、古くから伝わる古い歴史書の『帝紀』『旧辞』などを稗田阿礼《ひえだのあれ》に誦習《しょうしゅう》させ、天武天皇の死後、それを元明《げんめい》天皇が太安万侶《おおのやすまろ》に筆録させました。誦習とは書物を繰り返して読むことで、抜群の記憶力を持っていたと言われる稗田阿礼は内容をほぼ暗記していたと思われます。そうして『古事記』は和銅《わどう》五年（七一二）に完成しました。

『日本書紀』もおそらく様々な資料の断片や人々の記憶、あるいは伝承神話などを元にして編まれたものと思われます（完成は養老《ようろう》四年【七二〇】）。ほぼ同時期に作られた『古事記』と『日本書紀』ですが、その内容は必ずしも一致していません（『日本書紀』はより多くの資料から編纂されたようで、異説や諸説が併記されている）。

両書とも日本の古代史の一級史料ではありますが、書かれている内容はすべてが事実というわけではありません。現代でも研究者の間で、どこまでが伝説や脚色の類でどこからを史実と見るかで解釈が分かれています。したがってこの本でも、『古事記』と『日本書紀』に全面的に依拠して歴史を語るわけにはいきません。

ただ、私としては、日本人ならこの両書に書かれている日本の成り立ちくらいは押さえておいてほしいと願っています。とくに男神・伊弉諾尊《いざなぎのみこと》（伊邪那岐命とも）と女神・伊弉冉尊《いざなみのみこと》（伊邪那美命）がまぐわって（性交して）日本列島を生んだという神話は、日本人として知っておくべきことかと思います。この時、二人の神が出会う際に、「女から声を掛けてはいけない」という教訓めいた話が出てきますが、なんとなく日本人らしい物語でもある気がします。

天照大神（天照大御神）も伊弉諾と伊弉冉の子であり（ただし『古事記』では伊弉冉は関与していない）、天上の高天原《たかまがはら》から地上に降りたった瓊瓊杵尊《ににぎのみこと》は天照大神の孫です。そのため瓊瓊杵尊の物語は「天孫降臨」といわれています。初代天皇の神武天皇は瓊瓊杵尊の曽孫にあたり、天照大神からすると五世孫にあたります。つまり皇室は神話と繋がっているというわけです。

これらの神話が記されている『古事記』は古い漢語を基本に日本独特の文法を混ぜた変体漢文で書かれ、『日本書紀』は純然たる漢文で書かれています。つまり『古事記』が自国民に向けて書かれたものであるのに対し、『日本書紀』は対外的（対中国）に書かれた史書と見られているのです。

この頃に詠まれた歌を四千五百首以上集めた『万葉集』が編纂されたのは、もう少し後の時代です。『万葉集』は現存する最古の和歌集ですが、この中には、天皇や皇族や豪族といった身分の高い人々の歌だけではなく、下級役人や農民や防人など、一般庶民ともいえる人々が詠んだ歌も数多く入っています。つまり当時の日本では、歌を詠むという行為はごく普通の嗜《たしな》みであり、決して選ばれた人たちだけのものではなかったことがわかります。しかも優れた歌の前では身分は一切問われませんでした。その証拠に、遊女や乞食（芸人）といった当時の最下層の人々の歌も万葉集には収められています。

また権力争いに敗れた朝敵と見做される人物の歌や、防人歌のように、故郷を遠く離れて九州の前線に配置される兵士の悲哀を嘆じた歌も入っています。受け取りようによっては政権や政策批判とも見える歌でさえ収録されているのです。ここには、歌において罪や思想は問わないという姿勢が見られます。千三百年も前にこれほど豊かで成熟した文化を持った国が世界にあったでしょうか。私は『万葉集』こそ、日本が世界に誇るべき古典であり、文化遺産であると思っています。

さらに『万葉集』は日本文学における第一級の史料であるのみならず、この時代の方言やなまりが入った歌もあったため、言語学、方言学の観点からも一級の史料となっています（詠み人の出身地も記載されている）。表記はすべて万葉仮名《まんようがな》です。当時、仮名文字がなかった日本では、漢字の音を日本語に当てて使っていました。これを万葉仮名といいます。ただし、そこには厳格な統一性はなく、一部には漢文も混ざっていて、その読み方はとても難解です。

ところで、平成三一年（二〇一九）四月三十日、天皇の譲位により、翌日の五月一日から令和の御代となりましたが、この時に定められた新元号の「令和」という文言は、万葉集から採られました（巻五の「梅花の歌三十二首、并せて序」【原文は漢文】より）。約千三百年の間、元号の文言は一貫して漢籍（中国の古典書籍）から引用されていましたが、二十一世紀になって初めての元号が和書から引用されたことは、新しい時代の到来を象徴する出来事だったと思います。

コラム 万葉仮名の読み方がいかに難解なものか、ひとつ例を挙げてみましょう。次に紹介する歌は、私の大好きな歌人で「歌聖」と称えられる柿本人麻呂《かきのもとのひとまろ》の有名な歌です。

「東《ひむがし》の野に炎《かぎろひ》の立つ見えて　かへり見すれば　月傾《かたぶ》きぬ」

東方に朝日が昇りつつあるのが見え、振り返ると西方に月が沈もうとしている

のが見えるという雄大な自然の風景を詠んだ歌に見えて、今まさに表舞台に上がろうとする者に対して、静かに人生の舞台を降りようとする者の対比を描いているようにも見える深い歌ですが、この歌は原文の万葉仮名では次のように書かれています。

「東野炎立所見而反見為者月西渡」

先に挙げた読み方は江戸時代の国学者である賀茂真淵《かものまぶち》のものです。彼は二十数年の年月をかけて万葉集を読み解きました。その後、多くの学者や歌人がさらに解読を積み重ねてきたことにより、現代の私たちも『万葉集』を読むことができるのです。これは『古事記』も同様です。

ただ、『万葉集』が完全に解読できたわけではありません。今も意味や読みが不明な言葉はいくつもありますし、「枕詞《まくらことば》」も多くの謎を孕んでいます。先に挙げた人麻呂の歌の読み方も、同時代にそう読まれていたのか、実際のところは不明なのです。たとえば前述の歌の最後の「月西渡」はそのまま「月、西渡る」と読むのではないかと考える人もいます。

仁徳天皇に見る「大御心」と「大御宝」

『日本書紀』には初代の神武天皇から第四十一代持統天皇までの歴代天皇の業績が記述されていますが、私が非常に興味をそそられるのは、第十六代仁徳天皇に関する記述です。特に次に記すエピソードは、当時の天皇が国と民をどう見ていたかを示すものです。意訳・簡略化して記します。

仁徳天皇四年二月六日、仁徳天皇が高台から遠くを見て、臣下の者に言われました。

「高殿に登って遥かに眺めると、人家の煙があたりに見られない。これは人民たちが貧しくて、炊《かし》ぐ人がないのだろう。都の内ですらこの様子だから、地方ではどんなであろうか」

そして三月二十一日に、「今後三年間、すべて課税をやめ、人民の苦しみを柔げよう」と言われました。

この日から、天皇は衣や履物は破れるまで使用され、宮殿の垣は壊れたままで、屋根に穴が開いても修理をしませんでした。こうして三年が経ち、五穀豊穣が続き、人民は潤ってきました。

七年四月一日、天皇が高殿に登って一望されると、人家の煙は盛んに立ち上っていました。そして皇后に言われました。

「私は富んできた。これなら心配はない」

それを聞いた皇后が、「なぜ富んできたと言えるのでしょうか」と聞きました。

「竈《かまど》の煙が国に満ちている。人民が富んでいるからだ」

「宮の垣が崩れたままで、屋根は破れ、御衣が濡れているのに、なぜ富んでいると言えるのでしょう」

「天が人君を立てるのは人民の為である。だから人民が根本である。人民が貧しいのは、自分が貧しいのと同じである。人民が富んだならば、自分自身が富んだことになるのだ」

九月、諸国の者が奏請し、「課役が免除されてもう三年になります。そのため宮殿は壊れ、倉は空になりました。今、人民は豊かになりました。こんな時に税をお払いして、宮室を修理しなかったら、天の罰を被るでしょう」と申し上げました。けれども、天皇はまだ三年間税を免除しました。

この話が現代に書かれたものならば、まず為政者を褒めたたえるために創作されたものではないかと疑うでしょう。二十世紀の社会主義国家には、このような話がいくらでもあります。自らを正当化する強力なプロパガンダが不可欠な為政者にとって、そうした逸話は重要なものだからです。

しかし古代の為政者は大衆の人気取りをする必要はありません。選挙など当然ないし、インターネットはおろかテレビもラジオも新聞も本もない時代なのですから、前述のエピソードを大衆に広めることさえできません。つまり創作する理由がないのです。したがって、仁徳天皇は本心からそのような発言をしたのだと考えられます。

『日本書紀』には、このエピソードの後に、六年後、初めて宮殿の修理を課せられた民衆の姿を描いた文章が続きます。

「民、うながされずして材を運び簣《こ》を負い、日夜をいとわず力を尽くして争いを作る。いまだ幾ばくを経ずして宮殿ことごとく成りぬ」

民を思う天皇に感謝した民衆が、自発的に宮殿の修繕に参じ、我先にと争うようにして働いたため、あっという間に修繕が終わったというのです。「大御心《おおみこころ》」（天皇の心）と「大御宝《おおみたから》」（国民）という、天皇と民が互いを思い合う関係はこうしてできあがっていったのでしょう。

日本の誕生

この時代に忘れてはならない重要なことがあります。それは「日本」という国名の誕生です。

「日本」とは、太陽が昇るところという意味です。「日出づる処の天子」という隋に送った国書にあるように、当時の日本人は自国が東アジアで最も早く日が昇るところであるということに誇りを持っていました。古代朝鮮のことを記した歴史書『新羅本紀』にも、「日本人自ら言うところでは、日の出る所に近いから、これをもって名としたとの事である」と書かれています。

第一章で書いたように「日本」という呼称が使われ始めたのは七〜八世紀頃といわれていますが、いつが正式な始まりかははっきりしません（六八九年の「飛鳥浄御原令」に日本という国号の記述はあるが）。十世紀に編まれた中国の『旧唐書』「東夷伝」には、「倭国、自ら其の名の雅ならざるを悪《にく》み、改めて日本と為す」という記述があり、前記の『新羅本紀』にも「六七〇年に倭国が国号を日本と改めた」とあります。六六四年に大宰府に来た唐の使者に、天智天皇が「日本鎮西筑紫大将軍牒」という書を与えたという話が『海外国記《かいがいこっき》』にありますが、真偽は不明です。ただ、天武天皇が『日本書紀』編纂を命じた七世紀末頃には、日本という国号が正式なものとなっていたようです（倭という名前はすべて日本に置き換えられている）。

日本が国名に太陽を入れたもう一つの理由は、皇室の祖神であり、日本国民の総氏神ともされる天照大神が太陽神であったからではないでしょうか。その意味では、「日本」という国名は、神話とも結びついた素晴らしい名前だといえます。

「太陽が昇る国」――これほど美しく堂々とした国名があるでしょうか。しかもその名を千三百年も大切に使い続けてきたのです。これが私たちの国「日本」です。

ちなみに『古事記』に登場する神々の名前には、男性は「彦」、女性は「姫」が付くことが多いですが、これはもともとは「日子」「日女」だったといわれています。そう、私たちの祖先は自分たちのことを「太陽の子」と呼んだのです。

コラム　天智天皇と天武天皇は、『日本書紀』によると兄弟ということになっていますが、実はここには謎があります。『日本書紀』に天武天皇の生年が書かれていないからです。天皇の生年の記述がない例は他にもありますが、『日本書紀』編纂を命じた天武天皇の生年が書かれていないというのはあまりにも不自然です。生年を正確に記すと都合の悪いことがあったのではないかと考えられます。

天智天皇は『日本書紀』では病死したことになっていますが、平安時代の私撰歴史書『扶桑略記《ふそうりやつき》』には、京都の山科《やましな》の山の中に入って、そのまま帰ってこなかったと書かれています。そこで残された者たちは、靴が見つかった場所を陵にしたといいます。現在、その地には御廟野《ごびようの》古墳があり、天智天皇が被葬者とされています（これは天智天皇陵でほぼ確定している）。この記述が謀殺の可能性を匂わせることから、天智天皇と天武天皇は兄弟ではないという説があります。もちろん文献的な証拠はありませんが、もし二人が兄弟でないとすると、「壬申の乱」で天武天皇が天智天皇の息子（大友皇子）と争ったことにも合点がいきます。天武天皇に関しては、他にも不思議な話がいくつか残っていますが、本書ではそこには深入りしないことにします。

律令制度と班田収授法

普通の歴史の本では、このあたりで律令制度の細々《こまごま》とした用語が山ほど出てきます。たとえば、中央官制には政務を行なう太政官《だいじょう》、祭祀を司《つかさど》る神祇官などがあり、太政官の下には八省があって、これを二官八省と呼ぶ、というようなことです。他にも税の仕組みや、田畑の区分による名称、司法の細かい制度などがありますが、こういうことは専門家以外には、面白いものではないでしょう。受験生なら覚えなければならないかもしれませんが、一般読者が歴史を大きく見る上では、知る必要がないと思うので、本書ではこの種の解説は詳しく書かないこととします。

ただ、土地の制度についてだけは書いておかねばなりません。

律令制のもとでは私有地は認められず、土地は公有を原則としました。そして六歳以上の人民に一定量の田畑が与えられました。これを口分田《くぶんでん》といい、売買は禁じられ、本人が死ねば再び公有地となり、口分田として新たな人民に与えられました。これを班田収授法《はんでんしゅうじゅのほう》といいます。中国の制度を参考にして作られたこの制度は、非常に公正かつ合理的なものでした。千三百年以上も前にこれを導入した祖先の先進的な取り組みに驚かされます。

しかし、公地主義は徹底したものではなく、寺社に与えられた田畑（神田・寺田）などは実質私有地に近いものと見做され、収公（没収）はされませんでした。寺社はこれを基盤にして、後で述べる「墾田永年私財法《こんでんえいねんしざいほう》」なども利用して荘園へと拡大していき、残念ながらこの素晴らしい制度は崩れていきます。

身分制度

もう一つ、身分制度についても述べておきましょう。律令制度とともにできあがった中国の制度を真似て、人々は良民と賤民に分けられました。さらに良民は皇族・貴族・公民・雑色《ぞうしき》の四つに分けられます。皇族と貴族は支配階級とされ、様々な特権と恩恵がありました。公民は農民などのことで人口の大部分を構成していました。雑色とは貴族に仕える者で、主に手工業や軍事的な技術を持った人々でした。

賤民は人口の一割程度いたといわれており、奴隷または準奴隷的な身分でした。賤民のうち奴婢《ぬひ》は所有者によって売買される身分でしたが、完全に固定化されたものではなく、一定の年齢になり、所有者が認めるなどすれば良民になれることもありました。所有者が亡くなって相続人がいない場合も、自由な良民になれました。

良民と賤民の結婚は禁じられていましたが、実際にはあとを絶ちませんでした。当初は、良民と賤民との間に生まれた子は賤民とされましたが、後には子は良民とされると改められました。また賤民にも班田収授法が等しく適用されました(ただし良民よりも与えられる土地は少なかった)。

これらを見ると、日本の身分制度は諸外国に比べて、厳格なものでないのがわかります。中国やヨーロッパ社会における人権皆無のような奴隷制度に相当するものは、日本には存在しなかったといえます。

平城京

八世紀初め、飢饉と疫病が続発し、多くの死者が出ました。そこで第四十二代文武天皇が疫病で崩御した際、第四十三代元明天皇(文武天皇の母)は藤原京から平城京へ遷都することを決めたとする説があります。現代人からすれば、そんな理由で遷都するのは不合理にしか思えませんが、当時の人々は飢饉や疫病も人知を超えた存在のせいだと考えていました。遷都を決めたのもおそらく、神官あるいは僧の助言、もしくは陰陽師《おんみょうじ》の言葉のようなものに従ったと思われます。

なお前述したように文武天皇は七〇一年に元号を「大宝」とし、以後、令和の現代に至るまで元号が使われることとなります。本書でも、これ以降、年代を元号で記すこととします。

和銅三年（七一〇）に朝廷は都を藤原京から平城京（現在の奈良市と大和郡山市の一部）に移し、以降七十年余りを奈良時代と呼びます。

この頃、全国を結ぶ交通路が整備され、官道（現代の国道にあたる）には一六キロごとに駅家《うまや》が設けられていました。駅には馬が常置されて、公的な文書の逓送《ていそう》も行なわれていたというから驚きです。交通路の発達により、商品流通も盛んになりました。

朝廷は貨幣を鋳造して普及につとめましたが、一般には浸透せず、人々は米や布を現物貨幣として用いていました。

農民の疲弊

農民は収穫物から三パーセントを国に納めればよいということになっていて（これは租《そ》と呼ばれる税である）、これ自体は厳しいものではありませんでしたが、男性には調《ちょう》や庸《よう》といった税、さらには雑徭《ぞうよう》と呼ばれる労役があり、これが重負担でした。都の造営や仏寺の建立に使役される時は、季節は考慮されなかったため、農繁期に一家の大黒柱を使役に取られれば、その家は没落の危機に瀕します。また一家の長が防人や衛士《えじ》といった兵役任務に就かされることもありました。いずれも逃亡する者があとをたたず、その家が滅ぶようなことが少なくありませんでした。せっかく班田収授法という素晴らしい制度を作りながら、無配慮に農民を使役したことは残念だったといわねばなりません。

また平城京の時代は人口が増え、それにより口分田の不足という問題が浮上しました。そこで朝廷は養老七年（七二三）、新たに未開地を開墾した場合は三代まで所有（異説あり）できるという「三世一身法《さんぜいっしんのほう》」を施行します。ところが三代目になると、まもなく没収されるというので、手入れをせずに再び荒地になるところが目立ってきました。そこで朝廷は天平《てんぴょう》一五年（七四三）、開墾した土地は永久に私有地と認める「墾田永年私財法」を施行します。皮肉なことに、この法律により、公地公民の原則が崩れてしまいました。

というのも、貧しい農民には荒地を開墾する余裕などない一方、貴族や寺社は奴婢や浮浪人（戸籍を離れて他国へ逃げた農民）などを使い、また周辺の貧しい農民を雇って、大掛かりな開墾をすることができたからです。こうして一部の支配層による土地の私有が進んでいくことになります。

豪族たちの権力争い

平城京の時代は権力争いや反乱が絶えませんでした。神亀《じんき》六年（七二九）の長屋王《ながやおう》の変、天平一二年（七四〇）の藤原広嗣《ひろつぐ》の乱などが立て続けに起こります。興味深いのは、これらの争いが、天皇を殺して自らが頂点に立とうというものではなく、天皇の側近になるため、あるいは天皇を自らの傀儡《かいらい》とするためのものであったことです。つまりこの時代にはすでに、天皇は不可侵な存在となっていたことが見てとれます。

これは後の時代の争いや内乱すべてに共通することとなります。

こうした度重なる政変に加えて、天然痘の流行などもあり、動揺した第四十五代 聖《しょう》武《む》天皇は天平一二年（七四〇）に平城京を出て、都を恭仁《くに》京（現在の京都府木津川《きづがわ》市加茂《かも》地区）に移します。その後、難波宮《なにわのみや》（現在の大阪市中央区）、紫香楽宮《しがらきのみや》（現在の滋賀県甲賀《こうか》市）と遷都を繰り返し、五年後の天平一七年（七四五）に再び平城京に戻しました。

聖武天皇は、世の中の乱れを仏教で救おうと、天平一三年（七四一）に全国に国分《こくぶん》寺《じ》・国分尼寺《こくぶんにじ》を建てることを命じ、また天平一五年（七四三）には盧舎那仏《るしゃなぶつ》造立の詔を発しました。これが東大寺の大仏の制作宣言です。

大仏には約五〇〇トンの銅と三七五キロの金が使われましたが、これは当時としては莫大な量でした。制作には七年の歳月（七四五〜七五二）をかけましたが、その間、延べ二百六十万人が工事に携わったといわれます。まさに国家的大事業だったわけですが、このため国家財政は窮乏し、労働に駆り出された農民の生活は一層苦しくなって土地から離れる（逃亡を含む）者が増え、律令体制の基本であった公地公民の制度は崩れていきました。

現代的な視点で見れば、庶民の生活を苦しくする大仏造立など無駄な事業のようにも思われますが、これは天皇の私利私欲のために行なわれたのではありませんでした。「責めは予《われ》一人にあり」。これは聖武天皇の残した言葉としてつとに有名です。飢饉や天然痘の流行は、自らの政《まつりごと》に問題があるからだと自責した天皇は、大仏を造って仏教を盛んにすることが人々を救うと信じていたのです。古墳時代の巨大な墳墓建設とは根本的に異なる思想に基づいており、多くの民衆もまたそれを信じていました。当時、仏教はそれほど大きな力を持っていると考えられていたのです。

聖武天皇の后である光明《こうみよう》皇后も篤く仏教を信仰し、孤児や貧しい人の保護施設である悲田院《ひでんいん》や、病人に薬や治療を施す施設である施薬院《せやくいん》を建て、自ら病人の治療に当たりました。

農民が疲弊する一方で、多くの土地を得た貴族が財を成すと、彼らの権力争いが一層激しくなりました。天平勝宝《てんぴようしようほう》九年（七五七）に橘奈良麻呂《たちばなのならまろ》の変、天平宝字《ほうじ》八年（七六四）には恵美押勝《えみのおしかつ》の乱などが起こり、理想の政治はぐらついていくこととなります。

大仏と大仏殿はその後、治承《じしよう》四年（一一八〇）と永禄《えいろく》一〇年（一五六七）に二度炎上しましたが、いずれも時の権力者によって再建されています。現存する東大寺の大仏は大部分が江戸時代に補修されたものですが、台座、右の脇腹、両腕から垂れ下がる袖、大腿部などに、一部、造立当時の部分が残っているといわれています（諸説あり）。昭和三三年（一九五八）に国宝に指定されました。

この時代はシルクロードを通って唐の都・長安に集まってきたインドや中東の文化・文物を遣唐使らが持ち帰ったことにより、日本にも国際的な色彩を持った文化が花開いたといえます。

正倉院《しょうそういん》にはこの頃に渡ってきたペルシャやインド、唐のガラス器や楽器、焼き物などが今も数多く残っています。正倉院はもとは東大寺の倉庫でしたが、その中に貴重な品々が千二百年以上も保管されてきたというのは本当に奇跡のようなことです。

長岡京へ

仏教の振興は皮肉なことに寺院や僧侶の力を増すことへとつながりました。彼らは政治にも容喙《ようかい》し始め、それを嫌った第五十代桓武天皇は、延暦《えんりゃく》三年（七八四）、平城京から長岡京へ遷都します。長岡京は長い間、「幻の都」とされてきましたが、戦後の発掘調査により、平城京に匹敵するほどの巨大な都であることがわかりました。

長岡京に遷都したもう一つの理由は交通の便でした。平城京では物資や人の移動は陸路しかありませんでしたが、長岡京には桂川、宇治川、淀川があったため、様々なものを効率よく運ぶことができました。平城京で問題となった下水問題も解決しました。住人たちは道路沿いの川の水を家の中に引き入れ、排泄物を流していたのです。そのため都は常に清潔さを保っていました。幕末に日本を訪れた西洋人が一様に驚いた日本の街の清潔さは、実はそれよりも千二百年以上も前から実現していたのです。

しかしこの素晴らしい都はわずか十年で平安京へと移されます。歴史に現れない権力闘争があったのか、より大きな都を作るためだったのか、理由ははっきりしません。もしかしたら、長岡京は平安京を作るためのモデル都市であった可能性もありますし、あるいは後述する「祟り」を恐れて遷都された可能性もあります。

平安京も長岡京もその前の平城京も、唐の長安を模して作られた都ですが、いずれの都にも長安とは決定的な違いがありました。それは、城壁がないということです。これは後の時代まで日本の都市（都）の特徴となっていきます。

都市というのは、食料と物と人の集積所ですから、これを襲って奪えば、大きな利益を得ることができます。そのため、ヨーロッパや中国の都市の多くが堅固な城壁を周囲にめぐらして、街全体を守る構造となっています。

しかし日本は飛鳥時代以前に都市から城壁をなくしました。これは単一言語を持つ民族であることと、日本列島が四方を海で囲まれていたことが大きかったと考えられます。西洋史や中国史と日本の歴史を見比べて、何よりもその違いに驚かされることといえば、ヨーロッパや中国では当たり前のように行なわれてきた民衆の大虐殺がないということです。これは非常に幸運であると同時に、誇るべき歴史だと思います。

コラム　ここであらためて繰り返しますが、「記紀」における応神天皇や継体天皇のくだりは、「万世一系」を史実として記述しようという編纂者の苦心の様が窺えます。このように書くと、「百田尚樹は万世一系を否定している」と批判してくる人がいますが、決してそうではありません。むしろ『古事記』や『日本書紀』の編者によって皇室の万世一系が保たれたことに、私は深い感動を覚えています。彼らの記述があったればこそ、万世一系の伝統と思想が確固たるものとな

ったのではないかとさえ考えています。

「天皇は神武天皇の男系子孫であらねばならない」という思想が生まれたのはいつごろか定かではありませんが、やがてそれは国民全体に浸透する共通概念となり、それが日本という国のアイデンティティに繋がったのです。

日本の歴史において、皇室の血統を継がない者が天皇を弑《しい》し、自らがそれに代わる存在になろうとした人物は皆無です。先に書いた「長屋王の変」や「藤原広嗣の乱」は、あくまで天皇の側近になろう、あるいは天皇を操ろうという目的で為されたものです。後の時代の乱や変も、この構造は変わりません。

ヨーロッパや中国大陸では、王や皇帝を殺して権力を奪った例は枚挙にいとまがありませんが、日本においてはただの一例もないのです。唯一の例外と言えるのは、自ら「新皇」と名乗った「平将門の乱」ですが、前述したように将門は桓武天皇の男系子孫（五代目）であり、厳密に言えば皇室の血統を継いでいるといえます。

また平清盛《きよもり》以降、武士が権力を握りますが、時の権力者の中にも天皇にとって代わろうとした者はいません。これは世界的に見ても稀有なことです。そしてその結果として、少なくとも千五百年以上も続く世界最古の国として今に存在することとなったのです。

第三章

平安時代

平安時代こそ、日本が独自の文化を花開かせた時代だったといえます。

遣唐使の停止で公的な国際交流がなくなったことにより（唐や宋《そう》との間の民間貿易は続いていた）、日本的な美意識や思想が育まれるようになりました。

ただ、これと背中合わせに、朝廷はかつての逞しさや国際感覚を失っていきます。外国との交流を絶ったことで、いわば「プチ鎖国」状態となった日本で、王朝の人々はひたすら「雅《みやび》」を愛する貴族となり、「平和ボケ」していったのです。

一方で、「武」を尊ぶ武士が生まれたのもこの頃です。武士の起源は様々です。ある者は自らの土地を守るために武装した集団であり、またある者は都や荘園警護の役目を負うために生まれた存在だったようです。やがて彼らは大きな勢力となり、その武力をもって朝廷や貴族を脅かすようになっていきます。

十世紀に誕生した武士は、十二世紀後半に政権を握り、その後約七百年にわたって日本を支配するようになっていくのです。

平安京

延暦一三年（七九四）、平安京に遷都した桓武天皇は、大胆な政治改革を実施しました。農民に課していた労役義務（雑徭）を半分にし（ただし地方は半減されなかった）、さらに兵役の義務を廃止します（九州と東北は除く）。その代わりとして、郡司（郡を治める在地の有力豪族）の子弟や有力農民による新しい軍隊を創設しました（健児《こんでい》制）。また地方政治の乱れを監視するために、勘解由使《かげゆし》を置き、国司（郡司の上に立つ地方の官吏）交替の際の不正を取り締まったりもしました。

この頃、最澄《さいちょう》と空海《くうかい》が唐に渡り、仏教の新たな宗派を日本に持ち帰りました。以後、多くの僧は、最澄が開いた比叡山延暦寺《えんりやくじ》（天台宗）で修行するようになります。空海が開いた高野山金剛峯寺《こんごうぶじ》（真言宗）も栄え始めます。それらの宗派はやがて貴族の間にも広まりましたが、本当の意味で大衆化されるには至りませんでした。僧たちも、世の中の平安を祈って加持祈禱《かじきとう》（仏の呪力による儀式）をしたものの、貴族の期待に応えて個人の幸福を祈る現世利益《げんぜりやく》に重きを置くようになっていきます。

当時、東北地方は蝦夷《えみし》と呼ばれる人々が支配していて、朝廷の力は及んでいませんでしたが、延暦二一年（八〇二）に征夷大将軍の坂上田村麻呂《さかのうえのたむらまろ》が蝦夷のアテルイを降伏させて、東北地方一帯（青森と北海道を除く）を支配し、朝廷は北海道と沖縄などを除く日本全国をほぼ統治下に置きました。なお、蝦夷＝アイヌ説は今でも学者の間で意見が分かれ、定説がありません。

征夷大将軍とは朝廷の官職の一つですが、もともとは文字通り「蝦夷を征服する将軍」という意味でした。これが後に、武家政権の首長を示す称号となっていきます。なお「幕府」とはもともと、征夷大将軍が天皇に代わって軍の指揮を執る陣地のことをいいます。

成熟の時代へ（国風文化の開花）

東北を支配下に置いてから百年ほどは大規模な軍勢が動員される兵乱や事件は起こっていません。薬子《くすこ》の変（平城太上天皇《へいぜいだいじょう》の変）、承和《じょうわ》の変、応天門の変などの政変はありましたが、いずれも日本を揺るがすような出来事ではありません。古代からダイナミックに動いてきた歴史が、いったんその動きを止めたかのような時代です。私にはこの時代が、日本という国が誕生から成長にかけての波瀾に富んだ時代を終え、成熟の時を迎えたかのようにも見えます。

それまで頻繁に行なわれていた遷都も、平安京に移してからはぴたりとやみました（その後、平清盛による福原京遷都や南北朝時代の吉野などの例外はあるが、基本的には、明治維新まで千年以上遷都されなかった）。

平安時代の大きな出来事といえば、まず遣唐使の停止が挙げられます。

六〇〇年に遣隋使が送られて以来、二百五十年以上、日本はずっと人を派遣して大陸の文化や制度を取り入れてきましたが、平安時代に入った頃から、その回数は激減していました。平城京の時代は命懸けの航海をしてでも、大陸の進んだ文化を取り入れたいという必死の思いがありましたが、平安時代には中国の文化を消化して、日本も優れた文化国家となり、危険を冒してまで遣唐使を送る必要がなくなったと考えられたのです。

寛平《かんぴょう》六年（八九四）、半世紀以上ぶりに遣唐使を送る計画が立てられましたが、学者でもあり蔵人頭《くろうどのとう》という政治の重職にもあった菅原道真《すがわらのみちざね》が停止を進言し、受け入れられました。これ以降、遣唐使は一度も送られず、二百五十年以上続いた遣唐使はついに廃絶しました（民間における交流はあった）。

停止の理由は唐の政情不安ということがありましたが、私はそれよりも、中国からは学ぶべきものはすべて学んだという意識が根底にあったのではないかと見ています。まるでその証《あかし》のように、遣唐使が廃止されて以降、真に日本らしい傑出した文化が花開くこととなります。

その一番は仮名文字の発明でした。仮名文字ができる前は文章を書く際には、漢文を使うか、そうでない場合もすべての文字に漢字を使用していました。漢字を表音文字として使っていたのですが、その典型が『万葉集』です。しかしこれでは音や訓が入り混じり、しかも統一された決まりもなく、一般に普及させるには非常に不便なものでした。そこで編み出されたのが仮名だったのです。

最初に仮名を使用したのは九世紀初めの僧侶たちでした。彼らは経典などの難読漢字の横に、読みやすいように省略文字でふりがなをふっていました。たとえば、江→エ、止→ト、多→タ、という具合にです。これが片仮名の由来です。片仮名はその後も漢文の読みを表わす補助的な文字として使われますがその後、漢字の草書体から平仮名が編み出されます。平仮名は片仮名に比べ優美な曲線を持っていたことから、宮中で働く女官たちが好んで使うようになり、そのため「女手《おんなで》」とも呼ばれました。私はこのふたつの仮名の発明は日本の文化史上の大発明であったと考えています。これによって日本語における表現力が飛躍的に発展したからです。

平安京の女官たちは高い教養を備え、またそれを競い合うかのように、平仮名をふんだんに使って様々な著作を生み出しました。清少納言《せいしょうなごん》が書いた随筆『枕草子《まくらのそうし》』、紫式部《むらさきしきぶ》が書いた長編小説『源氏《げんじ》物語』、藤原道綱母《みちつなのはは》が書いた日記文学『蜻蛉《かげろう》日記』、菅原孝標女《たかすえのむすめ》が書いた『更級《さらしな》日記』などは、千年後の現代でも読まれている名作です。

これらの文学作品は平仮名の発明なくしては生まれませんでした。「やまとことば」といわれる繊細な言葉は、情緒豊かな表現の世界を広げていきます。その代表作である『源氏物語』は、現代でも世界の二十ヵ国以上で翻訳され読まれています。私は、平安時代の文学が女性たちによって紡がれたことを、実に素晴らしいことだと思っています。

日本以外の世界を見渡せば、多くの女性が書物を著わすのは近代になってからのことです。それ以前の中国やヨーロッパでは、貴族であっても女性は出産や子育てや男性の快楽のための存在であり、教養や知識を持つどころか、文字を読める人さえ稀でした。イスラム原理主義の強い国では、二十一世紀の現代でも女性に教育が与えられていません。しかし日本においては古代からすでにあらゆる階級の女性が和歌を詠み、それらが『万葉集』にも数多く載せられていたのです。また『源氏物語』を読めば、当時の宮中の女性たちが男性の所有物ではなく、恋愛に関しても、対等にかなり近いものであったことがわかります。

話を平仮名に戻すと、小中華を自負する朝鮮が、平仮名にあたる「ハングル」を持ったのは十六世紀のことです。しかし、この文字は当時の朝鮮の学者や知識階級から嫌われ、ほとんど普及しませんでした（公文書はすべて漢文）。ハングルを朝鮮の民衆に広く普及させたのは、実は二十世紀に大韓帝国を併合した日本なのです。もっとも第二次世界大戦後、独立を果たした大韓民国ではナショナリズムが昂じた末に、固有名詞以外では漢字がほとんど使われなくなり、書籍もすべてハングルで綴られることとなりました。その結果、現代の韓国で流通する文書のほとんどが、日本語でいえばすべて平仮名で書かれた文章となっているのです。

コラム

『源氏物語』は、宮中を舞台に主人公の光源氏《ひかるげんじ》の一生を描いた物語です。そこには光源氏の栄光と没落、そして華麗なる恋が描かれています。

下級貴族出身の紫式部は二十代で藤原宣孝《のぶたか》と結婚し一女をもうけたものの、三年後に夫と死別し、その悲しみを忘れるためにこの物語を書き始めたという説があります。やがて知人たちの間で評判になり、当時、貴重品だった紙を提供してくれる者が次々と現れ、紫式部はそのたびに続きを書いていったといわれています。そしてついに全五十四帖からなる大長編小説を完成させたのです。約百万字、四百字詰め原稿用紙に換算して二千五百枚の長さですから、当時としては桁外れの長編といえます。

なお、紫式部は本名ではありません。彼女の父の役職「式部」に作中の「紫の上」の紫を付けて、そう呼ばれているという説が有力です。清少納言も本名ではありません。彼女の父の清原元輔《きよはらのもとすけ》の「清」の字に役職名である「少納言」を付けたものですが、清原元輔は少納言の地位には就いておらず、娘がなぜ清少納言と呼ばれたかは実はわかっていません。当時、女房と呼ばれる女性たちは本名をみだりに明かすことはなく、現代でも彼女たちの本名はわかっていません。

ともに才女を謳われた二人ですが、宮中に仕えていた時期は異なり、面識はなかったといわれています。ただ、紫式部は「紫式部日記」で清少納言の文章を酷評しています。

「清少納言こそ したり顔にいみじうはべりける人 さばかりさかしだち 真名書き散らしてはべるほども よく見れば まだいと足らぬこと多かり」（清少納言は得意げに漢字を書き散らしているが、よく見ると間違いが多い）。この文章には、同時代の作家に対する剝き出しのライバル心が顕れていて、同じ作家の私などは微笑ましく感じると同時に、紫式部の人間らしさを感じます。

武士の誕生

前章で述べましたが、公地公民制度の崩壊とともに始まった貴族や大寺社による土地の私有化は、平安時代に入って一層加速しました。同時に貧富の差が開いていきます。富裕な貴族や有力な寺が取得した土地は荘園と呼ばれましたが、当時は正確な地籍図もなく、所有権も曖昧なところもあり、土地をめぐる争いは日常茶飯事でした。そこで貴族たちは荘園を守るために用心棒のような男たちを雇うようになります。土地を守るため（あるいは奪うため）の用心棒である彼らは、戦いに備えて常に武装していました。一方、寺では下級僧侶たちが自ら武装するようになりました。これを僧兵といいます。

地方でも、国司として派遣された下級貴族の一部が土着して、土地を私物化するようになると、それを守るために自ら武装集団化しました。彼らは武芸を習得して戦闘の専門家となり、それが家業として受け継がれていきます。そしてやがて武士と呼ばれる存在となったのです。武士の別名は「侍《さむらい》」ですが、これは「貴人に従う」を意味する「さぶらふ」（侍ふ／候ふ）に由来した言葉です。武士はその後、明治維新まで九百年以上も存在し、日本社会の精神を象徴するものともなっていきます。

ただ、初期の武士集団とは、敢えていうなら現代のヤクザのような存在でした。実際、昔の武士と現代のヤクザには共通項が多いといわれています。まず「親分子分の関係が強固」「法よりも力とスジにものを言わせる」「縄張り意識が強い」などです。その武士が、時代が下って権力を持つようになると、彼らの中に独特の武士道という思想が育まれていきました。

こうしていつのまにか地方に有力な武士が誕生し、彼らは棟梁《とうりょう》と呼ばれる者を頂点とする一族を形成するようになります。その中で有力な一族となったのが、関東を中心として勢力を広げた平氏《へいし》と、摂津《せっつ》や河内《かわち》（ともに現在の大阪府）を中心に勢力を広げた源氏《げんじ》です。平氏は第五十代桓武天皇の流れを汲む皇族出身、源氏は第五十六代清和《せいわ》天皇の流れを汲む皇族出身であり、ともに家格の高さから武士たちの尊敬を集め、やがて大きな勢力を持つに至ります。

藤原氏の台頭

平城京の時代の終わり頃から財力を持った貴族が増えていきましたが、中でも藤原氏の財力はずば抜けていました。藤原氏は飛鳥時代の中臣鎌足《なかとみのかまたり》を始祖とする一族です。鎌足という人物は謎が多く、身分の高い中大兄皇子の右腕となって「乙巳の変」で活躍したことで異例の出世を果たし、臨終に際して天智天皇から藤原姓を与えられました。そしてその子の不比等《ふひと》の時代に、大きな権力を得ます。

不比等は実は天智天皇の子供だという説があります。平安時代後期に編まれた歴史物語の『大鏡』には、天智天皇が鎌足に妊娠中の女御（天皇のお手付き）を下げ渡す時に「男児が生まれたら鎌足の子とし、女児が生まれたら朕が引き取る」と言った伝説が書かれています（同じ話は『帝王編年記』『尊卑分脈』にもある）。現代の歴史学者の間では、公式の文献的証拠はないという理由から否定的意見が多数を占めていますが、平安時代には多くの人々に信じられていたようです。ただ、不比等の異例ともいえる出世（不比等は最初、史《ふひと》でしたが、後に並ぶものはないという意味の不比等という字に変えている）、また鎌足の二人の息子の中で藤原姓を名乗ることが許されたのは次男の不比等だけということから、「天智天皇ご落胤説」を取る学者もいます。

もちろん真実は不明です。

不比等の四人の息子（藤原四兄弟）は四つの家系（南家《なんけ》、北家《ほっけ》、式家《しきけ》、京家《きょうけ》）を興しましたが、そのうち京家は早くに没落します。残り三家が競い合いますが、政争や一族の反乱などで南家と式家も平安時代初期に衰退し、北家だけが栄えることとなります。平安時代に栄華を極める藤原氏とはこの北家のことです。

藤原氏（北家）は平安時代の中期から、一族の娘を次々と天皇に嫁がせ、天皇の外戚として力を振るうようになります。藤原氏の当主は摂政や関白として天皇の代わりに政治を執り行なうようになりますがこれを摂関政治といいます。遣唐使の停止を進言した菅原道真も藤原氏の策略によって失脚させられ、九州の大宰府に左遷されました。

藤原氏が最も権勢を振るったのは十一世紀の道長《みちなが》の時代です。道長は長女の彰子《しょうし》を一条《いちじょう》天皇の后に、次女の妍子《けんし》を三条《さんじょう》天皇の后に、三女の威子《いし》（その上に異母姉の寛《かん》子《し》がいる）を後一条《ごいちじょう》天皇の后にし、天皇を思うがままに操ったのです。そのうえライバルを次々に失脚させ天下を意のままにしました。この頃、道長が詠んだ「この世をば 我が世とぞ思ふ 望月の 欠けたることも なしと思へば」という歌はあまりにも有名です。この世は自分のためにあるかのようで、欠けた部分のない満月のようだ、という全能感に酔った歌です。

しかしながら、ここで留意すべきところがあります。道長は皇室に嫁がせた娘が生んだ男子を次々に天皇にしていますが、息子の教通《のりみち》の妻である内親王（天皇の娘）を女性天皇にはしていないことです。もし仮にそんなことが起きれば、道長の息子の子が天皇になる可能性があり、その瞬間に男系の万世一系が途絶え、藤原朝に代わります。したがっていかに権力を持っていた道長でも、それはできなかったのでしょう。これは平安時代後期に絶対的な権力者となった平清盛も同じです。

余談ですが、一条天皇には二人の后がいて、その一人、定子《ていし》（道長の姪）に仕えたのが随筆『枕草子』を書いた清少納言であり、もう一人の后の彰子（道長の長女）に仕えたのが長編小説『源氏物語』を書いた紫式部でした。前述した紫式部のライバル心は、そうした立場上のことも理由となっていたのかもしれません。

さて、満月は日を経るごとに欠けていきます。道長もこの歌を詠んだ直後から、次々と不幸に見舞われるようになりました。まず本人が身体の不調をきたし、次に息子が死に、二人の娘も死亡しました。道長は、これらは自分が政争で追い落とした者たちの祟りに違いない、と恐れるようになります。そんな彼は臨終に際し、地獄に落ちることを極度に恐れ、自分が建てた法成寺《ほうじょうじ》の九体の阿弥陀如来の仏像の手と自分の手を糸で結んで、僧侶に念仏を唱えさせながら事切れました。

「祟り」について

ここで「祟り」について触れようと思います。古《いにしえ》の日本人は、非業の死を遂げた人は怨霊となって世の中や人に祟ると信じて非常に恐れました。疫病が流行ったり、天災が続いたりすると、それは祟りのせいだと考え、怨霊を鎮めるための祭りを行なったり、神社を作ったりしたのです。

仏教が入ってくると、怨霊を鎮める「御霊会《ごりょうえ》」と呼ばれる儀式が行なわれるようになり、朝廷は何度も大掛かりな御霊会を行ないました。実は日本の歴史を見ていくと、この怨霊を恐れるという思想が、日本人の心の底に根強く残り、幕末の頃まで続いていたことがわかります。明治維新以後、西洋風の合理主義が入り込んだことで、私たち現代人は「祟り」や「怨霊」を非科学的なものとして排除するようになりましたが、歴史を見る際には、かつての日本人がそうしたものを恐れていたことを忘れてはなりません。当時の人々の行ないが「祟り」や「怨霊」を恐れたゆえのものであったことが少なくないからです。

平安時代の人々が恐れおののいた「祟り」の一つが、「菅原道真の祟り」でした。藤原時平《ときひら》の讒言《ざんげん》を信じた醍醐《だいご》天皇によって大宰府に左遷された道真は、二年後にその地で亡くなりますが、「祟り」はそれから数年後に起きます。以下、「祟り」で死んだとされる人と年代を記します（わかりやすくするために西暦で記します）。九〇六年、道真の左遷のきっかけを作った藤原定国《さだくに》が死亡。九〇八年、同じく左遷のきっかけを作った藤原菅根《すがね》が落雷により死亡。九〇九年、左遷の首謀者である藤原時平が死亡。九一三年、道真の後任となった源《みなもとの》光が沼にはまって死亡。九二三年、時平の甥で皇太子の保明《やすあきら》親王が薨去《こうきょ》。九二五年、保明親王の息子の慶頼《よしより》王も薨去。醍醐天皇は道真の怨霊を恐れて、彼の左遷を取り消して名誉を回復させますが、祟りは収まりませんでした。延長《えんちょう》八年（九三〇）、天皇が政務を行なう内裏の清涼殿に雷が落ち、道真の大宰府での動向を見張っていた藤原清貫《きよつら》が直撃を受けて死去します。衝撃を受けた醍醐天皇は八歳の朱雀《すざく》天皇に譲位しますが、にもかかわらず、その七日後に醍醐天皇は崩御します。朝廷は道真の怨霊を鎮めるために北野天満宮を作り、そこに道真の霊を祀ると、ようやく祟りは収まりました。少なくとも当時の人々はそう真剣に信じていたのです。

この一連の事件を目の当たりにした当時の人々は、「祟り」の恐ろしさをあらためて知ることとなります。この時、藤原氏でただ一人、藤原忠平《ただひら》（道真を追い落とした首謀者であった時平の弟）だけは無事でしたが、彼は生前から道真に同情し、大宰府に送られた後も励ましの手紙などを送っていた人物でした。忠平一人が祟りを受けず、その後、摂政・関白にまで出世したことが、「祟り」の信憑性をさらに高めることとなります。前述の藤原道長が晩年、自分が追い落とした人たちの祟りをひどく恐れていたことも想像に難くありません。

もちろんこれらの出来事は偶然の産物です。しかし当時の人々は、人知を超えた怨霊の仕業と考え、不遇の死を遂げた人物の祟りがないよう、その霊を鎮めるため、神社や寺を建てて御霊《みたま》を祀りました。この「死者が祟る」という考え方は、しばしば日本史を読み解く際の「鍵」ともなります。

コラム 京都は都になったことで、同時に言葉の発信地となりました。都の言葉は人から人へと伝播し、やがて遠く離れた地域にまで広がっていきました。もちろんテレビやラジオなどもない時代ですから、その伝播の速度は遅々たるものです。ところで言葉というものは常に新しいものに生まれ変わります。それまで使われていた名詞・形容詞・副詞・動詞などが別の言葉に変わるということはよくあります。もちろん一時的な流行で短期間に廃《すた》れてしまうものもあれば、古い言葉に取って代わるということもしばしばあります。

その場合、時として奇妙な現象が生じます。それは古い言葉がまだ全国の津々浦々に伝播しきっていない状態で、都に新しい言葉が生まれた時に起こります。

つまりある地方で○○という言葉が使われている時、都では同じ意味で△△という言葉が使われているという状況になるのです。そして△△が広がっていった時に、都では別の□□という言葉が生まれるということもあります。こうして長い年月の間に、同じ言葉が日本中でいくつもの異なる言葉で表現されるという状況が生まれます。その分布は京都を中心にした同心円を描きます。これを「方言周圏論」といいます。最も外側の円（東北や九州）の言葉は古い都の言葉が残っているということになります。

「方言周圏論」は民俗学者の柳田国男《やなぎたくにお》が昭和五年（一九三〇）に唱えた説です。柳田は「カタツムリ」を意味する言葉が京都（関西）を中心に五重の円（五種類の言葉）を描いていることを発見しました。関西の「デデムシ」、中部地方と中国地方の「マイマイ」、四国と関東の「カタツムリ」、九州と東北地方の「ツブリ」、九州の西部と東北地方の北部の「ナメクジ」です。「方言周圏論」によれば、京の都でナメクジ↓ツブリ↓カタツムリ↓マイマイ↓デデムシと変化していったことになります。

ただ「方言周圏論」は言語学界では定説とまではなりませんでした。というのは、すべての言葉に法則性が見出せなかったのと、周圏分布とは真逆の言語分布がいくつもあったからです。

しかし平成三年（一九九一）、朝日放送のテレビ番組「探偵！ナイトスクープ」が、日本全国のアホ・バカ表現（ホンジナシ、タワケ、ダラ、アンゴウなど）を調査した時、京都（関西）を中心に二十前後もの同心円が描かれていることが判明しました。同番組のプロデューサーである松本修《まつもとおさむ》は、夥《おびただ》しい文献にあたって、それらの言葉が都でいつごろ流行ったのか特定し、京都から離れたところにある言葉ほど（都で使われた）古い言葉であることを証明しました。彼は後にこの研究成果を『全国アホ・バカ分布考』（太田出版・新潮文庫）という本で発表しています。

松本は朝日放送を退職後も独自の調査を続け、現在、彼が発見した五重以上の「同心円」を描く言葉や文法事象は百を超えています。その業績は学界でも高く評価されています。したがって、すべての言語にその法則性は当てはまらないものの、「周圏論」の存在は否定できなくなっています。また松本は京の都が千年にわたって言葉の発信地であったことも証明しました。

興味深いことは、鎌倉や江戸は言葉の（全国的な規模での）発信地にはなり得なかったということです（江戸を中心とした言葉の【同心円的】広がりは、旧江戸市中か、せいぜい関東平野の内に限定される）。その事実を見る時、京の都が持つ不思議な力を感じます。もしかしたらそれは「言霊の国」における天皇の持つ霊力のようなものだったのかもしれません。

余談ですが、私は昭和六三年（一九八八）、「探偵！ナイトスクープ」が立ち上げの時から現在に至るまでチーフ構成作家として携わっています。「全国アホ・バカ分布図の完成」編の放送回は平成三年（一九九一）に、テレビ番組に与えられる三つの大きな賞である「日本民間放送連盟賞」のテレビ娯楽部門最優秀賞、「ATP賞」のグランプリ、「ギャラクシー賞」の選奨を受賞しています。

武士の反乱

都で藤原氏が我が世の春を謳歌している頃、地方の政治は乱れていました。十世紀に入った頃には、国司などが土着して地元の武士のリーダーとなり、独自の支配体制を築く者も現れ始めました。

「平将門の乱」はそんな折の象徴的な出来事でした。下総《しもうさ》（現在の千葉県北部と茨城県西部あたり）の猿島《さしま》を本拠としていた平将門は、承平《じょうへい》五年（九三五）に一族の内紛から伯父を殺すと、やがて国府を攻略し、関東の大半を支配します。天慶《てんぎょう》二年（九三九）には、自ら新皇と称し関東に独立国を建てようとしました。

同じ頃、伊予（現在の愛媛県）に役人として赴任、その後、土着して海賊の首領となっていた藤原純友《すみとも》が朝廷に反旗を翻します（藤原純友の乱）。ただし、将門も純友も統制の取れた軍勢ではなく、朝廷の遣わした武士や地元の武士に鎮圧されました。朝廷は二人の共謀を疑いましたが、これは偶然でした。この二つの乱は、それが起こった時の元号から「承平・天慶の乱」とも呼ばれています。後に『将門記《しょうもんき》』という物語が生まれましたが、これは我が国初の「戦記文学」ともいうべきものです。

摂関政治の弊害

将門と純友の乱が起こっても、都では藤原氏や他の貴族が兄弟や一族同士で勢力争いに明け暮れていました。十世紀後半になると、争いは外戚の地位をめぐるものになります。外戚とは、この場合天皇の妃の一族のことですが、貴族たちは摂政や関白になるため、自分の娘を天皇や皇太子に嫁がせて、外戚になろうとしていたのです。当時は妻の家で子供を養育していたので、天皇の子や皇太子の子に対して外戚は大きな影響力を持っていたのです。彼らは摂政や関白となって実権を握ると、幼い天皇に代わって政治を行ないました。いつの頃からか摂政や関白は藤原一族以外からは出なくなっていたため、藤原氏は「摂関家」と呼ばれるようになりました。

藤原氏は政治を意のままに動かし、自らの持つ荘園の税も朝廷に納めなくなります。このため田畑を有する開発領主やその子孫たちは自分の土地を藤原氏に寄進して、その恩恵に与ろうとしました。藤原氏は広大な土地を所有することとなり、さらに大きな力を持つようになっていきました。

刀伊の入寇

この時期の日本は遣唐使の停止に見られるように、国際関係には目を向けず、内向きな政治になっていました。かつては九州地方に朝鮮半島や中国からの侵略に備えていた防人制度も十世紀には実質的になくなっていました。平安時代の日本は雅な王朝文化が花開く一方で、国の安全保障を忘れた一種の平和ボケの時代でもあったのです。

しかし実は九州沿岸や対馬や壱岐では、平安時代になった頃から朝鮮半島の新羅からの侵略行為にしばしば悩まされていました。九世紀初めから十世紀にかけて数十回の襲撃に晒されました。大きなものとしては、「弘仁《こうにん》の新羅の賊」（弘仁二年【八一一】）、「貞観《じょうがん》の入寇」（貞観一一年【八六九】）、「寛平の韓寇」寛平五年【八九三】）、「延喜《えんぎ》の新羅の賊」（延喜六年【九〇六】）、「長徳《ちょうとく》の入寇」（長徳三年【九九七】）などがあります。なお、「寇」とは外国から攻めてくるという意味の文字です。これらの侵略行為はなぜか現代の日本史の歴史教科書ではほとんど教えられることはありませんが、明らかに日本の主権を脅かす侵略行為であるだけに、しっかりと教えるべきだと思います。その規模も大きく、「弘仁の新羅の賊」では新羅人が長崎の五島列島に上陸し、島民百名を連れ去りました。「長徳の入寇」は高麗人が九州全域を襲い、多くの民家が焼かれ、男女三百人が攫われました。また「寛平の韓寇」は新羅政府による百艘の船に乗った二千五百人の兵士による対馬侵攻作戦でした。

日本側はそのたびに弥縫《びほう》的な対応を取るのみで、防備を著しく強化するということはしませんでした。それどころか前述したように防人制度さえなくす始末です。また新羅へ強硬な抗議や報復行為さえも行ないませんでした。このひたすら自制するという態度が、度重なる侵略行為を招いたとも言えます。

その結果、寛仁《かんにん》三年（一〇一九）に「刀伊の入寇」と呼ばれる大事件が起きました。これはそれまでの新羅や高麗によるものとは違い、女真族《じょしん》（刀伊）による侵略行為でした。女真族は沿海州（現在のロシアの沿海地方）に住む狩猟民族で、後に中国の宋を脅かし金という国を建て、さらに後には明を滅ぼして清を建てました。当時、「東夷」と呼ばれていたものを「刀伊」の字を当てたものです。

「刀伊の入寇」はそれまでの侵略行為の規模とはまるで違いました。刀伊は五十艘の船に三千人の男を乗せ、対馬、壱岐、筑前、肥前などを襲いました。対馬では島民三十六人が殺され、三百四十六人が攫われました。壱岐では島民百四十九人が殺され、女性二百三十九人が攫われ、生存者はわずか三十五人という記録があります。また多くの家屋が焼かれ、夥しい家畜が殺されています。全体では殺された人は三百人以上、攫われた人は千二百人以上というすさまじい被害です。

これに敢然と立ち向かったのが、大宰権帥《だざいのごんのそち》（大宰府の次官）であった藤原隆家《たかいえ》です。隆家は藤原道長の甥でしたが、叔父との折り合いが悪かったため、若い頃に左遷され、出世とは程遠いところにいました。天下の「さがな者」（荒くれ者）として知られ、権威をものともしない性格で、数々の逸話があり、清少納言の『枕草子』にも登場しています。いうなれば、はみだし者だったわけですが、この隆家が九州の武士団を率いて、刀伊を撃退したのです。隆家は後方から指令を出すだけでなく、自ら前線に立って戦ったと伝えられています。

都に「刀伊の入寇」の知らせが届いたのは、隆家が刀伊を撃退した後でした。そのため朝廷は、驚いたことに当初、「（片付いたなら）恩賞は与える必要なし」としました。後になって恩賞が与えられることとなりましたが、命懸けで人命と領土を守った戦いに報いるものとは思えないくらいの低いものでした。いかに当時の朝廷が国の防備について認識が低かったのかがわかります。

武士の台頭

「刀伊の入寇」から九年後の万寿五年（一〇二八）、関東で平忠常《ただつね》が乱を起こしました。「平忠常の乱」と呼ばれるこの争乱は、簡単にいえば、身内同士の縄張り争いが大きくなったようなものです。平将門の乱から約九十年後の出来事でしたが、この間ずっと関東では平氏同士の紛争が絶えませんでした。朝廷は、関東の治安維持のため、源氏の源頼信《よりのぶ》に命じて忠常の乱を鎮圧させますが、これにより平氏は関東での勢力を失うこととなりました。

永承《えいしょう》六年（一〇五一）には、奥州の有力豪族である安倍《あべ》氏が「前九年の役」と呼ばれる朝廷に対する反乱を起こします（安倍氏の出自に関しては諸説あり）。あしかけ十二年にも及ぶ激しい戦い（そのためかつては「奥州十二年合戦」と呼ばれた）により安倍氏は源氏の武士団によって滅ぼされました。

永保《えいほう》三年（一〇八三）には、安倍氏滅亡の後、奥州を支配していた清原《きよはら》氏（出自は諸説あり）の内部抗争に端を発した「後三年の役」が起こります。これを鎮圧した源義家《よしいえ》（忠常の乱を鎮圧した頼信の孫）は、朝廷に恩賞を請いますが、朝廷は豪族間の私闘と見做して恩賞を与えませんでした。これを見兼ねた義家が私財をはたいて家臣たちに恩賞を与えると、東国の武士たちは義家に心酔します。これをきっかけとして、後の武士独特の忠誠心につながる強い結びつきができていきました。

戦を嫌う平安貴族たち

「刀伊の入寇」以後の一連の争乱に対する朝廷（天皇および貴族たち）の対応を見ていると、朝廷は治安を維持する警察機構や常備軍のようなものを持たず、戦は基本的に武士たちに任せきりだったことがわかります。雅を愛する平安貴族たちは「戦」を野蛮なものだとし、「穢《けが》れ」として忌み嫌うようになっていたからです。

彼らは同じ理由で、自らが手を汚す「死刑」制度も廃止していました。現代の死刑廃止論者の中には「平安時代は死刑がなく、人権意識が進んでいた時代」と言う人がいますが、これはまったくの誤解ないしは曲解です。たしかに日本は弘仁九年（八一八）に嵯峨《さが》天皇が「死刑廃止」の宣旨《せんじ》を出してから保元《ほうげん》元年（一一五六）までの三百年以上、制度としての死刑はありませんでした。これは世界史的に見ても稀有なことではありますが、しかし命や人権を重んじてなされたこととはいえません。貴族や太政官たちは自らが「死」にまつわることに直接関係する（死刑を宣告する）と、「身が穢れる」と考えたのです。くわえて死刑に処された者が怨霊となって祟ることを恐れたという事情もありました。

平安時代末期は、平和どころか治安は非常に悪く、都にも盗賊が横行し、殺人事件も多発していました。にもかかわらず朝廷は犯人を捕まえても死刑にせず、都から追放する処分しか下しませんでした。要するに、嫌なものは目に入らないようにしていただけだったのです。

一方、地方では、国司や検非違使《けびいし》による死刑が普通に行なわれていました。武士の間ではむしろ厳しい処罰が当たり前でした。民衆による私刑もありました。したがって「平安時代は死刑のない平和な時代」というのはまったくの誤りなのです。

前述したように、平安時代末期は都の警察機構がほとんど機能しないばかりか、経済も立ち行かず、都の通りに餓死者の死体が転がっていることも珍しくありませんでした。都の玄関口である羅城門《らじょうもん》でさえ荒れ果てており（『今昔物語集』に、羅城門で餓死者の衣服を剝ぎとる老婆の話が出てくる）、天皇が住む大極殿《だいごくでん》の一部にも鬼が出るとさえいわれていました（貴族たちが大極殿で肝試しをする話も残っている）。しかし朝廷は世の中の嫌な事件や現実には目を瞑り、ひたすら優雅な生活と文化を愛し、権力争いに明け暮れていたのです。

飛鳥時代の政府（朝廷）が、防人制度を作ったり大宰府に水城を築いたりして、常に外国からの侵略に備えていたものが、三百年も平和が続くと、完全な平和ボケに陥ったというわけです。国を守るという考えが希薄になり、同時に現実的な判断力をも失っていました。「刀伊の入寇」の際、祈禱に頼るしかなかったというのが、まさにその象徴的な行動だったのです。

コラム ここで少し変わった話をします。現代では「性愛」は異性間だけのものではないという主張が認められつつありますが、古来はどうだったのでしょうか。ヨーロッパでは男同士の性交（男色）はキリスト教が禁じていたこともあり、ローマ帝国以降は同性間の性愛はタブーとされてきましたが、古代ギリシャではそうではありませんでした。男性同士あるいは女性同士の性愛は珍しいものではなかったようです。ギリシャのレスボス島には女性を愛した女性詩人サッフォーがいたことで、同島がレズビアンの語源となっています。古代の中国でも男性同士の性愛はタブーではありませんでした。

日本でも同性愛の禁忌は強いものではなかったようです。仏教が入って以降、女人禁制の寺院などでは僧同士による関係は珍しくありませんでした（一説には僧侶の世界の男色は空海が唐から持ち帰ったといわれている）。やがてそれは僧以外の貴族社会にも浸透し、平安末期には、男性同士の肉体関係はよくあったようです。

また女性のいない戦場では、武士たちが男色関係を結んだり、少年を随行させて女性の代わりとしたといわれています。それらの風習は後の鎌倉時代や室町時代を通じて続き、戦国時代になると、大名や武将たちは小姓（武将の身辺の雑用をこなす少年）を相手に性交するのは普通のことだったようです（しかし男色を好まなかった武将もいた）。

こうした歴史を見ると、日本は「ＬＧＢＴ」（レズビアン、ゲイ、バイセクシャル、トランスジェンダー）に関してはヨーロッパよりも進んでいたといえます。ただ、レズビアンに関して書かれた記録はほとんどなく、その実態は不明です。

院政の時代

平安時代の権力闘争は、応徳《おうとく》三年（一〇八六）に白河《しらかわ》天皇が上皇（太上天皇の略）になった頃から複雑なものになっていきます。

律令制度では譲位した天皇は上皇となり天皇と同等の権威を有する存在とされてきましたが、平安時代後期から、天皇の父あるいは祖父である上皇は、天皇を上回る権威を持つ存在と見做されるようになっていました。三十三歳の白河天皇はそれを利用して、八歳の堀河《ほりかわ》天皇に譲位し、政治の実権を握るようになりました。これを院政といいます。白河上皇が院政を敷いたのは、藤原家の摂関政治の力を削ぐ目的もありました。こうして白河上皇以降、後の上皇も院政を敷くようになります。上皇の権威はさらに強くなり、実質的に政治の最高権力者となり、天皇は皇太子のような存在となっていきました。現代に、表向きは引退した経営者が実権を握って組織を運営している時に、「院政」という言葉が使われるのはこうした歴史からです。

院政を敷くことのできる上皇を「治天」といいますが、治天となるには二つの条件がありました（「治天の君」という言葉が生まれたのは後の時代）。一つは「天皇位を経験していること」、もう一つは「現天皇の直系尊属（父あるいは祖父）であること」。そして複数の上皇がいても、治天は必ず一人です（親子の上皇がいた場合、父が治天）。また、治天にならなければ、自らの直系子孫へ皇位を継承できず、そのため、白河上皇以降、朝廷内ではしばしば治天をめぐる争いが生じるようになりました。「上皇側」と「天皇側」による権力闘争の最も大きなものが「保元の乱」です。もともとは皇室内の争いにすぎなかったこの事件ですが、皮肉なことに、これによって皇室は権力を失うことになります。その意味で、保元の乱は日本史を変えた事件だったといえます。

保元の乱

日本史を大きく変えた保元の乱は、崇徳《すとく》上皇と後白河《ごしらかわ》天皇（崇徳上皇の大甥・弟）の争いですが、この争いの背景には、雅とはほど遠いどろどろした人間ドラマがありました。崇徳上皇の出生にまつわる話が発端となっていたのです。

崇徳上皇は鳥羽《とば》上皇の子供ということになっていますが、実の父親は鳥羽上皇の祖父の白河法皇だといわれています（上皇が出家すると法皇になる）。つまり白河法皇が孫の妻と不倫して生まれた子が崇徳天皇（後、上皇）だったというのです。このことは正史には書かれていませんが、様々な状況証拠から、おそらく事実と思われます。鳥羽上皇は息子の崇徳天皇を「叔父子」と呼んでいました（形式上は我が子だが、実際は祖父の子であり、自分にとって叔父にあたるから）。

保安《ほうあん》四年（一一二三）、白河法皇は鳥羽天皇を無理矢理に皇位から降ろし、四歳の崇徳天皇を皇位に就けました。鳥羽天皇の悔しい思いは如何ばかりだったでしょうか。崇徳天皇は表向き自分の息子ですが、実の父親は祖父の白河法皇なのですから。

白河法皇が亡くなった後、鳥羽上皇の復讐が始まります。寵愛する藤原得子《とくし》（美福《びふく》門院《もんいん》）が男子（体仁《なりひと》親王）を産むと、崇徳天皇を皇位から降ろし、わずか二歳の体仁親王を天皇（近衛《このえ》天皇）にし、自らは法皇となります。前述したように、上皇が院政を敷くための治天となるには、現天皇の父や祖父でなければなりません。つまり近衛天皇は崇徳上皇の弟なので、鳥羽法皇が亡くなった後も、崇徳上皇は治天になれず、院政を敷くことができないというわけです。鳥羽法皇はそこまで先を読んでいました。

しかし近衛天皇は十六歳で亡くなります。崇徳上皇は自分の息子を天皇にしてくれることを期待します。そうなれば崇徳上皇は治天として院政を敷くことができるからです。ところが、鳥羽法皇は今度は崇徳上皇の弟である後白河を天皇にします。後白河と崇徳上皇は同じ母から生まれた兄弟ですが、前述したように崇徳上皇の実の父は白河法皇、後白河天皇の父は鳥羽法皇です。つまり鳥羽法皇は実の息子を天皇にして、崇徳上皇が治天となることを防ぎ、その血を受け継ぐ者を権力から排除したのです。鳥羽法皇の執念も凄まじいですが、こんな仕打ちを受けた崇徳上皇の心中が穏やかであったはずはありません。

この頃、崇徳上皇はこんな歌を詠んでいます。

「瀬をはやみ 岩にせかるる 滝川の われても末に あはむとぞおもふ」

百人一首にも収められているこの歌の意味は、二つに分かれた急流が、いつかは一つになって出合うこともあろうかというもので、一般的には恋人との再会を願う歌と解されています。しかし実のところは、やがては皇統が一つになってほしいという願いが込められたものだったのでしょう。

ここまでが保元の乱の伏線ですが、実際の乱に発展したのは、兄弟で実権を争っていた藤原忠通《ただみち》（兄）と頼長《よりなが》（弟）が絡んでいたことも関係します。左大臣の頼長は崇徳上皇につき、関白の忠通は鳥羽法皇についていました。

保元元年（一一五六）、鳥羽法皇が崩御した時、法皇の屋敷に赴いた崇徳上皇は門前払いの扱いを受けます。さらに後白河天皇方は、武士の源義朝《よしとも》や平清盛を味方につけて崇徳方を挑発します。ここに至り、崇徳上皇の積年の恨みが爆発しました。そんな崇徳上皇に藤原頼長が武力によって権力を奪取することを勧めます。蜂起を決意した崇徳上皇と藤原頼長は武士の源為義《ためよし》、為朝《ためとも》（父子）、平忠正《ただまさ》などを味方につけました。

実は敵味方に分かれた源為義と源義朝は親子であり、平忠正と平清盛は叔父と甥の関係でした。ちなみに崇徳上皇と後白河天皇は兄弟、藤原忠通と藤原頼長も兄弟、つまりこの争いはまさに兄弟や肉親による骨肉の争いでした。

崇徳上皇側についた源為朝は夜襲を進言しますが、藤原頼長に「かしこくも上皇と天皇の争いに卑怯な真似はできない」と一蹴されます。頼長は学はありましたが、戦いというものの本質を知りませんでした。その夜、逆に後白河天皇側が夜襲をかけ、崇徳上皇側は一夜にして壊滅しました。そして藤原頼長は逃げる途中に自害し、崇徳上皇は讃岐《さぬき》に流されます。

捕らえられた源為義と平忠正は後白河天皇の命令によって処刑されました。弘仁九年（八一八）より続いていた「死刑廃止時代」はこの時に終わります。

讃岐に流された崇徳上皇は反省を込めて仏教の経典を書き写して都に送りますが、朝廷はこれを受け取らずに送り返しました。怒りに震えた崇徳上皇は自ら舌を嚙み、その血で経典に「われ日本国の大魔縁となり、皇《おう》を取って民とし民を皇となさん」と書きました。怨霊となって、皇室をつぶすと宣言したのです。以降、崇徳上皇は髪も爪も伸ばし放題になり、異形のまま、その地で崩御しました。白河上皇による不倫によって生まれた悲劇の天皇でした。

保元の乱の歴史的意味は、それまで脇役でしかなかった武士団が朝廷の内乱に決着をつけたということです。この戦いにより平氏と源氏の力は一挙に膨れ上がり、まもなく起こる「平治《へいじ》の乱」によって、武士の力がさらに大きくなり、貴族は力を失っていきます。その意味で保元の乱こそ、日本史の大きなターニングポイントの一つといえるのですが、そのもととなったのが不倫だったというのが歴史の面白いところです。

白河法皇の不倫話は歴史学者の間では公式には事実と見做されていません。理由はその話が公文書の記録にはなく、鎌倉時代に編まれた『古事談《こじだん》』にしか書かれていないからです。しかし江戸時代の水戸学の学者たちは真実と考えていましたし、東京大学の名誉教授であり、東京大学史料編纂所所長であった竹内理三《たけうちりぞう》氏もその著作『日本の歴史』第六巻（中央公論社）の中で「おそらく事実であろう」と述べていますし、大阪市立大学教授で歴史学者の角田文衞《つのだぶんえい》氏も『待賢門院璋子《たいけんもんいんしょうし》の生涯』でこの説を採っています。また『古事談』は貴重な資料です。実際、崇徳天皇から数代の天皇の即位の順番を素直に見ると、そこには明らかに不自然なものが感じられるはずです。歴史を公式史料でしか判断できない者と、想像力を働かせる者の違いはそこにあります。


コラム　崇徳天皇（上皇）は日本史上最大の怨霊とされています。死後に都で様々な異変や凶事が相次いで起こったからですが、最も大きな禍《わざわい》は「皇を取って民とし民を皇となさん」という崇徳天皇の宣言が実現したことです。

実際、崇徳上皇の死後まもなく、武家出身の平清盛が天皇や皇族に取って代わって政治の実権を握ることとなりました。まさに「民」が「皇」となったのです。

この現実を目の当たりにすると、当時の皇室がどれほど崇徳上皇の怨霊を恐れたか想像に難くありません。

さらに「崇り」はそれ以降も続きます。平氏が倒れた後も朝廷に実権は戻らず、政権は源氏から鎌倉幕府、さらに室町幕府へと移っていきます。崇徳上皇が日本最大の怨霊といわれるのはそのためです。その崇りを恐れた皇室は後に、その御霊を祀るために百年ごとの式年祭を執り行なうようになります。

しかし天皇が政治の実権を回復するのには、明治維新まで七百年も待たなければなりませんでした。明治元年（一八六八）、明治天皇は即位の礼の際、京都に白峯宮（現在の白峯神宮）を創建し、崇徳上皇の御霊を七百年ぶりに讃岐から京都へ帰還させ、怨霊との和解をはかりました。その約百年後の昭和三九年（一九六四）には、昭和天皇が崇徳上皇が亡くなった香川県で行なわれた式年祭に勅使を遣わしています。二十世紀においても、「怨霊を鎮める」ことを大事とする考えが皇室の中で受け継がれていたのです。

平治の乱

「保元の乱」で勝利した後白河天皇は貴族たちの荘園に手をつけていきます。

以前から有力貴族や寺社は私有地である荘園をどんどん増やし、国の税収は減っていました。そこで後白河天皇は「荘園整理令」を出します。これはわかりやすく言えば荘園の私有権の制限です。この改革（保元新制）を立案して推進したのは側近の藤原通憲《みちのり》（法名・信西）です。信西は私有地の地主の反発や抵抗を抑えるため、あるいは都の治安を維持するために、大きな兵力を持つ平清盛の力を借ります。これにより信西と平氏はともに勢力を拡大していきます。

実力者の美福門院（鳥羽法皇の皇后）は、信西に働きかけて、後白河天皇を退位させて、自分が育てた二条《にじょう》天皇に譲位させます。それを見ると、信西の力は相当なものであったとうかがえます。不満を抱いた後白河上皇は、今度は武蔵守である藤原信頼《のぶより》を抜擢します。上皇の後ろ盾を得て異例の出世を遂げた信頼は信西と対立し、源氏の棟梁であった源義朝と結びつきます。権力を握るには武力が必要と考えたのかもしれません。

そして平治元年（一一五九）、信頼は源義朝の力を借りて、クーデターを起こしました。源義朝は御所を占拠して、後白河上皇と二条天皇を幽閉し、信西を自害に追い込みます。源義朝は保元の乱では平清盛と手を結んで後白河上皇を助けましたが、今回は上皇を捕らえる側となったのです。信頼と源義朝の謀反を知った平清盛は、二条天皇を救い出すと、天皇を奉じて兵を挙げ信頼と義朝を攻め、二人を死に追いやりました。これが「平治の乱」です。簡単に書きましたが、実は「平治の乱」はその背景や人間関係は複雑多岐にわたり、また諸説もあって、それらをすべて記すには、それだけで数ページを要します。

重要なことは、この事件によって、武士の力が一気に増したことです。その意味では「平治の乱」は歴史の転換点といえるかもしれません。

ところで、平清盛は源義朝を死に追いやりましたが、その子供たちの命は取りませんでした。軍記『平治物語』によると、清盛は当初、当時十三歳だった頼朝《よりとも》を殺そうとしますが、清盛の継母が愛らしい頼朝を見て、亡くした息子を思い出し、清盛に助命嘆願します。清盛は仕方なくそれを受け入れ、頼朝を伊豆に流しました。清盛は頼朝の異母弟である義経《よしつね》（当時一歳）をも殺そうとしますが、その母を自分の妾にすることで、義経の命を助け、鞍馬寺《くらまでら》に預けました。この話はフィクションではないかといわれていますが、細部はともかく清盛が頼朝と義経を殺さなかったことは事実です。つまり清盛の温情のようなものがあったのはたしかでしょう。私はそこに日本的なものを感じます。これは中国やヨーロッパならまずありえないことです。将来、禍の種になりかねない敵の一族の息子などは粛清しておくのが覇道の常識だからです。後に平氏は源頼朝の命を受けた源義経に滅ぼされることになりますが、もし清盛が継母の言葉に耳を貸さず、また義経の母の情にほだされなければ、歴史が変わっていた可能性は大です。中国の歴代皇帝などと比べると清盛は実に甘い権力者に見えます。

コラム 日本の歴史上、武士として初めて絶対的権力者となった平清盛ですが、皇室を滅ぼして自らがその位に就こうとはしませんでした。天皇は（名目上ではあるものの）日本の最高権力者として自らの上位に奉っていたのです。また藤原家同様、娘を皇室に嫁がせはしましたが、息子を皇室に入れるということはしませんでした。ここに皇室の持つ不思議な力が見えます。

平氏没落の後、日本の権力機構は、鎌倉幕府、室町幕府、江戸幕府と、およそ七百年にわたって武家が握ることになります。しかし前に述べたように、いずれの時代においても、皇室を滅ぼしたり、自らがそれに代わろうという権力者は現れませんでした。唯一の例外的な存在が足利義満《あしかがよしみつ》といえなくもないですが、彼については後述します。

幕府と朝廷の関係については、しばしば「権力」と「権威」という構造で語られることがありますが、私は室町時代や江戸時代の人々がそんな近代的な概念で両者を捉えていたはずはないと思っています。では、当時の人々は皇室をどう捉えていたのでしょうか。それは「畏れ」であると私は考えています。言いかえれば、一種の宗教的な呪術性を持った存在です。

天皇は天照大神の流れを汲む万世一系の子孫であり、政治的権力を失った後は、常に日本国と民の安寧を祈る祭祀を司る祭司のような存在となっていました。単にその時代の権力者が取って代われるようなものではなかったのです。すべての時代の権力者が皇室には手を出すことができなかった理由もそこにあります。また朝廷が定める元号を廃止する権力者も現れませんでした。

これは一般民衆も同じです。江戸時代、天皇が住んでいた京都御所は、塀も低く、警護の人もほとんどいませんでしたが、泥棒や強盗が御所を襲ったという記録はありません。また勅封倉《ちょくふうそう》（天皇の命令によって封印された倉）である奈良の東大寺の正倉院も同様で、厳重な警備がなされていなかったにもかかわらず、約千二百年の間、大規模な盗難にはあっていません（記録では内部の僧が盗んだケースが三例、犯人不明が一例）。これを見ても、天皇が日本人にとっていかに「畏れ多い」ものであったかがわかります。それゆえにこそ、二十一世紀の今日まで特別な存在で有り得たのです。

平氏の栄光

平治の乱で活躍した平清盛はその後、後白河上皇の信任を得て、一気に出世街道をひた走ります。そしてついに最高位の太政大臣に就きます。「保元の乱」と「平治の乱」で、武士の力（武力）がいかに強いかを、朝廷や貴族も思い知ったのでしょう。

藤原氏をはじめとする貴族しかなれなかった太政大臣に武士の清盛が就いたのは異例中の異例でしたが、これは清盛が、自分は白河法皇が祇園女御《ぎおんのにょうご》に産ませた子という噂を広めていたためでもありました（近年、これは事実の可能性が高いとする説が多くなっているが、定説とまではなっていない）。

そしてついに自分の娘（徳子《とくこ》）を高倉《たかくら》天皇の皇后にすることに成功します。高倉天皇は七歳で皇位に就き、徳子と結婚したのは十歳（徳子は十七歳）、完全な政略結婚です。徳子は六年後、皇子を産み、清盛は未来の天皇の祖父（外戚）となります。ここまではかつての藤原氏と同じですが、武家の清盛は道長とは違いました。

治承《じしょう》三年（一一七九）、清盛は数千騎の大軍を擁して福原から上洛し、対立していた後白河法皇を幽閉して、政治の世界から退かせたのです。これを「治承三年の政変」といいます。ここに長らく続いた院政時代は実質的に終わりを告げました。

翌年、清盛は十九歳の高倉天皇を退位させ、自分の孫の安徳《あんとく》天皇（当時二歳）に譲位させます。幼い安徳天皇が政治を行なえるはずもなく、表向きは高倉上皇の院政ということでしたが、すべての権力は清盛が握っていました。清盛は政治権力を握るだけでなく、大輪田泊《おおわだのとまり》（現在の神戸港）を修築し、宋《そう》と貿易を行なって巨万の富を築きました。この時、宋の銅銭が大量に流入しました。

平氏の一族はことごとく高位高官に就き、知行国二十五ヵ国、国守二十九ヵ国、所有する荘園は全国五百ヵ所に及ぶ勢力を誇ることになります。まさに権力と財力のすべてを掌握したのですが、この状況を表わした有名な言葉が、「平氏にあらざれば人にあらず」（原文は「この一門にあらざらむ人は皆、人非人《にんぴにん》なるべし」）というものです。これは平氏の一人である平時忠《ときただ》の言葉です。当時の「人非人」は侮蔑語ではなく、「宮中で出世しない人」という意味でした。

平氏の没落

日本史上、武家として初めて権力を握った平氏でしたが、その政治手法は多少の独自のスタイルはあったものの、後の鎌倉幕府のような武家を中心とした新しいものではありませんでした。私の目には、それまでの貴族たちのやり方を踏襲したものに映りますが、別の見方をすれば、貴族政権から武家政権の過渡的なものといえるかもしれません。

しかし権力を独占する平氏にやがて全国の武士たちが反発します。筆頭となったのは平氏の最大のライバル集団である源氏でした。治承四年（一一八〇）、源氏の嫡男とされる源頼朝が挙兵したことで、ついに源氏と平氏の戦いが起こりました。

翌年、清盛の死後、頼朝の従兄弟にあたる源（木曽《きそ》）義仲《よしなか》が京都近郊まで攻めのぼってくると、寿永《じゅえい》二年（一一八三）に平氏は安徳天皇を奉じて京都から西へ逃げました。京都に入った義仲は次の天皇をめぐって後白河法皇と対立、また義仲の部下たちも洛中で乱暴狼藉《ろうぜき》を働き、そのため後白河法皇は頼朝に義仲追討を命じます。頼朝は東国の支配を認めてもらうことを条件に、異母弟の範頼《のりより》を大将にした軍を都へ差し向け、義仲を討たせました。

次に後白河法皇は頼朝に平氏追討を命じます。範頼とともに平氏を追った義経（頼朝の異母弟）は、一ノ谷の戦いや屋島の戦いで、平氏に圧勝し、文治《ぶんじ》元年（一一八五）、壇ノ浦の戦いでついに平氏を滅亡させました。七歳の安徳天皇もこの戦いで海に没して崩御しています。

この壇ノ浦の戦いの後、平氏の栄光と没落を描いた『平家物語』が生まれました。同書はきわめて優れた軍記物語であると同時に、日本的な無常観と死生観が表わされた一級の文学作品です。その冒頭を次に記します。

「祇園精舎《しょうじゃ》の鐘の声、諸行無常の響きあり。沙羅《しゃら》双樹《そうじゅ》の花の色、盛者必衰《じょうしゃひっすい》の理《ことわり》をあらはす。驕《おご》れる人も久しからず、ただ春の夜の夢の如し。猛き者もつひにはほろびぬ、ひとへに風の前の塵に同じ」

世の無常と儚さをリズミカルに表現した、まさに名文です。

余談ですが、源平合戦時の両氏の旗印は源氏が白地に赤丸、平氏が赤地に金丸でした。これが後に、対抗する二組の競争などに使われる「紅白」の由来となったという説が有力です。なお、源氏の「白地赤丸」は日本国旗「日の丸」のルーツといわれています。

第四章

鎌倉幕府〜応仁の乱

平氏との権力争いに勝利した源氏は、政治の実権を握りました。いわゆる「鎌倉時代」に入っていくわけですが、鎌倉幕府の成立年には諸説あって、いまだに定説がありません。

長い間、鎌倉幕府成立の年は、頼朝が征夷大将軍に任命された建久《けんきゅう》三年（一一九二）とされていましたが、現代では、それ以前に始まっていたという説が様々出てきています。

たとえば、頼朝が侍所を設置して、事実上、東国の武士たちを支配下に置いた治承四年（一一八〇）という説、東国の支配権を承認する宣旨が下された寿永二年（一一八三）という説、公文所及び問注所を開設した元暦《げんりゃく》元年（一一八四）という説、守護・地頭の任命を許可する文治の勅許が下された文治元年（一一八五）という説、日本国総守護地頭に任命された建久元年（一一九〇）という説などがあります。

ただ、従来からあった「一一九二年説」以外は、将軍任命権を持った天皇の存在を軽視する学者たちが唱え始めたという面もあるということを書いておきます。

実は、当時は「鎌倉幕府」という呼び方も概念もなく、武士たちは「鎌倉殿」と呼んでいました。「鎌倉殿」はもともと源氏の棟梁を指す言葉でしたが（『平家物語』では源頼朝のことを鎌倉殿と呼んでいた)、後に「鎌倉政権」全体を意味する言葉になったようです。

実は武家政権を意味する幕府という言葉が使われるようになったのは江戸時代後期のことで、この章で鎌倉幕府という名称を使うのは適切ではありませんが、本書では便宜上、用いることにします。

そもそも当初の鎌倉幕府は関東地方を中心とする東国支配の地方政権にすぎず、西日本では朝廷が実権を握っていました。実際に鎌倉幕府の支配が全国に及ぶのはだいぶ後のことです。

しかしこの時代に武士による政権が生まれたことは、日本にとっては僥倖《ぎょうこう》といえるものでした。というのは、鎌倉幕府が成立して百年経たずして、大和朝廷誕生以来、最大の敵が日本を襲ったからです。ユーラシア大陸の大半を支配したモンゴル人です。

もしこの時、勇敢な鎌倉武士団の存在がなければ、日本の歴史は大きく変わっていたかもしれません。

鎌倉政権

平氏滅亡の最大の功労者は源義経でしたが、義経の異母兄で源氏の棟梁とされる頼朝はこれを快く思いませんでした。頼朝が何よりも怒ったのは、義経が頼朝の許可を得ずに後白河法皇から官位を得たことでした。それまでの貴族に仕える武士ではなく、独立した武家政権の確立を目指していた頼朝にとって、朝廷の権威に靡《なび》く義経の態度は許しがたいものでした。くわえて、法皇の信頼と武士たちの信望を得た義経の謀反を恐れ、討伐を決意します。

それを知った義経は、後白河法皇から頼朝追討の許しを得ます。しかし義経に従う者は少なく、後に後白河法皇は義経討伐の院宣を出します。

義経は頼朝の命を受けた軍勢に追われ、東北へ逃げ、奥州藤原氏に匿われます。奥州藤原氏は東北地方一帯を支配していた大豪族でした。本拠地の平泉《ひらいずみ》（現在の岩手県西磐井《にしいわい》郡平泉町）は当時は大都市で、奥州は朝廷の支配が及ばない半ば独立国のような存在でした。

当主の秀衡《ひでひら》は、義経を引き渡せという頼朝の命令を拒絶します。秀衡はこのままでは奥州は鎌倉に呑み込まれると見て、義経を将軍に立てて鎌倉と一戦交えようと考えたのです。しかしその矢先に秀衡は病没します。秀衡の跡を継いだ息子の泰衡《やすひら》は一転、父の遺言に背いて頼朝の追討要請に従い義経を殺害したのですが、ここで頼朝は、それまで義経を匿ってきた罪は反逆以上のものであるとして、奥州藤原氏を攻めて滅亡させます。これをもって鎌倉の源氏が東北全域を支配することとなります。

こうして頼朝は障碍《しょうがい》となるものを排除し、鎌倉幕府の初代の征夷大将軍となります。ちなみに「幕府」というのは、「将軍の任命を受けた者が、都（首都）以外の土地で、朝廷のために行政を行なうために設けた役所」という意味です。ですからあくまで「幕府」は朝廷の代わりに政務を行なう機関であって、形式的には朝廷の下部組織です。「鎌倉幕府」も最初は形式上、関東を中心とした東国地方を治める機関に過ぎなかったのです。

「鎌倉幕府」を支えたのは主従関係を結んだ御家人と呼ばれる武士たちです。頼朝の死後、息子の頼家《よりいえ》が二代目の将軍となりますが、頼家の弟の実朝《さねとも》を推す有力御家人の北条時政《ほうじょうときまさ》が強引に頼家を退隠させて、十一歳の実朝を三代目の将軍に就けます（頼家は退隠の翌年に暗殺される)。ちなみに時政の娘は頼朝の妻、政子《まさこ》です。

北条時政は幼い実朝を補佐する名目で鎌倉幕府の初代執権の座に就きました。執権とは将軍の代わりに政務を行なう役職です。

三代目将軍となった実朝は十六年後、頼家の息子の公暁《くぎょう》に殺されます。直後、公暁は執権の北条氏によって討ち取られ、頼朝の死後わずか二十年で頼朝の血筋は絶えることとなりました。

源氏に代わってその後は、北条家が鎌倉幕府の実権を握ることになります。

北条家は鎌倉幕府を維持するために、京都から頼朝の遠縁にあたる一歳の藤原頼経《よりつね》を迎えて四代目の将軍にしました(将軍就任は八歳のとき)。完全な傀儡将軍です。

その後、北条家は将軍が成人すると適当なタイミングで退隠させて京都に送り返し、新たな幼い将軍を立てていきます。北条氏から将軍を出さなかったのは、家格の低い北条氏が将軍となれば、有力御家人の反発は必至で、これを恐れたためと思われます。

承久の乱

かねて源氏の東国支配を快く思っていなかった後鳥羽《ごとば》上皇は、頼朝の血筋が絶えたことで、鎌倉幕府が崩壊すると見て、承久《じょうきゅう》三年（一二二一）、執権であった北条義時《よしとき》追討の院宣を発します。これに呼応して、鎌倉政権に不満を持つ武士や僧兵などが挙兵しました。

鎌倉幕府は朝廷側の命令に動揺しましたが、義時の姉であり頼朝の妻であった北条政子が御家人たちを集め、頼朝がいかに御家人たちのために恩を施してきたかを熱く説きました。これは史上に名高い演説であり、政子の名を「尼将軍」として後世にまで残すエピソードとなりました。政子の訴えに奮い立った御家人たちは、上皇側と戦う決意をします。そして鎌倉で上皇の軍勢を迎え撃とうという当初の計画を取りやめて、京都へ攻め上りました。

鎌倉を出立した時はわずか十数騎の兵力だったものが、道中に続々と御家人たちが集結し、最終的には十九万の軍勢になったといいます。これに対して後鳥羽上皇に味方する武士は予想よりも少なく、戦いは鎌倉側の圧勝に終わりました。しかし幕府の怒りは収まらず、後鳥羽上皇、土御門《つちみかど》上皇、順徳《じゅんとく》上皇を、それぞれ隠岐《おき》、土佐、佐渡に流します（土御門上皇は自ら土佐へ遷幸）。挙兵に加わった上皇の近臣の貴族や武士たちを処刑し、その所領（土地）を大量に没収しました。

これ以降、鎌倉幕府は朝廷をはるかに上回る強大な権力を持ち、実質的に全国を支配することになりました。皮肉なことに朝廷が権力を奪取しようとしたのがかえって幕府の力を強めてしまったというわけです。私は、ほぼ完全な政権交代が行なわれたこの時をもって、鎌倉幕府の時代に入ったと考えます。その意味では「承久の乱」は日本史にとっては大きな事件であるといえます。

鎌倉幕府は日本に初めて現れた武士による本格的な政権でした。当時、武士には大きく分けて御家人と非御家人の二つがあり、御家人は鎌倉幕府と主従関係を結んでいる武士、非御家人は公家や寺社の荘園などにいて幕府と主従関係を結んでいない武士でした。非御家人は幕府の庇護を受けず、また幕府に対する義務も負わない存在でした。

執権政治が確立されたのは三代目の執権、北条泰時《やすとき》の時代です。貞永《じょうえい》元年（一二三二）、武家社会における規則や道徳やしきたりなどを定めた「御成敗式目《ごせいばいしきもく》」が制定されました。時代はそれまでの貴族社会から、武家社会へと大きく変化していきます。

「一所懸命」と「いざ鎌倉」

鎌倉幕府は全国に守護と地頭を設置しました。守護は国（地方）の警察権や司法権を持つ役職で、地頭は各地の荘園などを管理する役職です。そもそもは源頼朝が源義経を討つために全国に設置したのが最初ですが、義経征討は口実に過ぎず、鎌倉政権による全国支配の布石が真の目的であったといわれています。そのため近年では、守護・地頭の任命を許可する文治の勅許が下された文治元年（一一八五）を鎌倉政権誕生の年と見る学者が多くなっています。

守護も地頭も鎌倉政権に忠誠を誓った御家人です。ただ地頭の中には、鎌倉幕府の威光を背景にして無理難題を吹っ掛けて荘園の権利を侵食したり、あるいは武力をもって強引に土地を奪ってしまったりする者が現れました。そのやり方はかなり横暴なもので、現代でも「泣く子と地頭には勝てぬ」という諺として残っているほどです。こうして平安時代から続いていた荘園制度は急速に崩壊していきます。

ところで、多くの御家人はその土地を大切に守りつつ、鎌倉幕府に忠誠を誓う存在でした（非御家人は武士とはいえ一般庶民と同じ扱いであった）。

た。現在では「一生懸命」と書かれることもありますが、もともとは「一所懸命」でした。自分の土地はしっかりと耕し、命を懸けても守り抜くものということが語源となった表現です。御家人たちはその土地の名前を苗字として名乗ることも珍しくありませんでした。後の「建武中興《けんむのちゅうこう》」で活躍する足利尊氏《たかうじ》や新田義貞《にったよしさだ》の苗字も地名から取ったものです。ちなみに彼らの正式な姓は源《みなもと》です（源氏の一族）。

御家人たちは日常的に戦いの訓練を怠らず、もし幕府に危機が迫れば、鎌倉に馳せ参じる覚悟がありました。この備えの精神は今も「いざ鎌倉」という言葉として残っています。

商業の発達

鎌倉時代の社会の特筆すべきことのひとつに、貨幣経済の発展があります。私は貨幣経済の発達は非常に大きな社会変化と考えています。なぜなら貨幣が流通しない時代は、物品のやりとりは物々交換するしかないからです。米や布が貨幣代わりに用いられていたとはいえ、便利さにおいて貨幣とは比較になりません。様々な物品が貨幣によって売買されるようになると、商業が飛躍的に発達し、織物、鋳物、焼き物などの手工業品も多く作られるようになり、職人も増えました。

変化はそれだけではありません。農業の分野では、治水や開墾技術が進んだことで、農地が増えました。田に水を引く水車が作られ、用水池も掘られます。牛馬を使って田畑を耕すようになり、肥料もそれまでの草木灰《そうもくばい》に加えて、刈敷《かりしき》や厩肥《きゅうひ》が用いられるようになりました。西日本を中心に二毛作も行なわれるようになります（二毛作とは春には米、冬には麦を植えること）。漁業も発達し、塩田も多く作られるようになります。各地の鉱山の開発も進みました。

このように鎌倉時代になって社会は大きく変わりましたが、この変化は政治体制が変わったことによるものなのか、それとも社会変化によって政治体制が変わったのでしょうか。私は両方が相互に影響を及ぼし合ったと考えています。

文永の役

日本が貴族社会から武家社会へと劇的な変化を遂げている頃、世界でも大きな変化が起きていました。モンゴル人による世界征服です。

十二世紀の終わり、チンギス・ハーンに率いられたモンゴル人が、近隣の諸民族を次々に吸収していきました。モンゴル高原にいた遊牧民の一部族が、突如として巨大な力を持ったのです。

その戦闘能力は圧倒的で、モンゴル人の攻撃を受けた国や民族はことごとく滅ぼされ、また服従を強いられました。モンゴル人は金や西夏《せいか》といった遊牧民族の国を滅ぼすと、高麗《こうらい》、インド、ロシア、アフガニスタン、ペルシャの地を手中に収め、ユーラシア大陸のほとんどを支配する大帝国を築きます。ポーランドの平原ではドイツ・ポーランド連合軍を完膚なきまでに撃破して、一時はウィーンのすぐそばまで侵攻し、ヨーロッパの国々をパニックに陥れました。この時、モンゴル帝国の二代皇帝オゴデイの死去により侵攻が止まりましたが、仮にモンゴル軍がそのままヨーロッパに攻め入っていたなら、西洋史も世界史も大きく変わっていたことでしょう（モンゴル軍はヨーロッパへ本格的には攻め込まなかった）。モンゴル帝国の版図《はんと》は歴史上最大で、実に、当時のユーラシア大陸人口の半数以上を統治するものでした（実質的に世界の人口のほぼ半分）。

この大帝国は後にいくつかに分かれますが、中国大陸を支配した元《げん》帝国の初代皇帝フビライ・ハーン（チンギス・ハーンの孫）は、日本をも服属させようと考えました。文永《ぶんえい》五年（一二六八）、高麗の使者を介して武力制圧をほのめかした国書を日本に送ってきたのです。その国書でフビライは「大蒙古《もうこ》国皇帝」と自称しています。

執権だった北条政村《まさむら》は、この国難に際し、鎌倉武士団の団結を高めるため、北条得《とく》宗家《そうけ》（本家嫡流）の時宗《ときむね》に執権の座を譲り、自らは補佐役に回りました。実は北条家には得宗家と分家があり、執権の座を巡る争いもありましたが、分家の政村は、ここで鎌倉武士団が一つになるためには、自らが引いて得宗家の執権を立てるべきと考えたようです。驚くべきことに、この時、時宗は満十六歳でした。

当時、外交の権限を持っていた朝廷は、蒙古からの国書に返書をしたためました。この書面の文章は残っており、それを読むと、朝廷は強大な軍事国家に対していささかも卑屈になることなく、蒙古の要求を退けています。しかし北条時宗は、朝廷に対して、その返書を送ることを禁じました。

武家の棟梁である時宗は無礼な手紙に対して返書をする礼を取る必要はないと考えていたのでしょう。蒙古はその後、何度も使節を寄越しましたが、時宗は返書を出そうとする朝廷を抑えて、黙殺する態度を貫きました。このことを国際情勢と外交に無知だったせいだと批判めいた解釈をする歴史学者がいますが、その見方は現代の国際感覚を当てはめただけのように思います。当時は武力こそがすべてという時代であり、侵略の意図を持つ大国に、理を説いて侵攻を思いとどまらせることなどできたはずもありません。時宗が返書を出すことを禁じたのは迎撃の時間稼ぎだったという説もありますが、その考えもあったかもしれません。いずれにせよ、すでに戦いを始めていたといえるでしょう。

蒙古がいかに強大な帝国であるかという情報を、鎌倉幕府が知らなかったとは思えません（当時、民間人による南宋との交易があり、当然、蒙古の情報は入っていたと考えられる）。時宗は、日本を守るためには、大帝国との一戦もやむを得ないと考えました。そこで九州の御家人たちに防御態勢を取れと命じ、蒙古軍の襲来に備えます。

最初の国書が送られてきてから六年後の文永十一年（一二七四）十月五日（新暦では十一月十一日）、フビライはついに日本に軍隊を送り込んできました。蒙古は文永八年（一二七一）に国号を「元」と改めていましたが、当時の日本人はそのことを知らず、「蒙古」と呼んでいたので本書では蒙古と書きます。蒙古軍は七百〜九百艘の軍船に、水夫を含む四万人の兵士を乗せて襲ってきました。内訳は蒙古人二万人と、蒙古に征服されていた高麗人一万人でした（他に一万人の水夫がいた）。

蒙古・高麗軍はまず対馬を襲い、多くの島民を虐殺しました。次に壱岐を襲い、同じく多くの島民を虐殺します。この時、蒙古軍は捕虜とした島の女性たちの掌に穴を空け、そこに縄を通して船べりに吊り下げました。おそらく迎撃する日本の兵を恐れさせるためであったと考えられます。

蒙古軍は二つの島を侵した後、博多に上陸しました。

未曽有の国難に際し、九州の御家人らは命を懸けて立ち向かいます。蒙古・高麗軍の独特の集団戦法と、毒矢や「てつはう」（火薬を使った爆弾のようなもの）に苦しめられながらも、御家人らは懸命に戦い、敵軍にかなりの損害を与えました。両軍の戦闘の優劣については、日本側、蒙古側、高麗側の様々な資料で記述が異なっているため、実態はよくわかりません。

十月二十日（新暦十一月二十六日）の夜、蒙古・高麗軍の軍船は一斉に引き上げました。彼らの目的は威力偵察であったという説もありますが、わずか二週間で引き上げた理由は、日本軍による攻撃で予想を超える大きな損害を蒙ったためとも考えられています。九州の御家人たちの決死の戦いが、当時世界最強だった蒙古軍を撤退させたのです。

蒙古軍の船は高麗に戻る途中、多くが沈み、無事に帰国できたのはわずか一万七千人ほどだったと伝えられています。難破した蒙古・高麗軍の船百艘ほどが九州に漂着したという記録もあります。

かつては蒙古軍に大きな被害を与えたのは台風とされていましたが、新暦の十一月の終わりは大型台風が来る季節ではなく、またその記録もなく、現代では「台風説」は否定されています。ただし十一月から十二月にかけての玄界灘《げんかいなだ》は荒れるため、蒙古軍は帰還中に大きな時化《しけ》に巻き込まれた可能性が高いとは考えられます。

この戦いは「文永の役」と呼ばれています。

弘安の役

鎌倉幕府は蒙古を撃退しましたが、決して油断はしませんでした。次に蒙古がやってくる時は、前回以上の規模で来るに違いないと考えたからです。

時宗は先手を打って高麗を攻撃することを計画しました。実際に軍船や兵士を博多に集結させ、出兵準備を調えていましたが、これは中止となりました。並行して進めていた博多湾沿岸の防塁（石築地《いしついじ》）建設に多額の出費と人員を要したためと思われます。

「文永の役」があった翌建治《けんじ》元年（一二七五）、フビライは日本を服属させるために再び使節団を送ってきましたが、時宗はその使者を斬首に処しました。使者（外交使節）を斬り捨てるのは国際感覚としておかしいという意見を述べる現代の学者がいますが、そのような評価は、歴史を現代の価値観で見てしまう典型的な過ちです。この使者たちは日本の地理や国情を調べる偵察員だと考え、国内へ迎え入れてはならないと判断したのでしょう。

フビライは日本侵攻を計画しますが、この時は南宋との戦いの最中であったため、一時計画を棚上げしました。そして翌建治二年（一二七六）、南宋を滅ぼした後、日本侵攻に本格的に着手します。三年後の弘安《こうあん》二年（一二七九）、フビライはまたもや、日本に服属を要求する使節団を送ってきましたが、時宗はこの使節団も斬首の刑に処しました。

弘安四年（一二八一）、蒙古は再度、日本侵攻のための軍隊を送り込んできます。今度は前回の威力偵察のようなものではなく、一気に日本全土の制圧を狙った大軍勢でした。

旧暦の五月、蒙古軍と高麗軍の兵士約四万人を乗せた九百艘の軍船が高麗を出航しました（東路軍）。江南《こうなん》からは約十万人の旧南宋軍の兵士や水夫を乗せた軍船三千五百艘が出航しました（江南軍）。合わせて約四千四百艘という艦隊はそれまでの世界史上最大の規模のものでした。兵士・水夫は約十四万人と、「文永の役」の三倍以上にものぼりました。フビライが日本との戦いに総力を挙げたことがわかります。この時の軍船には農機具なども積まれており、そのまま日本を占領しようとの意図があったこともうかがえます。

幕府は御家人だけでなく、非御家人にも出動を命じます。ここに九州の武士団は一致団結して蒙古軍を迎え撃つこととなりました。

五月二十一日（新暦六月十六日）、江南軍よりも先に到着した東路軍は対馬を襲った後、博多湾上陸を試みましたが、二〇キロにわたる防塁（高いところでは三メートルにも及ぶ）と、九州の武士団の激しい抵抗にあい、上陸を断念します。

六月六日、東路軍が志賀島（現在の福岡県福岡市）を占拠して、ここを軍船の停泊地とすると、その夜、日本軍は夜襲をかけて蒙古軍を脅かします。さらに八日と九日、日本軍は志賀島に総攻撃を開始し、蒙古軍を打ち破りました。東路軍は志賀島を捨て、壱岐に退却し、後から来る江南軍を待つことにしました。ところが合流期日である十五日になっても江南軍が到着しません。東路軍の兵士は連日の敗戦で疲弊し、疫病も蔓延し、三千人もの死者が出ました。

六月下旬、江南軍の一部が壱岐に到着して東路軍と合流しました。遅れて本隊が平戸島《ひらどじま》に到着し、ついに四千艘を超えるとてつもない船団が壱岐から平戸島一帯を覆いました。これを迎え撃つ日本の武士団は蒙古軍のわずか三分の一ほどの数しかいませんでした。

しかし勇敢な日本軍は六月二十九日、壱岐の東路軍に総攻撃をかけます。激戦が数日続き、大きな損害を出した東路軍は平戸島の江南軍と合流するため壱岐から撤退しました。

江南軍と合流した東路軍は大宰府攻撃に備えて鷹島《たかしま》沖（現在の長崎県）で停泊しま

すが、そこへ七月二十七日の夜、日本軍の軍船が戦いを仕掛けました。日本軍の戦術は、小舟から蒙古軍の船に乗り込み、白兵戦（近接戦闘）を挑むというものでした。戦いは夜を徹して行なわれ、日本軍は夜明けに引き上げました。日本軍の再度の襲来に怯《おび》えた蒙古軍は、二十八日から二十九日にかけて海岸に土塁を築き、軍船同士を鎖で縛って砦のようにします。

翌七月三十日（新暦八月二十二日）の夜半、九州北部を台風が襲いました。このため蒙古軍の軍船の多くが沈没あるいは損壊します。『張氏墓碑銘《ちようしぼひめい》』には、この時の台風によって荒れた波の高さは「山の如し」とありますから、超大型台風であったと考えられます。今でも鷹島沖の海底からは当時の蒙古・高麗軍の武具が大量に見つかっています。

軍船の大半を失った蒙古軍の将軍たちは、鷹島に約十万人の兵卒を置き去りにして撤退しました。残された蒙古軍の兵は島の木を伐り、船を作って逃げようとしますが、そこに日本軍が襲いかかりました。武士団は蒙古人と高麗人を皆殺しにし、南宋人は捕虜にしました。一説には、鷹島から本国に逃げ帰ることができた蒙古軍兵士はわずかに三人だったといわれています。鷹島にはこの時の掃討戦の激しさを物語るような地名が多数残っています（首除《くびのき》、首崎、血崎、血浦、刀《とう》の元《もと》、胴代、死浦、地獄谷《じごくだに》、遠矢《とや》の原《はる》など）。

この戦いは「弘安の役」と呼ばれています。

歴史を振り返って、今、私がつくづく思うのは、蒙古軍が襲来した時、日本が鎌倉政権でよかったということです。もし平氏や源氏による政権奪取がなく、貴族の政権が続いていたなら、はたして蒙古軍を撃退することができたでしょうか。その意味では日本は幸運に恵まれたといえます。そしてもう一つの幸運は日本が海で隔てられていたことです。大和政権以来、一度も他国の侵略を受けなかった最大の理由もそれだったといえるでしょう。

「文永の役」と「弘安の役」は、現代では「元寇」と呼ばれていますが、鎌倉時代には「蒙古襲来」あるいは「異国合戦」などといわれていました。「元寇」という呼称は江戸時代に徳川光圀《とくがわみつくに》が編纂した『大日本史』で最初に使われたものです。

コラム　「弘安の役」で蒙古軍を襲った台風は、後に「神風」と呼ばれ、「神国日本には神のご加護がある」という一種の信仰のようなものへと変わっていきました。しかし台風が来なかったとしても、蒙古軍が日本に勝てたかどうかは疑わしいと私は考えています。というのも、その前から、蒙古軍は日本軍に苦戦しており、前述のように九州上陸が困難だった上、日本には地の利があり、援軍を送ることも可能でした。実際、本州から数万の軍勢が九州に向けて進軍中だったのです（到着前に戦いは終結していた）。しかも蒙古軍の兵糧はすでに一月《ひとつき》分を切っており、長期戦になれば持ちこたえられなかったと思われるからです。蒙古に勝てた「神風信仰」は事後に朝廷によって広められた可能性もあります。蒙古に勝てたのは武士団の奮闘のお陰ではなく、朝廷の祈禱によるものだとする方が朝廷の権威が高まるからです。

実際、朝廷は「夷狄《いてき》調伏」を願って何度も加持祈禱を行なっています。そして最大の勝因は亀山《かめやま》上皇が伊勢神宮や博多の筥崎宮《はこざきぐう》などに「敵国降伏」の額を奉納したことだと考えました。その証拠に、時宗に対する賞賛をしていません。蒙古襲来以前の従五位上から一つ上の正五位下に昇叙こそしていますが、正五位下という位はけっして高いものではありませんし、鎌倉武士団を率いて日本を守りぬいた男にこんな程度の恩賞ではまったく釣り合いません。奮闘の価値をほとんど認めていないようなものです。

これに似た過去の例として「刀伊の入寇」の際に女真族を撃退した藤原隆家を思い出します。隆家もまた大した恩賞は与えられませんでした。平安から鎌倉の時代、朝廷は「武力で国を守る」ことの意味と価値を正しく理解していなかったのかもしれません。

北条時宗の功績が公に認められたのは約六百年も後の明治三七年（一九〇四）のことでした。同年に起こった日露戦争により、強大な外国から日本を守るということの重みを認識したのかもしれません。このとき、明治天皇は時宗に対し、最高位から二番目の従一位を追贈しています。

ところで、フビライはその後も日本侵攻を諦めませんでした。第三次侵攻計画は何度も立案され、実際にそのための徴兵や造船も行なわれていました。正応《しょうおう》五年（一二九二）には本格的に実現へと向かっていたのですが、永仁《えいにん》二年（一二九四）、フビライの死によって、計画は中止されます。以後、元において日本侵攻が計画されたことはありません。

世界の大半を征服したモンゴル人からの攻撃を二度までも打ち破った国は、日本とベトナムだけです。これは日本人として大いに胸を張ってもいいことだと私は思います。

なお北条時宗は「弘安の役」の三年後、三十二歳の若さで世を去りました。文学的な修辞を使うことが許されるなら、時宗という人物は、蒙古から日本を守るために生まれてきた男だったといえるでしょう。

鎌倉幕府の衰退と悪党の台頭

蒙古と戦った鎌倉幕府の御家人は甚大な犠牲を払いました。当主や息子を失った者もいれば、戦の費用を捻出するために、土地や屋敷を売った者もいました。しかし蒙古軍との戦いは防衛戦であったため、日本側が得たもの（戦利品や領地）はなく、幕府は御家人に十分な恩賞（土地や金）を与えることができませんでした。

さらに、蒙古襲来に備えて幕府は御家人に異国警固番役などを命じていたため、御家人の暮らしぶりは一層悪化しました。また当時の武家の相続方法では、嫡男以外の兄弟にも土地が分け与えられたので、三代も経ると、それぞれの家の財産が縮小し、生活の貧窮を招くようになっていました。困窮した御家人は商人から金を借り、その利子と返済に苦しむようになっていました。

そこで幕府は御家人を救うために、永仁五年（一二九七）、史上初の「徳政令」を出しました。徳政令とは、簡単にいえば債務免除、借金の棒引きです。

鎌倉幕府の徳政令は、商人が借金のかたに手に入れた御家人の土地を元の持ち主に返させるという形のものでした。これによって御家人は失った土地が戻り、一時的には助かりましたが、以降、商人は「徳政令」を恐れて金を貸さなくなり、結果として御家人の窮乏が加速しました。

一方、中央では北条氏が権力を独占していたため、多くの武士の間に不満が蓄積していきました。こうした社会情勢から治安が乱れ、西日本の各地に経済力を持った新興武士が現れ、徒党を組んで、荘園領主の支配に反発するようになります。彼らは「悪党」と呼ばれました。現代でも使われる「悪党」の語源ですが、当時は「悪人」という意味ではありませんでした。「悪」という文字は、もともとは「力強さ」を表わす意味もあり、「悪党」は既成の枠に収まらない「強い集団」という意味合いで使われていました。「悪党」はやがて朝廷や寺社とも手を結び、荘園領主や幕府と対立する存在となっていきます。

十四世紀に入ると「悪党」はさらに大きな勢力となり、幕府の権限も及ばない集団がいくつも存在するようになっていきます。

鎌倉の文化

鎌倉時代には文化の面でも革命的ともいえる変化が起こりました。優雅を重んじた平安の貴族文化から質実剛健な武士の文化へと変化し、多くの分野で傑作が生み出されたのです。

なかでも特筆すべき分野は文学でした。鎌倉時代の文学は、それまでの王朝ものに見られたきらびやかさが鳴りを潜め、近代文学のようなリアリズムと諧謔《かいぎゃく》精神に満ちた作品が多く生み出されます。『平家物語』『保元物語』『平治物語』(いずれも作者不詳)などの軍記物語はその典型です。これらは叙事詩的であり、同時に「現世の儚さ」のようなものを謳っています。説話集の『宇治拾遺《しゅうい》物語』は物語性に優れ、同時に深い寓意があります。この萌芽は平安時代末期の『今昔物語集』に見られますが、より完成された形となって表われています。

随筆にも平安時代のような貴族趣味は見られず、皮肉とユーモアを効かせた作品が出現しました。その代表ともいえる吉田兼好《よしだけんこう》（卜部兼好《うらべかねよし》）の『徒然草《つれづれぐさ》』は現代の辛口コラムとしても通用する内容であり、鴨長明《かものちょうめい》の『方丈記』は前述の軍記物語に通じる「世の無常」を綴った傑作です。もっとも京では勅撰歌集『新古今和歌集』も編まれているので平安の貴族文化が消えたというわけではありません。

彫刻や絵画は、いずれも写実的で力強さに溢れており、ひと目で「鎌倉らしさ」を感じ取ることができます。その代表は、運慶《うんけい》、快慶《かいけい》らが造立した『東大寺南大門金剛力士像』ですが、アシンメトリーな構図と迫力あるタッチは、三世紀後のヨーロッパに現れたミケランジェロらの彫刻に勝るとも劣らない傑作だと思います。しかも、ヨーロッパの彫刻の多くが石像であるのに対し、鎌倉彫刻の傑作のほとんどが木像です。劣化や焼失の可能性が格段に高い木彫像が、幾度もの戦乱や天災をくぐりぬけて八百年後の今日に存在していること自体が、奇跡と言って過言ではありません。このことについても、私は先人への畏敬の念と感謝を禁じ得ないのです。

絵画の世界でも、『平治物語絵巻』や『蒙古襲来絵詞《えことば》』には当時の武士の合戦の様子がリアルに描かれており、歴史的な資料としても一級品だといえるでしょう。

鎌倉の仏教

平安時代末期から鎌倉時代にかけては、戦乱と飢饉がたびたび起きました。そのため か、末法《まっぽう》思想が流行し、同時に、庶民の間に来世の往生を求める風潮が強まっていきました。末法とは、釈迦の死後、時が経って「末法」に入ると、仏の教えが衰滅し、ひどい世の中になるという考えです。こうした背景から、鎌倉時代には現代にまで続く仏教の宗派がいくつも生まれましたが、それらは、対照的とも見える二つの流れに大別できます。

一方は、法然《ほうねん》と親鸞《しんらん》(法然の弟子)に代表される、『南無阿弥陀仏』と念仏を唱えれば極楽に行ける」という、大衆を救う教えです。これは画期的なものでした。というのも、それまでの仏教では救済は僧によってもたらされるとされていたのですが、個人でも念仏を唱えれば救済される教えへと大きく変化したからです。この斬新な教えは旧来の仏教界にとっては都合の悪いものだったので、彼らは朝廷に働きかけて、法然と親鸞を流罪にしました。しかし法然らの教えは庶民の間にも広まっていったのです。この「新しい仏教」は後に浄土宗、浄土真宗という宗派となり、現在、日本の仏教では信者数最多となっています。

ちなみに親鸞は肉食妻帯《にくじきさいたい》を公言した最初の僧です。それまでは、僧は肉食妻帯をしないという建前で生きていましたが、よく考えてみれば、妻帯者は極楽浄土に行けないというなら、世のほとんどの人が救われないことになります。親鸞はそれでは仏の教えは広まらないと考えたのか、肉食妻帯をしても救済されるのだと証明するために敢えて自ら行なったのではないでしょうか。実は多くの僧が隠れて肉食妻帯を行なっていました。平安時代末期の仏教界はすっかり堕落腐敗していたのです。親鸞が肉食妻帯を公然と行なったのは、そうした仏教界へのレジスタンスでもあったのかもしれません。

日蓮宗（法華宗）もこの時代に生まれた新しい仏教です。これを興した日蓮《にちれん》は数々の迫害にもめげずに布教につとめ、二十一世紀の現在も日蓮宗は多くの信者を得ています。

鎌倉時代に生まれたもう一方の仏教の流れは、法然、親鸞の教えとは対照的なものでした。それは「禅」です。念仏を唱えれば阿弥陀仏によって救われるという思想に対し、「禅」は座禅などの修行によって自らを救済する（悟りを開く）という教えです。これもまた古い仏教界からは弾圧されましたが、禅の厳しい修行は鎌倉武士には受け入れられ、禅宗の曹洞宗や臨済宗は全国に広まりました。さらに鎌倉時代には、日本独自の神道理論が形成されました。伊勢神道が生まれたのもこの頃です。

こうして見ると、後の日本人の宗教観、死生観の多くが鎌倉時代に形成されたということができます。その意味で鎌倉時代は、日本の精神史にとっても非常に重要な時代だったのです。

後醍醐天皇の討幕運動

鎌倉時代の朝廷には政治の実権はありませんでした。政《まつりごと》を行なえないにもかかわらず、様々な権限や利益があるため皇位継承の資格を持つ者たちは天皇の座にひたすら固執し、後継者争いに明け暮れていました。

発端は十三世紀の終わりに、後深草《ごふかくさ》上皇とその弟である亀山天皇（後に上皇）の間で、どちらの子供を次の天皇にするかで争いが起こったことでした。その後、この二人の子孫たちが各々幕府の支持を得ようと働きかけを活発にします。幕府はたびたび調停役となり、後深草上皇と亀山上皇の子孫から交互に皇太子を立てることを提案し、双方（両統）の了承を得ました。これを両統迭立《てつりつ》といいます。それぞれの居所の名にちなんで、後深草上皇側の系統を「持明院統《じみょういんとう》」、亀山上皇側の系統を「大覚寺統《だいかくじとう》」と呼びますが、この二つの系統は、その後も皇位継承をめぐって争いを続け、後の「南北朝」の対立を生むもととなりました。

文保《ぶんぽう》二年（一三一八）に三十歳で即位した第九十六代の後醍醐《ごだいご》天皇（大覚寺統）は、二つの系統の争いに終止符を打ち、同時に平安時代以来の天皇が自ら政治を行なう親政を復活させようと考えました。後醍醐天皇による討幕のドラマが描かれた『太平記』では、時の執権の北条高時《たかとき》は田楽《でんがく》や闘犬に夢中で政治を顧みなかった暗愚な暴君として描かれていますが、これはやや誇張された表現だったようです。

元亨《げんこう》四年（一三二四）、後醍醐天皇は寺社勢力や悪党勢力を恃んで討幕を計画しますが、これは事前に幕府側に情報が洩れて頓挫します。しかし後醍醐天皇は諦めず、元弘《げんこう》元年（一三三一）に再び討幕を計画したものの、幕府軍に捕らえられて隠岐に流されました。幕府は後醍醐天皇を廃し、持明院統の光厳《こうごん》天皇を即位させます。ところがこの事件がきっかけとなり、鎌倉幕府に不満を持つ各地の武士が次々と蜂起する事態となったのです。

悪党、楠木正成の挙兵

後醍醐天皇が隠岐に流された元弘二年（一三三二）の暮れ、河内国（現在の大阪府東部）の悪党、楠木正成《くすのきまさしげ》が挙兵しました。実は正成は前年の下赤坂城でも後醍醐方として一度挙兵しており、この時は二度目の企てです。

さて、以下の記述は室町時代に編まれた『太平記《たいへいき》』によります。同書は軍記物語とはいえ、その内容は一概に創作とはいえないと私は考えています。というのも『太平記』は日本最長の歴史文学であり、著者は不詳ですが、同時代の多くの知識人によって書かれたのは確実とされているからです。物語を面白くするための脚色はあるにせよ、歴史の大きな流れはほぼ同書に書かれているように進んでいます。また実際に資料的価値も高いと見做されています（とはいえ明らかなミスも少なからずある)。

鎌倉幕府は翌年の元弘三年(一三三三)、正成を追討するために十万人の大軍を送りました。これは当時としては凄まじい大軍です(『太平記』には八十万の軍勢と書かれているが、実際には十万ぐらいであったろうと考えられている)。

正成はわずか千人の軍勢で千早城《ちはや》という小さな山城に籠もって、これを迎え撃ちました。幕府軍は一気に叩き潰そうと力攻めで押しに押します。ところが正成は戦の天才でした。特に山岳ゲリラ戦を得意とし、鎌倉武士団を翻弄します。幕府軍がどれほど攻めても千早城を落とすことはできませんでした。

そこで幕府軍は城を包囲しての兵糧攻めに作戦を変更しました。しかし正成は水も食料も十分に用意していたのです。一方、時間を持て余した幕府軍の兵たちは、歌会を始めたり、茶の飲み分け勝負をしたり、碁や双六の遊びにふけったりしだす始末でした。そこへ正成軍が奇襲攻撃をかけ、幕府軍を挑発しました。怒った幕府軍は猛攻撃をかけますが、正成軍の罠にはまって大損害を蒙ることとなります。

以後、幕府軍は包囲することに徹しますが、今度は有力武将の長たちは近隣から遊女を呼び寄せて遊びにふけります。ある御家人の叔父と甥が賽の目のことで喧嘩になり、互いに刺し違えて死んだ一件から、双方の家臣が争って二百人以上が死ぬ大事件まで起こったといわれています。何という無様《ぶざま》な体たらくでしょうか。わずか五十年前、蒙古軍に挑んだ鎌倉武士団と同じ武士とはとても思えない有様です。しかし、これが日本の武士のもう一つの姿ともいえます。日本が危機にさらされた時は命懸けで戦う一方、内乱から鎌倉幕府を守るための戦いでは、まったく士気が上がらなかったのです。

鎌倉武士団が苦戦しているという噂が広まると、周辺の悪党たちが正成軍に味方し、幕府軍の補給路を遮断する行動に出ました。そのために包囲している幕府軍の兵糧が逆に少なくなるという事態に陥り、毎日のように百人、二百人が脱走するようになりました。

閏《うるう》二月には、幕府軍が千早城にかかりきりになっている間隙を衝くように、後醍醐天皇が隠岐を脱出し、討幕の兵を挙げます。そのため、千早城を包囲していた大名たちは動揺し、中には帰郷する者も現れました。幕府は後醍醐天皇軍の討伐と千早城攻めのため、援軍として御家人の足利尊氏（当時は高氏と名乗っていた）を派遣しましたが、尊氏は幕府を裏切り、五月には幕府の出先機関である京都の六波羅探題《ろくはらたんだい》を攻め落としてしまいました。

六波羅陥落の情報が千早城を包囲していた幕府軍に伝わると、軍勢は包囲戦を諦めて一斉に撤退を始めました。何と千早城は百倍の軍勢を相手に、半年以上（間に閏二月があった）も戦い、幕府軍を釘付けにしていたのでした。

同じ頃、鎌倉幕府は上野国新田荘《こうずけのくににったのしょう》（現在の群馬県太田市周辺）の御家人、新田義貞に千早城を攻めるための高額の戦費を要求しましたが、義貞がこれに応じなかったため、幕府は義貞追討令を出したといわれています。ところがこれに怒った義貞が逆に鎌倉へ進軍を始めると、多数の武士が呼応しました。そして義貞は大軍を率いて鎌倉に攻め込みました。この戦いによって北条高時と最後の執権北条守時《もりとき》は自害し、幕府は滅亡しました。楠木正成が千早城で挙兵してからわずか半年で、鎌倉政権は百五十年の歴史に幕を閉じることとなったのです。

新田義貞が幕府を倒すことができた理由の一つは、正成攻めのために千早城に送り込んだ大軍が半年近くも釘付けにされ、鎌倉の防備が手薄になっていたからでした。その意味で、鎌倉幕府滅亡の真の立役者は楠木正成といえるかもしれません。

建武中興

鎌倉幕府が滅亡すると、後醍醐天皇は京都に戻り、親政《しんせい》（天皇・皇帝・王などの君主が自ら政治を行なうこと）を行ないました。この親政は一三三四年に改めた建武《けんむ》という元号にちなんで、「建武中興《ちゅうこう》」あるいは「建武の新政」と呼ばれます。なお、鎌倉幕府が擁立した光厳天皇（北朝初代天皇）は廃され、現在も歴代天皇には数えられていません。

新政府は討幕のために戦った者たちへ恩賞を与えましたが、これは実際に戦った武士に薄く、たいした働きをしなかった公家に厚いものでした。当然のこと武士の間で不満の声が高まります。六波羅探題を滅ぼした足利尊氏も重要な役職に就けなかった一人でした。

尊氏は征夷大将軍を望みますが、後醍醐天皇はそれを拒否し、息子である護良《もりよし》親王に与えました。護良親王はそれなりに活躍した人物ですが、尊氏には及びません。

また後醍醐天皇による親裁（天皇自らが命令をくだすこと）の多くは約百五十年続いた鎌倉時代の伝統や慣例を無視したもので、さらなる政治的混乱を引き起こしました。その頃、当時の政治や社会を風刺した落書が鴨川の二条河原に誰かの手によって掲げられましたが（作者不詳）、これはあまりにも有名なものです。その冒頭は以下に紹介しましょう。

「此比都ニハヤル物、夜討、強盗、謀綸旨《にせりんじ》
召人、早馬、虚騒動《そらそうどう》
生頸、還俗、自由出家
俄大名、迷者
安堵、恩賞、虚軍《そらいくさ》」

（訳：この頃都に流行るものといえば、夜討ち、強盗、ニセ文書。使用人の早馬によるそら騒ぎ。生首、僧の還俗、一般人の出家。急に羽振りがよくなる俄か大名、落ちぶれて路頭に迷う者。所領の保証、恩賞目的のでっちあげ戦さ）

現代でも高く評価されている七五調と八五調をとり交ぜた名文ですが（原文は八十八行）、当時の社会状況を見事に風刺しています。興味のある方は原文を読んでください。

建武二年（一三三五）、滅ぼされた鎌倉幕府の最後の執権だった北条高時の息子、時行《ときゆき》が建武の新政への反乱を起こしました。時行は足利尊氏の弟の直義《ただよし》がいた鎌倉府を襲ったので、尊氏は弟を守るため、後醍醐天皇の許可を得ることなく鎌倉に出兵し、反乱軍を鎮圧しました。

尊氏はそのまま京都に帰らず、自分に付き従った武将たちに独断で恩賞を与えます。このことを知った後醍醐天皇は尊氏の謀反を疑い、新田義貞に尊氏追討令を出しました。

それを知った尊氏はいったんは武士をやめて出家しようとしますが、尊氏に代わって足利一族を率いた弟の直義が朝廷軍に打ち破られたため、再び前線に復帰して戦う決意をします。

延元《えんげん》元年・建武三年（一三三六）、尊氏は京都まで進軍しますが、ここで北畠顕家《きたばたけあきいえ》や楠木正成との戦いに敗れ、九州へ逃げます。その途上で光厳上皇（後醍醐天皇に廃位させられた天皇）の支持を得て「官軍」を名乗り、西日本各地の武将を味方に引き入れることに成功すると、大きな勢力となって再び京都に向かって軍を進めました。

楠木正成はこの状況を見て、すでに多くの武士たちの心は建武政権側にはなく、足利尊氏側にあると悟り、後醍醐天皇に尊氏との和睦を進言します。しかし、これが天皇や側近の不興を買い、正成は国許での謹慎を命じられました。

ところが、尊氏を迎え撃った朝廷軍の総大将、新田義貞が敗北を続けたため、後醍醐天皇は楠木正成を呼び戻します。正成は、兵力で上回る尊氏の軍勢に正面から迎撃するのは無理と判断し、足利軍を京都に引き入れてから挟撃する作戦を提案しました。しかし後醍醐天皇や側近は、都を離れるという大胆な作戦を受け入れることができず、これを却下します。正成はやむなく不利を承知で湊川《みなとがわ》（現在の神戸市）で尊氏の大軍を迎え撃ちますが、案の定敗れて戦死します（二年後、新田義貞も尊氏方の斯波《しば》氏との戦いで死去）。

尊氏は湊川の戦いの後、京都に入って後醍醐天皇を降伏させると、持明院統の光明《こうみょう》天皇（光厳上皇の弟）を即位させ、政治の実権を握りました。こうして天皇の親政による建武政権はわずか三年で瓦解したのです。

延元元年・建武三年（一三三六）、足利尊氏は光明天皇を即位させると同時に、施政方針を示した「建武式目」十七条を定めました。延元三年・暦応《りゃくおう》元年（一三三八）、尊氏は光明天皇から征夷大将軍に任ぜられます。室町幕府（足利氏の武家政権）成立の時期ははっきりしませんが、このあたりに始まったとされています。なお、「室町幕府」という名称は、三代将軍・足利義満が京都北小路室町（現在の京都市内の今出《いまで》川通《がわどおり》と室町通が交わるあたり）に造営した「花の御所」（別名：室町殿）に由来します。

南北朝時代

降伏した後醍醐天皇は足利尊氏の要求に応じて、三種の神器を光明天皇に譲り（三種の神器は古来、即位に必須とされる）、京都に幽閉されました。しかしその年の暮れに密かに奈良の吉野へ脱出し、光明天皇に渡した三種の神器は偽物で、本物を所持している自分こそが真の天皇であると宣言します。これにより、京都の朝廷（北朝）と吉野の朝廷（南朝）の二つの朝廷が存在するという前代未聞の事態となります。しかも二つの朝廷がそれぞれ異なる元号を用いたから尚更ややこしいのです。

後醍醐天皇は全国に勢力を挽回すべく、北陸や九州など各地へ自らの皇子を奉じた武将を派遣しました。これにより、全国の諸将の間で、南朝を正統とする者たちと、北朝を正統とする者たちが内乱を繰り返すこととなります。

コラム　前述したように南北朝に分かれたのは、持明院統（北朝）と大覚寺統（南朝）に分かれたことがそもそものきっかけです。鎌倉時代には、二つの統から交互に天皇が輩出していましたが、南北朝時代には、両統がともに天皇を即位させるという異例の事態に陥ります。ちなみに二つの系統とも「万世一系」といわれる皇統の男系の血を引くものであり、血統的には由緒正しいのです。

南北朝のどちらが正統であるかという議論は、「南北朝正閏《せいじゅん》論」と呼ばれます。室町時代には南朝が正統と見做されていましたが、その後は北朝が正統と見做されるようになりました。しかし江戸時代に水戸藩が編纂した『大日本史』では、三種の神器を捧持《ほうじ》していた南朝を正統とする考え方を取っていきます（ただ江戸時代には北朝支持が一般的）。

ただ、北朝が持っていた三種の神器が偽物だというのは後醍醐天皇の主張によるもので、実は本物であった可能性が高いと私は見ています。というのも、後述するように、正平《しょうへい》六年・観応《かんのう》二年（一三五一）に足利尊氏が南朝と和議を結んだ時（尊氏にとっては降伏に近い条件での和議）、南朝は北朝から三種の神器を取り戻しているからです。それらが偽物であったなら、そもそも取り戻す必要はありません。そう考えると、南朝と尊氏の和議以前に即位した北朝の天皇は本物の三種の神器を保持していて、逆に南朝の天皇は保持していなかったということになります。とすると、三種の神器を保持しての即位が正統という考え方にも無理が生じます。

それはさておき、明治になってからは、一転して南朝が正統であるという考えになります。もっとも学会においては二つの朝廷は対等に扱われ、国定教科書でもそうなっていましたが、明治四四年（一九一一）、国定教科書で南朝が正統とされ、北朝は認められなくなりました。以後、大東亜戦争終結まで、「南北朝」という言葉は学会では禁句となり、自由な研究が許されませんでした。

現在、北朝の五代の天皇は、歴代天皇百二十六代の中には数えられていません（北朝六代目の後小松《ごこまつ》天皇は南北朝が統一されたことにより、百代目の天皇となっている）。

観応の擾乱

足利政権は誕生した時から盤石な体制ではありませんでした。全国の武将たちの間に後醍醐天皇の南朝を支持する勢力があった上に、幕府内でも内紛が生じていたからです。ことに足利尊氏を軍事面で補佐する高師直《こうのもろなお》と、行政面などで補佐する足利直義（尊氏の弟）の権力争いは大ごとに発展し、やがて師直との権力争いに敗れた直義は南朝と手を結びます（その後、直義は師直を殺す）。

すると尊氏は朝廷を南朝に戻すという条件で和議を結び、北朝の天皇を廃して、元号も南朝に合わせます。これは直義と南朝の間を裂き、南朝に直義追討の綸旨《りんじ》を出してもらうための策略でした。そのために尊氏は征夷大将軍の解任まで受け入れています。

勢いづいた南朝勢力は京都に侵攻して尊氏の嫡男の義詮《よしあきら》を追い払い都を占拠しますが、義詮は反撃に転じて南朝を再び京都から追放します。義詮は北朝の元号に戻し、新しい北朝の天皇を三種の神器なしに即位させ、尊氏も征夷大将軍に復帰しました。

一方、幕府の権力争いはその後も続き、直義も結局、尊氏との戦いに敗れ、幽閉された後に死去します（表向きは病死だが暗殺された可能性が高い）。直義の残党はその後も南朝を支持し、幕府と対立し続けました。

この一連の争いは「観応の擾乱《じょうらん》」と呼ばれます。南北朝と幕府の権力争いをめぐるこれらの出来事は実に複雑で、詳しく書くには本一冊ぐらいの分量が必要になりますが、本書は日本の通史なので、このあたりにとどめておきます。ただ、この騒動を見てもわかるように、室町幕府の権力基盤は実に脆弱で、政敵を倒すためには天皇の後ろ盾が必要だったことがわかります。

その後も、南朝勢力と北朝勢力は各地で小競り合いを起こしていましたが、正平一四年・延文《えんぶん》四年（一三五九）、九州で南朝を支持する菊池《きくち》一族をはじめとする勢力と足利勢が戦い、菊池勢が勝利したことで、南朝勢力が九州一円を支配します。この戦いは「筑後《ちくご》川の戦い」と呼ばれ、かつては「日本三大合戦」の一つとされていましたが、現在では忘れられた戦いともいえます。

南北朝の統一

南北朝時代に終止符を打ったのは、足利三代将軍の義満（尊氏の孫）でした。

義満は自分の側近を全国の守護職に就け、南朝を支持する守護大名の力を削いでいきます。南朝側は懐良《かねよし》親王や宗良《むねよし》親王といった精神的支柱ともいえる人物が亡くなり、また南朝を支え続けた北畠顕能《あきよし》などの武将が亡くなったこともあって、急速に勢力が衰えていきました。

元中《げんちゅう》九年・明徳《めいとく》三年（一三九二）、義満の仲介で、南朝は北朝との和議を受け入れます。持明院統と大覚寺統の間で再び両統迭立することを条件に、南朝の第九十九代（南朝としては四代目）後亀山《ごかめやま》天皇が退位（譲位）し、北朝六代目の後小松天皇に三種の神器が譲渡され、後小松天皇が第百代天皇となります。ここに五十六年続いた南北朝時代は幕を閉じました。

その後、幕府は九州を支配する菊池一族とも和解し、九州を支配下に置くことに成功します。尊氏が政権を取って六十年近くが経ってようやく室町幕府は全国を制覇したのです。

足利義満の野望と死

成立初期は政権基盤が弱かった室町幕府ですが、十四世紀の後半、三代将軍の足利義満の頃には、大きな権限を持つようになりました。前述のように義満は京都の室町に「花の御所」と呼ばれる豪華な邸宅を作ったことから「室町殿」と呼ばれるようになります。この呼び名はその後、足利将軍を指すようになり、「室町幕府」と呼ばれるようになったのもここからきています。

義満は武家としての最高権力を持つ「征夷大将軍」と、公家としての常置の最高職である「左大臣」の座に就き、ほぼすべての権力を掌握しました。さらに応永《おうえい》元年(一三九四)、征夷大将軍を息子の義持《よしもち》に譲ると、太政大臣の座にまでのぼりつめます。

義満の横暴ぶりは凄まじいものであったと伝えられています。公家の妻や側室を自身に差し出させたり、天皇が持っていた祭祀権や叙任権(人事権)などの諸権力を接収したりもしたばかりか、自らが寺社などに参拝する際には、上皇と同じ礼遇をとらせました。応永一五年(一四〇八)に後小松天皇が行幸《ぎょうこう》した折には、義満の座る畳に上皇が座る畳が用いられました。義満は自分の妻を天皇の准母《じゅんぼ》(天皇の母親格)にし、自らは太上天皇（上皇）となることを望んだといわれています。

義満の最終的な目標は次男の義嗣《よしつぐ》を天皇にすることだったと思われます。後小松天皇に皇位を義嗣に譲らせ、自らは天皇の父として権勢を振るうという計略です。あたかもそのための布石のように、応永一五年（一四〇八）、義嗣の元服を、宮中において立太子式（親王が皇太子になる式）と同じ形式で行なっています。これは義嗣を皇太子として扱ったということになり、まさしく前代未聞の出来事でした。

もし何らかの事情で天皇が亡くなれば、義嗣が即位できる可能性が生じます。あるいはその前に、義満が後小松天皇に退位を迫って譲位させることも可能だったでしょう。義嗣は遠いとはいえ清和天皇に連なる血筋ですから、父系の「万世一系」は保たれるという理屈は一応成り立ちます。しかしそれには十七代も遡らなければならず、さすがに万世一系というには無理がありました。

つまり義満の計画は皇位簒奪であり、皇統を破壊する企みだったといえるでしょう。義嗣が天皇になれば、その父である義満は上皇として自由に政権を動かし、代々、足利氏から天皇が輩出することになる。義満のこの計画は九分九厘成功したも同然でした。

今日、多くの歴史学者は、義満が皇位簒奪を企てた証拠となる公式史料がないという理由で、この説を否定しています。しかし自らを上皇と同じ処遇にさせ、息子を皇太子と同じ扱いにさせるということは、明らかに皇位を狙った行為です。史料がなくとも、ほんの少しの想像力があれば、そのことに気付くはずです。歴史作家の井沢元彦氏や海音寺《かいおんじ》潮五郎《ちょうごろう》氏などもその説を採っています。また旧宮家の一員である竹田《たけだ》恒泰《つねやす》氏は近年、御所の東山《ひがしやま》文庫から発見された古文書に基づいて自著『天皇の国史』に、義満による皇位簒奪計画はかなり進んでいたと書いています。古文書には、義嗣は後小松天皇の猶子（養子と同じ意味）となり、皇族になることが予定されていると書かれていたからです。

ところが、ここで不思議なことが起こります。義嗣の立太子式のわずか六日後、義満は突然発病し、その五日後に急死するのです。公式には流行病に罹ったとされていますが、この突然の死を偶然と見做すにはあまりにもタイミングが良すぎます。義満の身体は頑健だったという記録もあるだけに、四十九歳での急死は不自然です。

私が、義満が皇位簒奪の意図を持っていたと考えるのは、まさにこの不可思議な死ゆえです。ここには義満の野望を阻止せんとする何らかの意思が見えます。万世一系を守るために義満は暗殺（おそらく毒殺）されたと考えるのは自然です。もちろん証拠となる史料はありません。

なお、義満には死後に太上法皇の尊号宣下がありましたが、子の義持はそれを辞退しています。

倭寇と勘合貿易

足利義満が凄まじいまでの権勢を誇った頃、中国では漢民族の王朝、明が勢力を伸ばしていました。義満はこの明と貿易（日明貿易）を行ない、巨万の富を得ました。この貿易は、公私の船を区別するために勘合《かんごう》（合い札）を使ったことから「勘合貿易」と呼ばれていますが、勘合が使われた背景には「倭寇《わこう》」の存在があったことを忘れてはなりません。

倭寇とは十三世紀から十六世紀にかけて中国や朝鮮の沿岸で略奪行為を働いた海賊のことです。中国や朝鮮の文献にも、非常に恐れられた存在であったと書かれています。倭寇という言葉は「日本人による侵略」を意味しますが、これは対馬や壱岐、それに九州沿岸の漁民たちが、元と高麗に対する復讐のため始めたものだったといわれています(中国もそれを認めている)。しかし後には海賊行為だけでなく私貿易や密貿易を営むようになり、一部には高麗人も交じっていました。

十六世紀の後期倭寇ともなると、倭寇とは名ばかり、構成員の主体は中国人となり、ポルトガル人も含まれるようになります。十六世紀には多くのヨーロッパ船がアジアへ来るようになっていました。ポルトガル人が台湾を発見し「イラ・フォルモサ」(麗しの島)と名付けたのもこの頃です。

日本の一部の教科書には、明が勘合を用いた管理貿易に乗り出した理由が、もっぱら日本人海賊に苦しめられたためと書かれていますが、これは正確ではありません。勘合貿易は、日本に利益を与える代わりに、日本に倭寇を取り締まらせるという安全保障政策でもあったからです。一時は猛威を振るった倭寇も、明の海防の強化と、後に日本国内を統一した豊臣秀吉《とよとみひでよし》の海賊禁止令によって完全に姿を消しました。

なお「倭寇」という言葉ですが、当然これは中国や韓国から見た呼称であり、きわめて侮蔑的な意味を含みます。隣国では十六世紀の秀吉による朝鮮出兵や二十世紀の日中戦争における日本軍も「倭寇」と呼んでいます。

コラム　明は民間貿易を許しておらず、明と貿易する周辺国は、明に対して「君臣」関係を結び朝貢をして「冊封」を受けることになっていました。そのため、足利義満は明皇帝から「日本国王」として冊封を受けています。日本が中華王朝の冊封を受けたのは、古代を除けばこれが初めてのことでした。かつて聖徳太子が「王」と名乗ることをよしとせず、「天皇」という言葉を生み出したのとは真逆の行為です。ただし、この時も天皇は冊封を受けていません。

日明貿易は朝貢貿易で、わずかな品物を明帝国に捧げる代わりに、それ以上の価値のものを受け取ることができたため、室町幕府は巨額の利益を得ました。つまり誇りを捨てて利益を取ったのです。しかし義満が明の冊封を受けていることは国内でも大いに問題とされ、義満の死後、跡を継いだ四代将軍・義持は貿易を中止しました（六代将軍・義教《よしのり》の時代に復活する）。

ところで、冊封はけっして属国であることを意味するものではありません。あくまでも中国皇帝のメンツを重んじた儀礼にすぎず、実効支配や統治とは異なります。最近、中国共産党政府が、古くから中国王朝に朝貢をしていたチベットなどについて、「古代から一貫して中国の一部だった」との主張をしていますが、この伝でいけば室町幕府も琉球も「明の一部だった」ことにされてしまいます。こんな史実からかけ離れた主張に取り込まれることのないよう、本書読者の皆様には、私たちの先人が冊封すら嫌ったということをしっかりと心に留めてもらいたいと思います。

毀誉褒貶の激しい足利義教

義満の跡を継いだ四代将軍の義持（義満の長男）の頃までは、幕府も安定した政権運営をしていました。義持は政治の実権を握ったまま、息子の義量《よしかず》に将軍職を譲りますが、義量は十七歳の若さで急逝します。他に男子がいなかった義持は後継者を決めないまま、病を得て亡くなりました。

義持が危篤になっても後継者を指名しない状況に、困った群臣たちは評議を開き、石清水《いわしみず》八幡宮で籤引《くじび》きをして、義持の四人の弟の中から次の将軍を決めることにしました。足利家には長男以外は出家して僧になるというしきたりがあったため、義持の弟たちは皆、僧侶だったのですが、籤引きの結果、次の将軍は五男の義教（当時は義《よし》宣《のぶ》）に決まりました。

義持が後継者を決めなかったのは、誰を選んだとしても、有力な守護大名の許可を得なければ認められない状況があったためといわれています。つまり将軍の力がそれだけ弱かったという証左でしょうか。鎌倉幕府や後の江戸幕府においても、籤引きで将軍を選んだケースはなく、呆れるほかはありません。

義教は将軍職を固辞しますが、周囲に押し切られて還俗《げんぞく》（僧から一般人になること）し、六代将軍となります。当時、石清水八幡宮の籤引きには神の意思があるとされていたので、将軍となった義教は強引なまでの政策をとりました。

「籤引き将軍」と陰で揶揄された義教は、義満時代のような将軍家の復興を目指します。義持の時代に中断していた勘合貿易を復活させて財政再建に取り組み、各地の守護大名や寺社の勢力を削ぎ、幕府権力の強化につとめました。長らく完全な支配下に置くことができなかった九州や関東を制圧し、延暦寺をも屈服させます。これは義満でも成し得なかったことでした。

しかしあまりにも強引な手法は多くの敵を作り、最後は部下である守護大名に謀殺されてしまいます。義教の死によって、室町幕府は急速に弱体化していきました。

義教については後世の評価も毀誉褒貶《きよほうへん》が激しく、織田信長《おだのぶなが》を先取りしたような先進性を持った人物という評価を与える人もいますが、やはりすべてを性急に進めすぎた一面があることは確かです。

人間的には非常に激しやすく、他人に対してしばしば苛烈な処罰を与え、そのため人々に「悪御所」「万人恐怖」と渾名《あだな》されて恐れられました。たとえば儀式の最中に笑顔を見せた部下に対し、「将軍を笑った」と怒って所領を没収したり、闘鶏見物で集まった群衆のせいで義教の行列の通行が妨げられたとして、京都中の鶏をすべて洛外に追放したり、説教しようとした僧の頭に灼熱の鍋をかぶせ、二度と喋れないように舌を切ったりしました。他にも、酌が下手な侍女をさんざん殴って髪の毛を切ったり、梅の枝が折れていたという理由で庭師に切腹を命じたり、料理が不味いということで料理人を処刑したりしたという記録も残っています。能で有名な世阿弥《ぜあみ》も義教の不興を買って佐渡へ流されました。

こういう激しい気性も織田信長に通じるところがあったといえるのかもしれません。家来筋《けらいすじ》の者に討たれるという最期も似ています。

守護大名の台頭から応仁の乱へ

義教の死後、息子の義勝《よしかつ》が八歳で七代将軍となりますが、義勝はその翌年亡くなり、弟の義政《よしまさ》が七歳で将軍に選ばれました（正式に将軍になったのは十三歳の時）。

この時代、幕府は財政難と全国各地で頻発した土一揆などに悩まされていました。土一揆とは、民衆（多くは農民）が団結して幕府や守護大名などに徳政令などを要求するものです。そんな中幼くして将軍の座に就いた義政は周囲の有力者や力の強い守護大名をおさえることができず、次第に政治を疎むようになり、趣味の世界や酒宴に明け暮れるようになります。

そして二十代で将軍職の引退を考えるようになり、出家していた弟を還俗させて養子にして後継者（次期将軍）とします。政治に無関心ともいえる義政の姿勢が、後述する「応仁の乱」を引き起こしたともいえます。

ただ、義政の文化面での功績は大きいものがあります。庭師の善阿弥《ぜんあみ》、絵師の狩野《かのう》正信《まさのぶ》（東山山荘に障壁画を描いている）、土佐光信《とさみつのぶ》、能役者の音阿弥《おんあみ》らを召し抱えて活躍させ、後世「わび・さび」といわれるようになる新たな美意識を有する東山文化と呼ばれる世界を築きました。義政が収集した絵画・茶器・花器・文具などは後に「東山御物」と呼ばれ、現在その多くが国宝になっています。

室町の文化

室町文化の特色としてまず挙げられるのは、前述の「わび・さび」です。もっともこの言葉が一般的になるのは江戸時代以降ですが、そうした文化は鎌倉時代からありました（それ以前からあったとする説もある）。そして室町時代の後期に大きく花開いたといえます。

「わび」（侘び）とは、「心細く思う」「落ちぶれた生活を送る」「困って嘆願する」などの意味を持つ「わぶ」という動詞の名詞形で、もともとは否定的な意味を持つこの言葉でしたが、室町時代になると、そうした状況を受け入れ、そこに心の安らぎを見出そうという肯定的な意味を持つように変化しました。

「さび」（寂び、あるいは然び）は、「さびれる」を意味する動詞「さぶ」の名詞形です。本来は「時間の経過とともにものが劣化する」という意味の言葉だったものが（金属の錆《さび》もそこから来ている）、室町の頃から、「閑寂さの中に、奥深いものや豊かなものがおのずと感じられる美しさ」という意味を持つようになりました。この二つの言葉が合わさり、室町時代の茶の文化などと結びついて、日本的な独特の美意識が形成されました。

この「わび・さび」を象徴する存在が、足利義政が建立した銀閣（正式名は慈照寺）です。銀閣については、義政が、祖父の義満が建てた金閣に対抗して豪華な山荘（東山山荘）を建てようとしたものの、財政難のため銀箔を貼ることができず今のような姿になった、といわれてきましたが、これは俗説です。平成二〇年（二〇〇八）から平成二二年（二〇一〇）にかけての解体修理に伴い、京都府教育委員会が行なった調査で、銀箔説はほぼ否定され、二階の壁が内外とも黒漆で塗られていたことが判明しています。そもそも金閣・銀閣という名前自体が江戸時代に付けられた通称で、もともと二つは対照させられる建物ではありませんでした。義満が自らの権力・財力の象徴として建てた北山山荘と、「応仁の乱」に疲れ政治の世界から逃避するために義政が作った東山山荘では創建の意図からしてまったく違っていたのです（完成は義政の死後だが、義政は生前に東山山荘に移り住んでいた)。

とはいえ、義政の中に、祖父に対抗する気持ちがなかったともいい切れません。祖父の金ピカの建物とは違った、質素で幽玄の美を強調する趣味の良い建物を作って、新しい自分なりの美意識と価値観を世に示そうとしたとも考えられます。その独特の美意識が「足りないものを逆に尊ぶ」というものでした。

この「わび・さび」が室町時代を象徴する文化の基軸となっていきます。茶を点てて心の平安を求める侘茶や、座敷を飾る生け花や立花が流行りました。侘茶や立花を「道」として確立したものが茶道と華道です。住宅も質素なものとなり、それらは今日の和風建築のもとにもなっています。庭も自然の地形を生かしたものとなり、また枯山水《かれさんすい》と呼ばれる簡素で象徴的な庭園も作られました。枯山水は水のない庭のことで、池や水を使わずに石や砂などにより山水の風景を表現する日本独特の庭園様式です。龍安寺《りょうあんじ》の石庭や龍吟庵《りょうぎんあん》の東庭が有名ですが、これらは二十世紀のヨーロッパに生まれた表現主義や象徴主義の前衛芸術の思想を数百年も先取りしたセンスといえます。

わずかな動きで世界を表現する能や狂言が発達したのもこの頃です。絵画の世界でも、墨の濃淡だけで自然を描く水墨画が雪舟《せっしゅう》によって完成されました。

「わび・さび」という美意識から生まれた様々な文化や考え方は、その後の日本人の生活や文化に強い影響を与え、現代に生きる私たちの中にも一種の思想となって根強く生きているといえるでしょう。

応仁の乱

義政の将軍時代に「応仁の乱」が始まりますが、この戦いがなぜ始まったのか、目的は何だったのかについては、後世の歴史学者たちの頭を大いに悩ますところです。様々な人物の思惑が背景にあり、それらが複雑に絡み合っていて、説明をすること自体が困難だからです。そこでいささか乱暴な記述になりますが、私が敢えて簡潔に述べてみようと思います。

そもそもの始まりは管領《かんれい》（室町幕府においては将軍に次ぐ役職）を出す家柄の一つであった畠山《はたけやま》氏の後継者争いでした。それが大きな乱に発展したのは、将軍や別の管領家の後継者争いが絡んだからです。

義政には男子がいなかったため、寛正五年（一四六四）、僧になっていた弟の義視《よしみ》を後継者に指名します。義視は、兄の義政に将来男子が生まれる可能性を考えて固辞しますが、義政は「たとえ男子が生まれても、その子は僧にする」という証文を書いて、義視を還俗させました。

ところが翌年、義政に男の子（後の義尚《よしひさ》）ができます。義政の妻、日野富子《ひのとみこ》は自分が産んだ子（義尚）を将軍にしようと考え、有力守護大名の山名宗全《やまなそうぜん》に義尚の後ろ盾になってもらうよう依頼しました。一方の義視は管領だった細川勝元《かつもと》を頼ります。

このことから山名と細川が争うことになるのですが、おかしなことに後に補佐役が入れ替わります。すなわち山名宗全が義視を補佐し、細川勝元が富子と義尚を補佐するようになるのです。つまり将軍家の相続争いは単なる名目に過ぎなかったともいえます。というのも、山名宗全と細川勝元の間にはそれ以前から権力をめぐっての確執があったからです。このあたりが「応仁の乱」のややこしいところです。今日、日野富子が義尚を将軍にしようとして乱が起こったという説は歴史学者の間では否定的な意見が多いようです。乱の一番の原因は、山名宗全と細川勝元の覇権争いにあったのではないでしょうか。とはいえ、義視と義尚の後継者争いがあったことは事実のようです。いずれにせよ、応仁元年（一四六七）、山名宗全と細川勝元が京都を戦場にして戦う「応仁の乱」が始まります。

二人の戦いは、やがて他の有力守護大名たちを巻き込んだものとなり、山名側（西軍）と細川側（東軍）に分かれて、全国的な争いへと発展していきます。争いは混沌とし、各大名たちは最初西側についていたかと思うと、いつのまにか東側につき、あるいはその逆もあって、次第に敵味方も判然としない有様になっていきました。この乱で京都市街が戦場となり、この時期に生まれた足軽たち（戦闘に従事する末端の雑兵）の放火や略奪が横行し、市街の大半が焦土と化します。この時、多くの貴重な史料や文献が失われました。

戦いが始まって七年目の文明《ぶんめい》五年（一四七三）、総大将であった山名宗全と細川勝元が相次いで亡くなりましたが、乱は終わりませんでした。同年十二月、義政は将軍職を八歳の義尚に譲りますが、全国的な争いはその後も続きます。もはや何のために戦っているのかわからない状態でした。

結局、乱は十一年間続いた後、急速に収束していきます。何も決着がつかず、勝者も敗者もない争いであり、後半の何年かは、ただ惰性的に各地で大名たちが戦っていただけでした。主だった将が戦死することもなく、戦後に罪に問われた守護大名もいなかったのです。

日本史上、幾多の戦いがありましたが、これほど無意味な戦いは例がありません。当時の人たちもこの争いの意味を理解できなかったらしく、同時代の興福寺の僧、尋《じん》尊《そん》は日記『尋尊大僧正記』に「いくら頭を捻《ひね》っても応仁の大乱が起こった原因がわからない」ということを書いています。歴史年代の語呂合わせ「一四六七《ひとよむな》しい応仁の乱」は応仁の乱の本質を見事についています。

応仁の乱の影響

京都を中心にして全国で十年以上も続いた応仁の乱は、社会や制度を大きく変えました。

まず従来の身分制度が崩れました。東西陣営とも家格よりも武力を優先し重用したからです。さらに文明七年（一四七五）、足利義政が「諸国の御沙汰は毎事力法量」（諸国の沙汰は力次第である）と述べたことにより、法秩序も乱れていきます。家格に関係なく、実力ある領主が各地に誕生し、これらが後の戦国大名へと成長していくのです。

その必然の流れとして、戦国時代を象徴する「下剋上《げこくじょう》」の思想もこの時代に色濃くなっていったものです。「下剋上」とは「下の者が上の者に剋《か》つ」という意味の言葉です。また地方領主の台頭によって、荘園が奪われ、公家の収入が激減し、朝廷の勢力が一層弱まった時代でもありました。

大和朝廷誕生から脈々と続いていた伝統的な社会制度や通念は、「応仁の乱」によって一気に崩壊し、新しい概念が生まれたといえるでしょう。その意味では、「応仁の乱」は無意味な戦いではあったものの、日本史を大きく変える大事件であったと思います。

コラム　「応仁の乱」が始まる四十年ほど前、永享《えいきょう》元年（一四二九）に沖縄諸島に琉球国（歴史教科書では琉球王国と書かれることが多いが、正式名は琉球国）が誕生しています。
琉球国は室町幕府からも明からも独立した王国と見做されていました。現在の沖縄の人々の主な祖先は十世紀前後に九州の南部から移住してきた人たちだと考えられています。沖縄の正史『中山世鑑《ちゆうざんせいかん》』や『おもろさうし』などでは、十二世紀に源為朝《ためとも》（源頼朝の叔父にあたる）が沖縄に逃れてきて、その子が琉球国の始祖である舜天《しゆんてん》になったとあります。日本史では、為朝は流された伊豆大島で自害したことになっていて、『中山世鑑』は伝説の類と思われますが、琉球ではこれが正史として扱われています。

遺伝子研究でも、現在の沖縄県民の遺伝子は中国人や台湾人とはとても遠く、九州以北の本土住民に近いという結果が複数出ています。また琉球の古語や方言にも中国文化の影響は見られず、七世紀以前の日本語の面影が残っています。

今日、琉球独立を唱える人々の中には、琉球はそもそも日本ではないと主張する者がいますが、民族的にも言語的にも日本だといえるのです。中国の王朝に朝貢外交をしていた歴史はあるものの、中国の領土であった時代は一度もありません。

第五章

戦国時代

日本史ファンには人気の高い戦国時代ですが、各地の大名同士の戦いは歴史的にはさほど重要なものとはいえません。特筆すべき人物は、織田信長と豊臣秀吉、徳川家康《とくがわいえやす》の三人です。

この時代は、古い価値観や身分制度が大きく崩れ、たとえ身分が下の者であっても、実力次第でのし上がれるという、日本史上に類を見ない「戦国」の時代となりました。

もう一つ、戦国時代の注目すべきことは、日本人が初めてヨーロッパの文化に接したことです。それまで異国といえば、朝鮮半島と中国大陸の国々を意味していましたが、それらとはまったく異なる文化が、日本人の思想と行動に新しい風を吹き込んだのです。

そして小さな島国から、約九百年ぶりに海外に派兵し、世界進出を試みた時代でもあります。

しかし日本人は結局その道を断念し、最終的にはヨーロッパの文化と深く交わることを拒みました。そして江戸時代のいわゆる「鎖国」政策により、日本は激動する世界に背を向けて、太平の世で、独特の文化を築いていくことになるのです。

戦国時代の前半

応仁の乱以後、管領職を独占した細川氏が政治の実権を握りました。この期間は明《めい》応《おう》二年（一四九三）から天文《てんぶん》一八年（一五四九）まで半世紀以上の長きにわたります。この時代区分としては室町幕府の時代となっていますが、実質的には「細川政権」と呼ぶべきものでしょう。ただ細川氏もまた盤石ではなく、一族内で何年も争いを続けます。足利氏の将軍は名ばかりのものとなり、権力争いの道具にすぎなくなっていました（近年では一応機能していたという説も濃厚となっている）。

細川政権には全国を統治する力など到底なく、各地の守護大名や有力武士たちを抑えることもできませんでした。そのため全国のあちらこちらで、力のある者が独自の自治体を作り、武力で土地を奪い合うという弱肉強食の時代に突入していきます。

この頃、武士と同じくらい力を持っていたのは寺院でした。武器を持った僧たちの集団は強大で、彼らもまた宗教的権威に加え、宗教的武力にものをいわせて、広大な土地を支配しました。とりわけ浄土真宗（一向宗。ただし蓮如《れんにょ》は一向衆と呼んだ）は勢力を伸ばし、信徒たちが一向一揆を起こします。彼らは守護大名や戦国大名といった武家集団と戦い、しばしばこれを破りました。中には守護大名を領地から追放し、自治領を作ったところもあったほどです。もっともそれを利用したのは総本山である本願寺でした。

こうした弱肉強食の流れは十六世紀に入ってさらに加速し、やがて戦国大名と呼ばれる存在が台頭します。先駆けといえるのが関東を支配した北条早雲《そううん》でした。この後、全国に有力な大名が次々と現れますが、興味深いのは、戦国大名の多くが伝統的な守護大名ではなく、その配下にあった守護代や国人などの新興の勢力だったことです。中には、家臣が主君から権力を奪ってのし上がった「下剋上」も少なくありませんでした。大和朝廷の成立以来、連綿と続いていた旧来の権威が通用しなくなったともいえます。

ちなみに前述の北条早雲は、無名の素浪人から大名になった下剋上の典型的な存在といわれていましたが、近年の研究では、室町幕府の政所《まんどころ》（将軍家の家政・財政機関）の執事だった伊勢氏の出であったらしいともいわれています。ただ、早雲とそれに続く後継者たちが関東一円を支配する大名になった過程は下剋上そのもので、その意味では、やはり北条早雲こそ戦国大名の嚆矢《こうし》といえると私は考えています。

こうして誕生した戦国大名たちの領土は「分国」と呼ばれました。もはや室町幕府の支配力は地方にはまったく及ばなくなり、将軍は形だけの存在となり、「分国」それぞれが独自のルールで統治する独立国のような存在となっていったのです。

戦国時代の後半

十六世紀半ばから後半にかけて出た主な戦国武将としては、関東の大半を支配した北条氏康《うじやす》（早雲の孫）、甲斐《かい》（現在の山梨県）の武田信玄《たけだしんげん》、越後《えちご》（現在の新潟県）の上杉謙信《うえすぎけんしん》（長尾景虎《ながおかげとら》）、美濃《みの》（現在の岐阜県）の斎藤道三《さいとうどうさん》、出羽《でわ》（現在の山形県）と陸奥《むつ》（現在の宮城県など）の伊達政宗《だてまさむね》、安芸《あき》（現在の広島県）の毛利元就《もうりもとなり》、土佐（現在の高知県）の長宗我部元親《ちょうそかべもとちか》、薩摩（現在の鹿児島県）の島津貴久《しまづたかひさ》などが挙げられます。彼らは皆、歴史ファンには大人気の武将で、それぞれに人間的魅力もあり、興味深いエピソードも豊富で、歴史小説の主人公としてもよく描かれますが、前に述べたように、日本の通史を見る上では重要な人物とはいえず、彼らの個々の武勇伝に目を留める必要はないといっていいでしょう。

彼らは互いに近隣の大名との領地争いに明け暮れていて、天下統一に向けた行動は起こしませんでした。たとえば、武田信玄と上杉謙信の「川中島の戦い」は非常に有名ですが、これとて戦国時代に数多《あまた》ある地方合戦（小競り合いに近いもの）の一つにすぎません。もっとも地方の大名は、京都に攻め上れば、その間に自分の領地が奪われてしまうという大きなリスクがあったため、容易に動けないという事情もありました。つまり天下取りの上洛は、近隣の諸大名を完全に支配下に置いてからでないと無理だったのです。そもそも当時は天下統一を目指した大名などはいませんでした。彼らは自らの領国の安定を第一に考えていました。

永禄三年（一五六〇）に桶狭間《おけはざま》で織田信長に討ち取られた今川義元《いまがわよしもと》は、天下取りを目指して上洛中だったという説がありますが、これは誤りで、「桶狭間の戦い」も単なる領地争いの地方合戦の中で起こった出来事でした。

戦国時代に最初に武力で京都を支配したのは、畿内一円を支配していた三好長慶《みよしながよし》です。天文一八年（一五四九）、長慶は細川晴元《はるもと》を京都から放逐し、実質的な政権を握りました。その意味では、三好長慶は戦国時代の最初の天下人ともいえますが、その力もまた細川政権と同様、全国を支配するには程遠いものでした。そのため、各地の戦乱は一向に収まらず、やがて政治の実権は長慶から三好家の家臣、松永久秀《まつながひさひで》に奪われていきます。しかし久秀も畿内の平定に精一杯で、天下統一を目指すことはありませんでした。

「応仁の乱」以後、旧来の社会制度が崩壊して乱れた世相を、当時の公家たちは古代中国の「春秋戦国時代」になぞらえて「戦国の世」と称しました。当時の武将たちも自らの生きる同時代を「戦国」と呼んでいました。

ところが不思議と江戸時代には「戦国時代」という言葉は使われず、当時の元号から「元亀《げんき》天正《てんしょう》の頃」と表現されていました。戦国時代という名称が一般的になるのは明治以降のことです。

室町幕府の滅亡

領地争いを続ける戦国大名の中で、急速に勢力を伸ばしていたのが織田信長でした。桶狭間で今川義元を破った信長は、諸大名との同盟策を駆使し、また近隣の敵を滅ぼして領地を拡大していきました。近年、信長が天下統一を目指すようになったのはかなり後のことだという説が主流になっているようですが、私は永禄一〇年（一五六七）、尾張と美濃の一帯をほぼ支配下に置いた頃から、信長は天下統一を目指すようになったと考えています。というのも、この頃から信長は自らの朱印（公的文書に押す印章）に「天下布武」という文字を用い始め、城下町「井ノ口」の地名を「岐阜」に改めているからです。「天下布武」とは、「天下に七徳の武を布《し》く」という意味で、岐阜は「周の文王が岐山《きざん》より起こり、天下を定む」という故事にちなんで命名したといわれています（阜は山と似た意味）。もっとも当時「天下」という言葉は、京を中心とする畿内一円を指したともいわれています。いずれにせよ、信長が畿内一円を手中に収めようと考えていたことは間違いありません。

この頃、京都では政権を取り戻そうとしていた十三代将軍・足利義輝《よしてる》が、三好家の家臣である三好三人衆に暗殺されるという大事件が起きます（永禄八年【一五六五】、永禄の変）。一般には松永久秀が暗殺したといわれていますが、事実は違うようです。三好三人衆は義輝の従兄弟を将軍にして、自分たちの傀儡としました。

奈良に逃れていた足利義昭《よしあき》（後の十五代将軍。当時の名前は義秋《よしあき》）は、全国の諸大名に、三好氏を討伐し自らを将軍として擁立《ようりつ》するよう檄を飛ばします。しかし武田信玄や上杉謙信らは近隣諸将と対立していたため動くことができませんでした。そこで義昭は京都に近い越前の朝倉義景《あさくらよしかげ》についで、岐阜の織田信長に上洛を要請します。

永禄一一年（一五六八）、信長は足利義昭を奉じて上洛し、三好三人衆を四国へ追い払いました。同年、義昭を十五代将軍に擁立して、政治的実権を手にしますが、その後、義昭と対立し、元亀四年（一五七三）には義昭を京都から追放します。こうして室町幕府は二百四十年の歴史に幕を閉じたのです。

乱世の怪物、織田信長

京都を支配下に収めた信長でしたが、この時点では全国の大名たちを抑え込むまでの力はありませんでした。

天下統一を狙う信長は、強大な兵力を手にするために、まず経済力を持とうと考えました。その具体策として楽市楽座を敷き、城下町の経済を振興させます。当時、商人の組合のような存在であった「座」を廃止し、経済活性化を図ろうとしたのです。

それまで商人たちは、商売をするのに「みかじめ料」のようなものを寺社やその土地の実力者、座などに支払っていましたが、信長はそれらをなくしました。これは現代風にいえば、「規制緩和」と「減税」です。そうなれば当然経済は発展します。おそらく信長も「税金」のようなものは徴収しました（矢銭《やせん》、判銭《はんせん》と呼ばれるもの）。ただしその額はそれまで寺社に納めていたよりも少ないものでした。とはいえ、方々の寺社や有力者にばらばらに納めていたものをまとめれば大変な額になります。さらに経済発展のために撰銭令《えりぜにれい》（良銭と悪銭を区別して交換レートを定めること）などの貨幣改革を行なって貨幣価値を安定させました。さらに堺などの豊かな都市も直轄地としました。こうして大きな財力を摑んだ信長は、他の戦国大名にはないアドバンテージを手に入れることができました。もっともその代わりに寺社の恨みを買うことになります。

ちなみに信長の旗印は明の銭である「永楽通宝」です。銭を軍の旗印に掲げるほど、経済を重要なものと見做していたのです。もっとも、銭を旗印にしていた大名は他にもいて（真田幸村《さなだゆきむら》で有名な信州の真田家の旗印は「六文銭」）、経済力を重要と考えた武家は少なからずあったということでしょう。

当時、多くの戦国大名の兵力の大半を占める兵隊（徒士《かち》や足軽）は農民でした。普段は田畑を耕作している男たちが、戦となれば兵隊として戦場に駆り出されていたわけですから、大遠征や長期戦を行なうことは困難でした。武田信玄と上杉謙信の数次にわたる川中島の戦いが、いずれも短期間であったのはそのためです。ところが経済力を手に入れた信長は兵隊を金で雇うようになります。つまり戦いの専門家（傭兵）を他の大名に比べてより多く持つことができたのです。

信長はこうした経済政策をとったために、それまで商人たちから「みかじめ料」を取っていた寺社勢力と真っ向から対立することになります。天台宗（総本山は比叡山延暦寺）や浄土真宗（総本山は石山本願寺）は、信長と対立する大名と手を結びました。そしてついに元亀元年（一五七〇）、本願寺十一世である顕如《けんにょ》が、神仏をないがしろにして武力による天下統一を狙う信長を「仏敵」と見做し、全国の本願寺門徒（信者）に「打倒信長」の檄を飛ばして決戦を挑むこととなります。ここに、信長と本願寺の十年にわたる凄まじい戦いが始まります。

当時の寺院の兵力は戦国大名と対等かそれ以上のものでした。僧兵が武器を持っていた上に、戦国大名の兵たちが仏罰を恐れていたことが大きかったのです。一方の信長は仏教の力をまったく恐れませんでした。元亀二年（一五七一）の延暦寺との戦いでは、寺を焼き尽くし、僧だけでなく女性や子供まで数千人を皆殺しにしました。天正《てんしょう》二年（一五七四）の伊勢長島の一向一揆鎮圧の際も、女性や子供を含む二万人を殺しています。

これは日本の歴史上類を見ない大虐殺といっていいでしょう。少なくともこれ以前の歴史上に、壬申の乱、源平合戦、鎌倉幕府倒幕の戦い、応仁の乱など、数々の戦がありましたが、戦闘員でない老人、女性、子供までを大勢虐殺した記録はありません。信長という人物がいかに日本人離れした残虐さを備えた人物であったかがわかります。

彼は「仏罰」というものを信じていませんでした。その点でもきわめて現代的な感覚の持ち主だといえるのですが、一方で、熱田神宮をはじめとする多数の神社に莫大な寄進をしたほか、室町時代後半から百年以上も中断していた伊勢神宮の式年遷宮を多額の寄進をして復興させようとしたことを考えれば、単なる無神論者だとはいえません。むしろ日本の伝統と神道に対して深い敬意を持っていたのではないでしょうか。

ただし信長は、戦国大名との戦いにおいて、勝った後に相手の兵隊や住民を殺害することはありませんでした（相手方の武将の一族には、しばしば報復的な殺戮をしている)。彼が皆殺しにしたのは一向宗のように、自分に敵対する宗教勢力に限られています。これは信長が、宗教のもたらす狂信的な力を憎み、その勃興を恐れた証でしょう。特に一向宗や延暦寺は将軍の足利義昭や武田信玄や朝倉義景と連携し、信長包囲網を敷いて、信長を苦しめただけに、その報復はすさまじいものとなりました。

しかし信長は武田氏や朝倉氏を滅ぼし、中部地方や北陸地方を支配下に置いていきます。そして天正八年(一五八〇)、十年の長きにわたって戦った大坂の石山本願寺もついに降伏させ、天下統一まであと一歩のところまでこぎつけました。

ところが、その二年後の天正一〇年(一五八二)、京都の本能寺に滞在していた信長は家臣の明智《あけち》光秀《みつひで》の謀反によって討たれます(本能寺の変)。この事件に関しては、多くの小説家が様々な説を述べていますが、私は明智光秀が個人的な恨みから起こした単純なもので、用意周到に練られたものではなかったと思っています。なぜなら、その後の彼の行動がきわめてお粗末だからです。

ともあれ、信長は天下統一を目前にして亡くなりました。天下統一を目指すきっかけとなった桶狭間の戦いの直前、信長はお気に入りの幸若舞《こうわかまい》『敦盛《あつもり》』の「人間五十年、下天のうちを比ぶれば、夢幻の如くなり」という一節を舞ったといわれていますが

（事実かどうかは不明）、本能寺で亡くなったその時、まさに五十歳手前の数え年で四十九歳でした。

織田信長の出現は日本史におけるエポックメーキングな出来事です。私は、信長の出現がなければ、戦国時代はあと半世紀は続いていたのではないかと考えています。

信長は単に戦に強かったというだけでなく、古い社会通念に縛られない、きわめて近代的な合理主義に基づく考え方をする人物でした。旧来の制度やしきたりをいくつも廃し、自らの家臣についても、身分や出自に囚われることなく、能力がある者はどんどん出世させました。キリスト教宣教師から献上された黒人奴隷「彌助《やすけ》」を家臣にしていますが、信長はいずれ彼に領地を与えて城主にするつもりであったといわれています。当時、ユーラシア大陸の国家で、黒人を重用した国はおそらくなかったでしょう。信長が肌の色で人を区別することがなかった証拠といえるかもしれません。余談ですが、初めて彌助を見た信長は、彼が肌に黒い色を塗っていると思い、身体を洗わせたという話が残っています。黒人を見たことがなかった日本人らしい反応のエピソードです。なお、彌助は本能寺の変で光秀に捕われて助命されますが、その後の消息は不明です。

信長は新しいものが好きで、西洋風の衣装などを着たりもしています。鉄砲をいち早く大量に取り入れたのも彼です。ある意味で日本史上に現れた突然変異のような存在ですが、戦国時代という未曽有の混乱した時代だからこそ生まれたともいえます。織田信長という男は、戦国時代を収束させるために出現した人物かもしれません。

コラム　信長という人物について書かれたものできわめて興味深いのは、宣教師ルイス・フロイスが記した『日本史』です。フロイスは永禄六年（一五六三）に三十一歳で来日し、以後三十四年間日本で過ごし、六十五歳で長崎で亡くなった人物です。織田信長や豊臣秀吉にも会い、冷静な観察眼で彼らの人物評を書き残していますが、信長についてはこう書かれています。
「極度に戦を好み、軍事的修練にいそしみ、名誉心に富み、正義において厳格だった」「ほとんどまったく家臣の忠言に従わず、一同からきわめて畏敬されていた」「彼は日本のすべての王侯を軽侮し、下僚に対するように肩の上から彼らに話をした」「神および仏のいっさいの礼拝、尊崇、ならびにあらゆる異教徒的占トや迷信的慣習の軽蔑者であった」とある一方、「極卑賤の家来とも親しく話をした」とあります（いずれも『信長とフロイス』より）。

フロイスの眼力は見事というほかありません。

ついでながら、明智光秀評も紹介しておきましょう。

「裏切りや密会を好み、刑罰を科するに残酷。忍耐力に富んでおり、謀略の達人」

これもなるほどと思わせる評です。

羽柴秀吉による天下統一

信長の突然の死によって、歴史のひのき舞台に躍り出た人物がいました。信長の家臣の一人であった羽柴《はしば》秀吉です。もとの名を木下藤吉郎《きのしたとうきちろう》といった秀吉は、一介の足軽から成り上がった男でした（異説あり）。若い時から非常に才覚に優れ、それを高く評価した信長によって取り立てられ、織田家の重鎮にまで出世していました。もし秀吉が信長以外の武将に仕えていたなら、おそらく侍大将になることすら難しかったでしょう。「人たらし」といわれるほど人心を掌握する術に優れ、多くの武将の心を摑んだ逸話が多く残されています。信長に取り立てられたのもそれゆえのことでしょう。

信長が本能寺で光秀に討たれた時、秀吉は備中国《びっちゅうのくに》（現在の岡山県）で毛利軍と戦っている真っ最中でした。主君の信長が光秀に討たれたという情報を摑むや、秀吉はただちに軍を率いて畿内に戻り、山崎（現在の京都と大阪の府境）で明智光秀の軍勢を打ち破ります。「本能寺の変」からわずか十一日後のことでした（「三日天下」という言葉は、この時の明智光秀を指して生まれた）。この山崎の戦いで天王山を制した秀吉が最終的に光秀に勝利したことから、現在でも政治やスポーツなどの重大な試合や局面の比喩に「天王山」という言葉が使われます。

その後、秀吉は信長の後継者争いにも勝ち、天下統一に乗り出しました。信長同様、戦上手の彼は、多くの戦いを制して九州と関東・東北を除く全国を支配し、天正一四年（一五八六）、正親町《おおぎまち》天皇から豊臣の姓を賜り、公家として最高職の太政大臣に就きます。秀吉はその前年に五摂家の近衛前久《このえさきひさ》の猶子《ゆうし》（形式的な養子）となり、公家となって藤原姓を名乗っていました。

天正一五年（一五八七）に秀吉は九州を制圧、天正一八年（一五九〇）に関東と東北を制圧し、ここに約百年続いた戦国の世は終わりを告げました。信長が本能寺で討たれた八年後のことでした。

ただし、秀吉の天下統一は日本全土に及ぶものではありませんでした。とりあえず、すべての大名を服従させたにすぎず、その政治機構は中央集権的なものではなく、それぞれの地方では戦国時代同様、各大名が治める封建社会体制が継続していました。しかし秀吉の絶対的な武力の前に反旗を翻す大名はおらず、東海に一大勢力を持っていた徳川家康も秀吉に臣従しました。

ちなみに前出のフロイスの秀吉評はかなり辛辣です。

「彼は身長が低く、また醜悪な容貌の持ち主で、片手には六本の指があった。眼がとび出ており、シナ人のように髭が少なかった」「彼は自らの権力、領地、財産が順調に増して行くにつれ、それとは比べものにならぬほど多くの悪癖と意地悪さを加えて行った。家臣のみならず外部の誰に対しても極度に傲慢で、嫌われ者でもあり、彼に対して憎悪の念を抱かぬ者とてはいないほどであった」「関白は極度に淫蕩で、悪徳に汚れ、獣欲に耽溺しており、二百名以上の女を宮殿の奥深くに囲っていたが、さらに都と堺の市民と役人たちの未婚の娘および未亡人をすべて連行してくるように命じた」

いやはや、ひどい書かれようです。秀吉の並外れた好色ぶりと女漁りはよく知られていますが、それにしても、フロイスのこの記述には多少の誇張があるともいわれています（側室の数など）。秀吉は後にキリスト教を弾圧しただけに、フロイスの評には個人的な恨みが込められている部分もあると考慮すべきですが、晩年の秀吉は非常に傲慢になり、横暴な一面を見せるようにもなりました（千利休に切腹を命じたり、自分を貶した落首《らくしゅ》（公共の場で立て札に書かれた狂歌）を書いた人物を探し出し、警備の番衆十七人の鼻を削ぎ耳を切って磔にし、関係した数十名を磔刑に処したこともあった）。余談ですが、戦国大名では当たり前だった「小姓を相手にしての男色行為（後に「衆道《しゅどう》」と呼ばれる）」には、秀吉はほとんど興味を示さなかったといわれています。

ところで、秀吉が多指症（右手）であったという記述ですが、これに関しては、他にも証言が残っています。私が興味深く思うのは、当時の人々からは奇異に見られていたであろうに、彼が指を切り落としていなかったことです。私はそこに、名もなき足軽から天下人にまでのし上がった秀吉という人物の、異常に強い自尊心と意地のようなものを見る思いがします。なお、差別につながるのを避けるためか、多くの歴史書に秀吉の多指症についての記述はありません。

鉄砲伝来

話が少し遡りますが、天文一二年（一五四三）、種子島《たねがしま》に中国船が漂着しました。その船に三人のポルトガル人が乗っており、これが記録に現れるヨーロッパ人と日本人の最初の邂逅となります。室町時代の終わり頃で、管領の細川氏が実権を握っていた時代でした。

この時、ポルトガル人が持っていたあらゆる品物が種子島の人々の興味を惹きますが、領主の種子島時堯《ときたか》が最も関心を寄せたのは鉄砲（火縄銃）でした。

鉄砲は十五世紀に現在のドイツで発明されたもので、日本人にとっては未知の武器でした。時堯はポルトガル人が射撃の実演をしてみせた鉄砲を二丁購入します。そして刀鍛冶の八板金兵衛《やいたきんべえ》に命じて数十丁を複製させました。金兵衛が作った国産第一号の火縄銃は、現在、鹿児島県西之表市の文化財として種子島開発総合センター（鉄砲館）に展示されています。

その後、堺から商人の橘屋又三郎《たちばなやまたさぶろう》が種子島を訪れ、一年かけて鉄砲の製法を学んで帰りました。又三郎は鉄砲製造と販売を行ない、堺は全国有数の鉄砲産地となります。堺の鉄砲はその後、多くの戦国大名によって購入されますが、この地を支配下に置いていた織田信長が最も多くの鉄砲を所有し、他の大名との戦いを有利に進めることとなります。長篠の戦いにおいて、織田・徳川の連合軍が当時最強と噂されていた武田家の騎馬軍団に圧勝したのは鉄砲によるといわれているのはこうした経緯によります。

それにしても驚くべきは、当時の日本人がヨーロッパの鉄砲と火薬の技術をたちどころに吸収し、量産化に成功したことです。一説によると、戦国時代末期の日本の鉄砲保有数は世界一だったともいわれています。といっても統計的資料はないので、事実かどうかは不明です。ただ当時ヨーロッパからやってきた宣教師の多くが日本の軍事力に驚嘆していることから、相当数の鉄砲が存在したことはたしかです。

イエズス会宣教師のアレッサンドロ・ヴァリニャーノ（信長に彌助を献上した人物）は、天正七年（一五七九）にイエズス会総長に宛てて、「日本を外国人の兵によって征服することは困難である」という旨の手紙を送っています。理由は「日本はこの世でもっとも堅固で険しい地で、日本人はもっとも好戦的だから」というものです。二番目の理由は「日本人はきわめて大勢であり、海に囲まれた島々にもいるため」としています。そして結論としてポルトガルとスペインの両国王が日本を征服することは、戦費が相当かさむことからも経済的に割りが合わない、つまり無理だと告げています。

この時代にヨーロッパから伝わったもう一つの重要なものがキリスト教でした。天文一八年（一五四九）、カソリック教会の男子修道会イエズス会の宣教師フランシスコ・ザビエル（スペイン生まれ）によって初めてキリスト教が伝えられます。ザビエルは同時にヨーロッパから様々な品をも持ち込みましたが、眼鏡もこの時初めて日本に持ち込まれたものの一つです。

ザビエルは日本に滞在した二年間、西日本各地で精力的に布教活動を行ないます。その後、来日した宣教師たちも、妨害や迫害に遭いながらも布教活動を続け、織田信長の庇護を受けたことで、信者（キリシタン）を増やすことに成功します。一般庶民だけでなく、大名や侍の中からもキリシタンとなる者が出ました。

信長がキリスト教の布教を認めたのは、生来の新しもの好きという性格もありましたが、一向宗の力を削ぐためということもあったのかもしれません。

キリスト教の伝来

種子島の人々に鉄砲を伝えたポルトガル人は、その後、本国に戻って日本のことを伝えます。これがヨーロッパの国々にもたらされた「極東の国・日本」についての初めての情報でした。それまでヨーロッパから見て極東に位置する日本はまるで知られていなかったのです。

十三世紀にモンゴル人がユーラシア大陸をほぼ征服したことによって、シルクロードが整備され、ヨーロッパと中国の交易が一気に活発になりました。十三世紀、フビライの時代に中国を旅したマルコ・ポーロが著した旅行記（一般には『東方見聞録』として知られる。口述筆記したのはルスティケッロ・ダ・ピサ）は、当時のヨーロッパ人のアジアに対する関心と興味をかき立てました。

その書の中に「中国の東に『黄金の国ジパング』がある」と紹介されて以来（実際

にはマルコ・ポーロは日本に来ていない）、「ジパング」はヨーロッパ人を惹きつけてきましたが、その後、約二百五十年の間、正確な位置すら不明だったのです。その証拠に、ヨーロッパで発行された当時の地図には、日本が太平洋上のあちこちに適当に描かれています（日本の「発見」は、コロンブスがアメリカ大陸を発見した明応元年【一四九二】よりも半世紀以上も後のことである）。

日本が「発見」されて以後、世界をキリスト教化するという使命感を持っていたカソリックのイエズス会が積極的に宣教師を送り込んできました。

戦国時代の後半に日本にやってきた宣教師たちは、一様に日本人と日本の文化の優秀さに感嘆しています。もちろん中には悪口も書かれていますし、文化の違いや民族的偏見によると思われる辛辣な表現もあります。日本人のことを書いた手紙や日記の中で、最も有名なのが、前述のフランシスコ・ザビエルが書き残したものです。そこにはヨーロッパのインテリ（ザビエルは文才豊かで教養もある人物だった）の目を通して見た当時の日本人の姿があります。彼が本国のイエズス会に書き送った多くの手紙の中から、日本人に言及したくだりをいくつか紹介しましょう。

「私がこれまでに会った国民の中で、キリスト教徒にしろ異教徒にしろ、日本人ほど

盗みを嫌う者に会った覚えはありません」（ピーター・ミルワード『ザビエルの見た日本』より、以下同）

「（聖徳に秀でた神父の日本への派遣と関連して）日本の国民が今この地域にいるほかのどの国民より明らかに優秀だからです」

「日本人はとても気立てがよくて、驚くほど理性に従います」

優秀で気立てがよく、理性的で、盗みを憎む――これが十六世紀の日本人の姿です。あくまでヨーロッパの人々から見て、ということであり、もちろん絶対的な基準などありません。ただ、この時から約三百年後の幕末の頃に日本に来たヨーロッパ人たちも同じような印象を記しているのです。

他に多くの宣教師が共通して挙げているのは、日本には庶民にも読み書きのできる者が多いということと、男性が常に武器（長刀および短刀）を携行していたということです。実際、戦国時代の日本人の識字率と武器携行率は、当時のヨーロッパとは比較にならない高さでした。後者については、特に武士とは書かれていませんから、当時の男性の多くが刀を持っていたと考えられます。

コラム キリスト教の宣教師たちを精神的に苦しめたのは禅僧たちでした。宗教家であると同時に高い教養を身につけた哲学者でもあった当時の禅僧が、全国各地でキリスト教の宣教師たちに鋭い質問を浴びせたのです。

たとえば、「悪魔は神の恩寵を失った者というが、その悪魔が人よりも大きな自由を持ち、人を欺き、正しい者を滅亡の危機に導くことができるのはなぜか？」「神が愛の神であるならば、なぜ人が罪を犯さないように作らなかったのか？」「善をなす人が現世において報いられず、悪をなす人が許されるのはなぜか？」「キリスト教の神が全知全能であるなら、その愛をなぜこれほど長く日本人に隠していたのか？」という具合にです。

これらの疑問はいずれもキリスト教の本質と弱点を衝くもので、宣教師たちは明確な答えを示すことができませんでした。フロイスは「禅宗はキリシタンの最も厳しい敵である」と書いていますし、第二代布教長コスメ・デ・トルレスも「多くの宗派の中でも、禅宗の僧侶たちは最も理知的で、盛んに論争を挑んだ。それを論破することは容易ではなかった」と書いています。

宣教師たちが世界の他の地域で出会うことのなかった鋭い知性に遭遇し、戸惑った様子がありありとうかがえます。

検地と刀狩

秀吉は天下統一を果たしていくと同時に支配地で検地を行なっていきました。実は信長も検地を行なっていましたが、秀吉はこれを徹底させ、そのため「太閤検地」と呼ばれています。

検地とは田畑の面積と石高（米などの収穫量）の調査のことです。それまでは開墾された田畑で申請されていないものも多く、貴族や武士や農民がどれだけの農地を所有しているのか実態が摑めていませんでした。秀吉が検地を行なったのは徴税のためですが、譬えれば、無申告の収入を洗い出すようなものです。しかし検地により全国の石高が判明し、日本の国力が正確に把握された一面もあります（当時の日本は食料自給率一〇〇パーセントなので、人口は石高によってある程度判断できる）。

また課税対象者を、土地の所有者ではなく、耕作者にした点が出色でした。これによって長らく存在していた土地の中間搾取者が一掃され、同時に奈良時代から続いていた荘園制度がなくなり、近代的ともいえる土地制度となったからです。

秀吉が行なったもう一つの大胆な政策は、農民から武器を取り上げる「刀狩」でした。刀狩そのものは、秀吉以前にも鎌倉幕府が寺に対して行ない、戦国時代にも柴田《しばた》勝家《かついえ》などが行なっていましたが、秀吉は天正一六年（一五八八）に全国の農民たちを対象に大々的に実施したのです。

それまで農民の多くは（町人も）武装しているのが普通でした。当時の農民は、平時は農作業をし、戦となれば兵として出陣する存在であり、また平素、自分たちの土地や財産を守るためにも武器は必需品でした。それを取り上げるということは、当時としては非常に大胆な政策でした。少々飛躍した譬えになりますが、アメリカ合衆国が市民から銃を没収するくらいの政策といえるでしょう。

歴史家の中には、織田信長のもとで一向一揆を何度も鎮圧した秀吉が、武装農民を危険な存在と考え、「兵農分離」を目指して「刀狩」を実施したとの主張をする人も少なくありませんが、私はそれには少し疑問を感じています。

天下統一を果たした秀吉は、戦乱の時代を終わらせて、社会に治安維持をもたらしたかったのではないでしょうか。なぜなら「刀狩令」を出す以前に、「惣無事令《そうぶじれい》」（すべての地域において大名間の私闘を禁ずる法律）や「喧嘩停止令」（私闘の禁止）をも出しているからです。当時は戦国時代の名残もあり、農民（町人も含めて）が武器を手にして互いに争うことがよくありました。つまり「刀狩」とは、戦国の世を終わらせようという目的の策だったのかもしれません。従来いわれていた一揆の防止が第一目的であったという説には、私は疑問を持っています。その証拠に、没収したのは刀だけで、その他の武器は対象外であり、地域によっては刀狩の後にも刀を持つことを許されたところもあったのですから。

ただ「刀狩」によってそれまで曖昧だった武士と農民の区別が明確になり、後に身分の固定化が進んでいきます。その意味で、秀吉の「刀狩」は歴史的に非常に大きな意味を持つ政策だったといえます。

キリスト教宣教師の追放

秀吉は当初、キリスト教の布教を認めていましたが、やがて勢力を拡大したキリスト教徒が、神社や寺を破壊する事件が多発します。イエズス会が日本人を奴隷としてヨーロッパに売買していたとわかると秀吉は激怒し、天正一五年（一五八七）、「バテレン追放令」を発布、宣教師を国外追放としました。ただし、庶民の信仰までは禁じませんでした。

ところが、文禄《ぶんろく》五年（一五九六）に起こった「サン＝フェリペ号事件」がきっかけとなって、秀吉はキリスト教に対する態度をいっそう硬化させ、庶民の信仰も制限します。

この時、難破したスペイン船、サン＝フェリペ号の水先案内人が「スペイン国王はキリスト教の宣教師を世界中に派遣し、その土地の民をキリスト教徒にして国を裏切らせてから、その国を武力征服する」という意味のことを告げたからといわれていますが、それを証明する史料はありません。私は、当時のスペインやポルトガルが宣教師に先兵のような役割をさせたのではないかと考えています。前述したヴァリニャーノの手紙からもそうしたニュアンスが読み取れます。

アステカ帝国（現在のメキシコに位置する）とインカ帝国（現在のペルーに位置する）がスペイン人に滅ぼされたのは、まさに同時代です（アステカ帝国滅亡は大永《だいえい》元年【一五二一】、インカ帝国滅亡は天文二年【一五三三】）。二つの国は単に征服されただけでなく、町や文化を徹底的に破壊され、先住民は虐殺され、生き残った者は過酷な奴隷労働を強いられ、一時は民族滅亡の危機に陥りました。この虐殺と奴隷労働の凄まじさを物語るデータを一つ挙げると、インカの人々は、百年の間に千六百万の人口をわずか百万にまで減らされています（ヨーロッパから持ち込まれた病気が原因という説もあり）。また後年のことですが、アメリカは十七世紀から十九世紀にかけて、奴隷労働をさせるためにアフリカから黒人を約千二百万人（諸説あり）も移送しました。近年まで白人は、有色人種を同じ人間とは考えていなかったのです。

日本がそういう運命を辿らなかったのは、ひとえに武力を有していたからでした。

フィリピン臨時総督のドン・ロドリゴやフランシスコ会のルイス・ソテロらが、スペイン国王に送った上書には次のような記述があります。

「陛下を日本の君主とすることは望ましいことですが、日本は住民が多く、城郭も堅固で、軍隊の力による侵入は困難です。よって布教をもって、日本人が陛下に悦んで臣事するように仕向けるしかありません」

この手紙を見る限り、スペインが布教を侵略の道具に使っていた面は否定できません。

秀吉が、サン＝フェリペ号事件の直後から、キリスト教に対して激しい弾圧を行なったのは、事件の前後に何らかの情報を得たからだと思われます。この後、日本におけるキリスト教の布教の勢いは急速にしぼんでいきます。

朝鮮出兵

秀吉は天下統一後、かつて日本の為政者の誰も考えなかったことを計画しました。大明帝国の征服です。もっとも明を攻めるという発想はもともと信長のものだったともいわれています（フロイスの記述に残っている）。

秀吉はまず明の冊封国である李氏朝鮮（現在の韓国・北朝鮮）に服属を強要し、明への道案内を要求しましたが、拒否されたので、天正二〇年（一五九二）、朝鮮を征服するために十五万人を超える大軍を朝鮮半島に派遣しました。これを「文禄の役」といいます。日本にとっては「白村江の戦い」以来、約九百年ぶりに行なわれた海外派兵でした。また「蒙古襲来」以後約三百年ぶりの対外戦争です。

日本軍を迎え撃ったのは朝鮮軍約十九万五千人（うち二万二千人は義兵軍）と、明軍約五万三千人です。両軍合わせて四十万人を超える戦争は、十六世紀当時の世界最大規模のものでした。

戦闘は日本が朝鮮軍を圧倒し、わずか二十一日で首都の漢城《かんじょう》を陥落させました。一時は朝鮮半島のほぼ全土を制圧しますが、明が参戦したことや、慣れない異国での長期戦ということもあって、戦線は膠着状態に陥りました。戦いが四年に及ぶと、日本軍の中にも厭戦気分が蔓延し、文禄五年（一五九六）には日本と明との間で講和交渉が行なわれ、休戦となります。

実はこの時、双方の講和担当者は、本国に向けて、相手が降伏したという偽りの報告をしました（この時の講和は日本と明の間で行なわれ、抗戦を主張する朝鮮は完全に蚊帳の外に置かれていた）。

文禄五年（一五九六）、明は秀吉に対し、日本国王の称号と金印を授けるために使者を派遣します（日本が降伏して臣下になったと思っていたため）が、秀吉は激怒して使者を追い返し、朝鮮への再度の出兵を決定したのです。

翌慶長二年（一五九七）、秀吉は十四万人を超える大軍を朝鮮半島に派遣しました。これを「慶長の役」といいます。緒戦の漆川梁《しつせんりよう》海戦で朝鮮水軍をほぼ全滅させた日本軍は、その後も数に優る明・朝鮮の連合軍を各所で打ち破ります。もしそのまま攻め込んでいたら、明を窮地に追い込んだ可能性は大いにありました。

しかし翌慶長三年(一五九八)、秀吉が病死したことによって、本国で豊臣政権を支えていた大名たちの間で対立が起こり、もはや対外戦争を続行する状況ではなくなりました。そこで豊臣家の五大老は秀吉の死を秘匿して日本軍に撤退を命じ、その年のうちに全軍が撤退することとなります。

この時、撤退戦の最中に起こった露梁《ろりよう》海戦において、明・朝鮮水軍が日本軍を全滅させたと韓国では伝えられています。この戦いの司令官、李舜臣《りしゆんしん》は韓国では歴史的英雄と祭り上げられている人物ですが、露梁海戦で明・朝鮮水軍が勝利したという事実はありません。

明・朝鮮水軍による待ち伏せの奇襲攻撃から始まった露梁海戦は、双方ともに損害を出した戦いでしたが、明・朝鮮水軍の主な将軍が多数戦死(李舜臣も戦死)しているのに対し、日本軍の武将はほとんど戦死しておらず、日本軍の勝利に終わった戦いと考えられます。

韓国の歴史書や日本の一部の歴史教科書には、李舜臣はこの海戦以外にもたびたび日本軍を打ち破ったと書かれていますが、彼が戦果を挙げたといえるのは、開戦初期に護衛のない輸送船団を襲った時だけで、日本軍が護衛船をつけるようになってからは、ほとんど手出しができませんでした。また露梁海戦で朝鮮軍が使ったとされる亀甲船に関しては、完全なフィクションです。復元図なども後世の作り物ですが、なぜかこの亀甲船のことまでもが、日本の一部の歴史教科書にわざわざ取り上げられています。理解に苦しむ現状といわざるを得ません。

また近年の教科書では、「慶長の役」で日本軍は苦戦したと書かれていることが多いのですが、これは必ずしも正しくありません。日本軍が「慶長の役」で明軍を圧倒していたことは中国も認めている史実です。『明史』（清の時代に編まれた）には、「自倭亂朝鮮七載 喪師數十萬 糜餉數百萬 中朝與屬國迄無勝算 至關白死而禍始息（七年にわたる朝鮮での倭乱により、数十万の兵と数百万の戦費を失い、明と属国【朝鮮】に勝算はなかったが、関白【秀吉】の死により戦禍は終息に向かった）」と書かれています。

しかし日本もまたこの戦いにおいて、少なくない損害を出し、豊臣政権が倒れる原因の一つとなったことはたしかです。

コラム 秀吉が明を征服しようとした動機は不明です。歴史学者によって、信長遺言説、功名心説、領土拡大説など、様々な説が挙げられていますが、定説はなく、日本史の大きな謎の一つです。老いによる「呆け説」もありますが、計画そのものは周到に練られており、この説には無理があります。

現代の歴史学者の大半は、日本よりもはるかに人口が多く国土も広い明を、秀吉軍が征服するのは不可能であるとし、その計画は秀吉の誇大妄想と見做していますが、私はそうは思いません。「文禄の役」と「慶長の役」において、日本軍は戦闘では終始、明軍を圧倒していましたし、もしかつての蒙古軍のように捕虜とした朝鮮人を兵隊として用いるなどしていれば、明を征服することは決して不可能ではなかったと考えられます。

というのも、日本との戦いで疲弊した明は、慶長の役の四十七年後、農民反乱指導者の李自成《じせい》によってあっさり滅ぼされているからです。そしてその李自成も翌年、北方の少数民族である女真族（かつて「刀伊の入寇」で九州沿岸を荒らした民族）に滅ぼされています。女真族は漢民族に比べると圧倒的に少数ながら、その後、清《しん》帝国として中国を二百六十八年も支配しました。

清帝国の祖であるヌルハチは、文禄の役の時、日本軍に苦戦する明と朝鮮に、「援軍を送ろう」と申し出ましたが、朝鮮は「蛮族の助けなどいらぬ」とこれを断わっています。日本軍の将の一人、加藤清正《かとうきよまさ》は女真族の力を測るために満洲にまで攻め込み、女真族の城を攻略しています。百年も続いた戦乱の世を生きてきた当時の日本武士たちは、これほど強かったのです。もしかしたら世界最強の軍隊であった可能性すらあります。こうした状況から、日本軍が明を征服するのはあながち誇大妄想の類ではないと思われます。歴史に「ｉｆ」はありませんが、もし慶長三年（一五九八）に秀吉が死なず、日本軍が撤退していなければ、東アジアの歴史は大いに違ったものになっていたかもしれません。

ところで、近年の歴史教科書では、「朝鮮出兵」が「朝鮮侵略」と記述されているものが少なくありませんが、他国に攻め込むことを侵略と書くなら、世界史におけるアレクサンドロス大王やチンギス・ハーンやナポレオンの遠征もすべて侵略と書かなければ辻褄が合いません。

関ヶ原の戦い

秀吉の死後、遺言により、五奉行と五大老が合議制で政治を運営することになっていました。しかし五大老の筆頭であり、最も力のあった徳川家康は、多くの大名と姻戚関係による同盟を結んでさらなる勢力の拡大を図ります。そのため五奉行の一人である石田《いしだ》三成《みつなり》と対立することとなりました。

慶長五年（一六〇〇）、三成は家康を討つために挙兵し、家康もまた挙兵します。この戦いは他の大名たちも巻き込み、三成についた西軍（総大将は毛利輝元）と家康についた東軍との決戦となりました。これが天下分け目の「関ヶ原の戦い」です。秀吉の死からわずか二年後のことでした。

両軍合わせて、十五万〜十八万の兵力が投入された大戦争となりますが、戦いはわずか半日で、東軍の一方的な勝利に終わりました。というのも、西軍の主力部隊を率いる武将が動かず、また東軍へ寝返った者も出たからです。

この戦いに勝利した家康は、三成をはじめとする西軍の大名たちを処刑し、あるいは領地を没収して、多くの大名を傘下に収めました。二百二十二万石の直轄領を持っていた豊臣家も大幅に領地を減らされ、わずか六十五万石の一大名となりました。
慶長八年（一六〇三）、家康は征夷大将軍に任ぜられ、江戸幕府を開いて初代将軍となります。唯一の心配は豊臣家から恩顧を受けた大名たちが秀吉の遺児、秀頼《ひでより》を担ぎ出すことでした。家康は後顧の憂いをなくすため、幕府を開いた十一年後の慶長一九年（一六一四）の「大坂冬の陣」、さらに翌年の「大坂夏の陣」の二つの戦いで、豊臣家を完全に滅亡させました。

コラム　大坂夏の陣で死んだ豊臣家の当主である秀頼は、秀吉が満五十六歳の時にできた子供です。正室（本妻）のねねや、生涯にわたって数多くいた側室（本妻以外の妻）との間に、長らく子供が生まれなかったことから、おそらく秀吉は不妊症に近かったと思われます。そんな男が、生殖能力が減退する五十代になってから、側室の茶々《ちゃちゃ》（織田信長の姪、後に淀《よど》と呼ばれた）だけを二回も妊娠させたというのはきわめて不自然なことです（茶々が産んだ二人の男児のうち、長男は夭逝《ようせい》、秀頼は次男）。秀吉は若い頃に側室の一人に子供を産ませたという話がありますが、実子かどうかは不明で、その子は幼くして亡くなっています。

茶々が産んだ二人の子供の父親は、本当は秀吉ではないのではないかと当時の人々も考えていたようです。秀頼の本当の父親は豊臣家の家臣、大野《おおの》治長《はるなが》という説もあれば（当時から茶々との密通の噂があった）、石田三成や無名の陰陽師という説もありますが、実際のところはわかりません。

秀吉は晩年にできた唯一の息子である秀頼を溺愛し、幼い秀頼を自らの跡継ぎとするために、後継者と決めていた甥で養子の秀次《ひでつぐ》に謀反の罪をかぶせて切腹を命じました。そして自らが亡くなる一ヵ月前には、五奉行と五大老に、満五歳の秀頼への忠誠を誓わせています。さらに亡くなる十三日前に残した遺書にも、「秀頼を頼む」と繰り返し懇願するように書いています。

ところで、茶々の母の市《いち》（信長の妹）と義父の柴田勝家を自害に追い込んだのは秀吉です。つまり茶々にとって秀吉は両親の仇に他なりません。もし茶々が秀吉を裏切って敢えて不義の子を産み、その子に豊臣家を継がせたなら、ある意味、秀吉への復讐を果たしたという見方ができなくもありません。秀頼の父親についての真相は永遠に謎ですが、おそらく戦国の世にも現代と同様に公式史料には残らないドラマがあったことでしょう。残された同時代の証言によれば、秀頼は秀吉に似ず、背の高い偉丈夫であったそうです（秀吉は背が低く、信長にサルとかハゲネズミと呼ばれていた）。

秀吉の死後、女同士の間にも熾烈な戦いがあったといわれています。ねね（その頃は北政所と呼ばれていた）は豊臣家の多くの家臣から慕われ、豊臣政権において大きな政治力を持っていましたが、茶々との関係は良くなかったともいわれています。関ヶ原の戦いにおいて、豊臣恩顧の武将の多くが西軍につかなかったのは、ねねが茶々を嫌っていたからという説もあります。ちなみにねねは豊臣家の滅亡後、徳川家に厚遇されました。

余談ですが、徳川二代将軍の秀忠《ひでただ》の正室であるお江《ごう》は茶々の妹です（信長の姪）。お江は後に三代将軍となる家光《いえみつ》を産みますが、これによって織田の血が徳川へと流れ込み、支配者の血脈に残ることとなります。

第六章

江戸時代

江戸時代はある意味で日本の近代だといえます。

唯物史観の歴史家の中には、江戸時代を「前近代的な文化の遅れた時代」であるかのように捉える者がいますが、それは誤りです。明治維新後、あっという間に西洋に追いつくことができたのは、江戸時代の日本人にそうした蓄積があったからです。

江戸時代は、百年続いた戦乱の時代が終わり、社会制度が急速に整い、国家秩序が安定した時代でした。世界に先駆けて貨幣経済が発達し、豊かになった庶民による文化が花開きます。徳川幕府の統治が安定していた約二百六十年間は、大きな戦争は一度もなく、日本の歴史上、最も平和で治安の良かった時代であったともいえます。

同時代のヨーロッパ諸国と比べても、国民の民度も知的レベルもともに高く、実質的な首都である江戸の町もパリやロンドンなどよりもはるかに清潔でした。十七世紀にすでに水道や下水道が完備していたのは驚異的です。ただ、文化レベルは高かったものの、鎖国政策によってヨーロッパからの科学技術の流入がなかったため、テクノロジーの分野で大きく後れを取ったのは事実です。また国内の安定を重んじて変化を恐れたため、後半になると、社会の様々な制度に、硬直した考え方による弊害が生じました。そのために幕末に大きな混乱が生まれることになります。

江戸幕府

慶長八年（一六〇三）、江戸幕府を開いた徳川家康は二年後に息子の秀忠に将軍職を譲りましたが、政治の実権はしっかりと握っていました。

慶長二〇年（一六一五）に豊臣家を滅ぼすと、家康は江戸幕府の支配を盤石にするための法律である「武家諸法度《ぶけしょはっと》」を制定し、二百人前後いた全国の大名たちを管理下に置きます。

大名とは一万石以上の領地を持つ者で、江戸時代初期には全国で二百人ほどでしたが、中期以降は二百六十～二百七十人ほどとなりました（改易《かいえき》で家を取り潰された者もいれば、新たに大名になる者もいた）。当時は一人の人間が一年間で食べる米の量はおよそ一石とされており、つまり一万石の藩は一万人の人間を養える国力があると見做されていたのです。

もちろん徳川家が全国を直接治めたわけではありません。幕府の直轄領（天領）以外の全国の土地は、それぞれの藩主が支配し、法律も藩ごとに異なっていました。藩によっては領内でしか通用しない「藩札」という地域紙幣を使用しているところもありました。つまり戦国時代に生まれた「分国法」に近いものが江戸時代にも受け継がれていたというわけです。この「幕藩体制《ばくはんたいせい》」と呼ばれる仕組みは、日本独特の封建制といえるでしょう。

各藩は自治を認められてはいましたが、江戸幕府の命令には逆らうことができず、改易（取り潰し）・減封《げんぽう》（領地を減らされること）・転封《てんぽう》（領地を替えられること）の命令が下った時には、従うほかはありませんでした。ちなみに江戸時代に改易を命じられた大名家は、二百四十八家にも及びます。こうして江戸幕府は三代将軍・家光の時代までに、ほぼ盤石の体制を築くことに成功したのです。

ところで、現代では大名たちが治めた地を「藩」と呼んでいますが、この呼称は江戸時代にはほとんど使われておらず、公式名称でもありませんでした。したがって当時は藩主や藩士という呼び方もありません。武士たちが自己紹介する時は、主君の名の下に「〇〇家臣」や「〇〇家中」と名乗り、領地のことは「国」と呼びました。当時、「国」という言葉は一般には日本全体を表わす意味ではなく、それぞれの地方を意味しました。現代でも「国」という言葉に、故郷や地方という意味があるのはこの名残です。

「藩」という言葉が正式に制度名として使われたのは明治元年（一八六八）でした。そのわずか三年後の明治四年（一八七一）の廃藩置県によって、「藩」は「県」に置き換えられていますが、本書では便宜上、「藩」という言葉を用いることにします。

家康は全国の諸藩を三つに分類しました。徳川家の血筋を引く「親藩《しんぱん》」、関ヶ原の戦い以前から徳川家に忠誠を誓っていた「譜代《ふだい》」、関ヶ原の戦い以後に服従した（あるいは元豊臣の家臣）「外様《とざま》」の三つです。親藩や譜代の多くは、石高は少ないものの要地を与えられていたのに対し、外様の多くは石高は多くても僻地に追いやられていました。毛利藩はその典型で、関ヶ原の戦いの後、領地を大幅に減らされた上に、中国地方の端に閉じ込められた恰好となっていたのです。

外様は軍役などの負担も重く財政的にも苦しめられました。おそらく外様の藩士の徳川家への恨みは相当なものであったに違いありません。約二百六十年後、江戸幕府を倒す主力となったのが、こうした外様の藩士であったことは決して偶然ではないでしょう。

徳川幕府は、朝廷には「禁中並《きんちゅうならびに》公家《くげ》諸法度《しょはっと》」を定めて管理しました。長らく特権階級だった公家までをも、「法度」という法律をもって管理下に置いた支配者は、家康が初めてでした。

なお寺院には「寺院法度」（これは宗派ごとに分けたものだったが、その後、一律にした「諸宗寺院法度」を出す）、神社には「諸社《しょしゃ》禰宜《ねぎ》神主《かんぬし》法度」などを定めて管理したのです。

家康がこの世を去ったのは豊臣家を滅ぼした翌年です。江戸時代の終わり頃、「織田がつき、羽柴がこねし天下餅、座りしままに食うは徳川」という落首が書かれた絵が出版されましたが、実にうまい譬えだと思います。百年近く続いた乱世を収めたのは信長で、それを引き継いで天下統一を果たしたのは秀吉、家康はそれを巧みな政治手腕で奪ったといえるからです。秀吉の不運（と失敗）は後継者に恵まれなかったことでしょう。

コラム 幕府を開くことができるのは征夷大将軍だけです。鎌倉時代は藤原家や皇族からも将軍が輩出していましたが（実権はない傀儡の将軍）、江戸時代に入って、「将軍は源氏《げんじ》の血統を継ぐ者でなければならない」という不文律が作られま

した。

そこで家康は系譜を書き換え、自分の祖父は源氏の流れを汲んでいるとして、姓を源《みなもと》と自称し、征夷大将軍の地位を得ました。つまり公式には徳川家康の正式名は源家康ということになります。したがって後の徳川将軍もすべて、国の公式文書や朝廷に出す手紙などには「源○○」と署名しています。徳川から松平《まつだいら》の姓を与えられた一族も同じで、たとえば幕末に京都守護職を務めた会津藩主、松平容保《かたもり》も正式名は源容保です（源容保と署名した掛け軸や手紙が残っている）。もっとも明治になって新しい戸籍制度が生まれた時、徳川家も松平家もそれぞれの姓で戸籍登録しています（他にも源を氏としていた家は、細川、島津などがある）。

実は豊臣秀吉も征夷大将軍の座に就こうとして、源氏の流れを汲む足利義昭（足利家最後の将軍）の養子になろうと画策したという話がありますが、これは俗説のようです。

三代将軍・家光

豊臣家が滅んだ八年後の元和九年（一六二三）、三代将軍となった家光は、祖父の家康に倣うように大名たちの改易、減封、転封を行ない、巧みに彼らの力を削ぎました。

大名にとって、何より大きな財政負担になったのは、江戸屋敷（藩邸）と参勤交代です。幕府は藩主の正妻と嫡子を江戸に居住することを命じたので（実質的な人質）、大名たちは江戸に屋敷を作らなければなりませんでした。また藩主自身も隔年で江戸に居住しなければならず、江戸屋敷にはそれなりの規模と人員が必要となり、かなりの出費となりました。さらに藩主が国と江戸を往復する際は、「大名行列」と呼ばれる戦時の行軍と同じ形態の多人数での行列を組んだので（家ごとに格式と規模が決められていた）、その旅費および宿泊費も多額なものとなりました。また大名たちは家の権威と格式を誇示するためにどんどん派手な行列を行なうようになり、さらに藩の財政を圧迫しました。中小の藩では、参勤交代と江戸屋敷にかかる費用が藩財政の八割を超えるところもありました。そのため、かつては参勤交代は「幕府が諸大名の力を削ぐために行なわれた」と見られていた時もありましたが、それは結果的にそうなっただけで、現代ではその説は否定されています。幕府はむしろ、無駄な人数による行列は支出が多くなるということで、「分相応に行なうように」というお触れを出しています。

江戸屋敷に詰める各藩の武士たちはというと、二年に一度、藩主に従って国から江戸に移る者もいれば、何年も江戸に暮らす者もおり、何代にもわたって江戸に住み続ける者もいました（大名屋敷の中の長屋に居住）。江戸時代の後期になると、国許の武士と何代も江戸にいる武士では、同じ藩士とはいえ、言葉も通じにくかったのではないかと思われます。

江戸の七割は武家地で、その大半を占める大名屋敷はいずれも広大なもので、その結果、人口の半分近くを占める町人はわずか一割強の土地（現在の東京都中央区、台東区、千代田区の一部）に住むという、江戸は都市としては非常にいびつな構造となりました。

江戸時代初期の江戸の人口は十五万人くらいだったという記述が残っていますが、その後、急激に増加し、享保《きょうほう》期には百万人くらいになっていただろうと推計されています。十七〜十八世紀のパリやロンドンが百万人に及ばなかったといいますから、江戸は世界最大級の都市でした。

コラム 今日の目で見れば、無駄な支出と見える大名行列（参勤交代）ですが、国内的には大きな経済効果を生み出しました。というのも、大規模なものになると千人単位の大旅行ですから（大藩の加賀藩では多い時は四千名を数えた）、それにより、街道の整備、河川や峡谷の架橋、宿場町の発展など、インフラが大いに整いました。また、庶民の経済や生活にも大きく寄与したといえます。それに江戸と地方の間で人や文化の交流が盛んになりました。

大名行列は平均すると一日に約一〇里（四〇キロメートル）進んだということですから、かなりのスピードです。面白いのは自国の城下町を歩く時は、領民に力を見せつけるために武士たちは派手な衣装を身に着け、また供の者にエキストラを動員して堂々と練り歩き、城下町を抜けて町はずれに出るとエキストラはお役御免として、武士たちも軽装に着替え、歩くスピードを上げたということです。そして江戸に入ると、他の藩や江戸の庶民に見せつけるために、再びエキストラを雇って派手な行列にしたそうです。当時の大名がいかに体面と見栄を重んじたかということがわかります。

また庶民も、華やかな大名行列を見物するのを楽しみとしていたこともあり、各藩もそれに応じて派手さを競った一面もありました。ただ、藩主が通る行列ですから、それなりの厳しいしきたりがありました。行列の前を横切ることは非常に無礼な行為とされ、場合によってはその場での「無礼討ち」も認められていました。しかし実際には先導役の旗持ちがいて、庶民に行列が来ることを知らせるので、そんなことは滅多に起こりませんでした。後述する幕末の「生麦事件」は、行列の風習を知らない外国人で、しかも言葉がわからないことから生じた不幸なアクシデントです。

面白いのは、飛脚と産婆は列を乱さない限り、大名行列の前を横切ることが認められていたということです。

江戸幕府の政治体制

政治は老中《ろうじゅう》と呼ばれる者たちが執り行ないました。老中は現代風にいえば首相など閣僚にあたり、親藩や譜代大名（藩主）の中から有能な者が選ばれました。ただし、幕末に至るまで、いかに大藩といえども外様大名から選ばれることはありませんでした。

将軍は世襲でしたが、本家の血筋が絶えた時のために、家康の男系男子の子孫からなる御三家（尾張徳川家、紀伊徳川家、水戸徳川家）および、家康の血を引く子供の受け皿（養子）にする大名をこしらえました。家康の脳裏に、三代で絶えた鎌倉の源氏将軍のことがあったのかどうかはわかりませんが、徳川家の将来までも見据えた用意周到なシステムでした。

ただ水戸家はそのために作られた家ではなく、駿河徳川家が断絶されたことによって御三家に格上げされたという説があります。また真偽は不明ですが「水戸家からは将軍を出さない」という定めがあったという話もあります。

水戸藩には独特の気風があり、伝統的に皇室に対する尊崇の念が特に強い家でした。

「徳川家と朝廷の間に戦があれば、幕府に背いても朝廷側に弓を引いてはならぬ」という水戸光圀《みつくに》以来の家訓があったという話も残っています（『昔夢会筆記・徳川慶喜公回想談』より）。そのせいなのかどうかはわかりませんが、水戸藩主は他藩のように参勤交代はせず、基本的に定府《じょうふ》（常に江戸屋敷にいること）と決められていました。水戸藩は幕末の日本に大きな影響を及ぼすことになりますが、それは後に述べます。

鎖国

家光の時代に行なわれた、日本史に最も大きな影響を与えた政策が「鎖国」です。徳川幕府は秀忠の時代から幕府はキリスト教を禁じ、海外貿易も制限するようになっていましたが、寛永《かんえい》一二年（一六三五）に日本人の海外渡航を禁じ、国外にいる日本人の帰国も禁止します。そのため商人や漁師が漂流して外国に流れ着いた場合、再び祖国の地を踏むことが許されなくなりました。一般には寛永一六年（一六三九）のポルトガル船の入港を禁じたことによって「鎖国」が始まったとされています。

徳川幕府が鎖国に至った理由の一つは「島原の乱」です。寛永一四年（一六三七）、九州の島原と天草で、四万人近くの農民と浪人となった武士たちが一揆を起こしましたが、幕府は十二万人の軍勢を送って鎮圧します。この一揆に加わった農民の中に多数のキリスト教信者がいたことから、幕府はキリスト教に対する弾圧を一層強め、同時にオランダと中国（当時は明、後に清）以外の外国船の入港を禁じました（他に交易を許されたのは朝鮮と琉球国だけ）。窓口は長崎、対馬、薩摩、松前の四つに限られたのです。

ただ、「鎖国」という言葉が使われ出したのは江戸時代の後期であり（蘭学者の志《し》筑忠雄《づきただお》がケンペルの著作を訳した『鎖国論』で初めて用いた）、その言葉が歴史用語として定着したのは明治以降です。そのため近年では、日本は鎖国状態ではなかったという歴史学者もいます。しかし前述の国以外とは交渉も通商もせず、幕末までの二百数十年の間、ヨーロッパの多くの文化や科学技術が入ってこなかったことや、世界の情勢に無関心であったことから、「鎖国」状態であったというのは間違いではありません（出島のオランダ人を通じて、世界の様々な情報は入ってはいたが、人々の間に広まることはなかった）。

つまり日本は、ヨーロッパの国々が「大航海時代」を経て世界進出を果たしている時代、その動きに背を向けていたというわけです。しかし、この平和的孤立が二百年以上も続いたのは、四方を海に囲まれている上に、ヨーロッパから遠く離れていたという地理的条件に恵まれていたからに他なりません。

もう一つ大きな理由は「武力」があったからです。江戸時代の前期は戦国時代を引き継いでおり、幕府も各藩もかなりの武器や兵力を有していました。そのため、大航海時代で世界のほとんどの有色人種の国々を植民地にしていたイギリス、スペイン、ポルトガルなども、武力を背景に日本に開国を迫ることはできなかったのです。ちなみに同時代の中国も朝鮮も鎖国政策を取っていました。

ところで琉球国は慶長一四年（一六〇九）に薩摩藩に服属させられていました。もっとも、明の冊封（後に清の冊封）も受けており、二重外交を続けている状態でした。

蝦夷地《えぞち》（現在の北海道）には今日アイヌと総称される人々も住んでいましたが、江戸幕府以前から内地人と交流があり、十七世紀になってからは松前藩に支配されました。アイヌの祖先は北海道に暮らしていた縄文人であるという説を流布させる向きもありますが、これは正確ではありません。最近の遺伝子分析によって、アイヌと呼ばれる人々は北海道にいた縄文人と、カムチャツカ半島や樺太から入ってきたオホーツク人との混血だとわかっています。また、江戸時代初期からアイヌの人々と内地の日本人との混血が進んでいたこともわかっています。


コラム　起こり得なかったことを論ずるのは歴史の本ではタブーとされていますが、もし日本が鎖国政策を取らなかったらという仮定は、非常に面白い考察です。

　江戸幕府が日本人の海外進出を認めるか、あるいは積極的に勧めていたなら、どうなっていたでしょう。当時、世界有数の鉄砲保有国であった日本の兵力をもってすれば、東南アジアを支配下に収めていたと思われます。実際、江戸時代初期にシャム（現在のタイ）に渡った山田《やまだ》長政《ながまさ》が日本人の武士を率いてシャムの中のリゴールという地方の王（領主）になった例があります。

　当時フィリピンはスペインに支配されていましたが、もしフィリピンでスペインと戦えば、地の利がある日本が勝利した可能性が高いと思われます。同じ理由でインドネシアに拠点を置いていたオランダとの戦いにも勝利したでしょう。

　日本のアジア支配と進出経路はインドシナ半島からビルマ（現在のミャンマー）経由でインドに至るのが自然な流れです。そうすると、十七世紀の後半頃にインドの支配をめぐってイギリスと一戦交えていた可能性も否定できません。おそらくその戦いは海戦になったでしょうが、スペインの無敵艦隊を打ち破ったイギリス海軍（この海戦が行なわれたのは天正一六年【一五八八】）が若干有利といえるかもしれません。

また朝鮮半島に進出していたならばどうだったでしょう。先の「文禄の役」と「慶長の役」の戦いを見てもわかるように、朝鮮軍は日本軍の敵ではありませんでした。一六〇〇年代初めには、崩壊寸前だった明には朝鮮に援軍を送る力はなく、朝鮮半島は日本の支配下に置かれたと想像できます。日本はそのまま大陸へ進出し、一気に明を滅ぼしていた可能性もあります。

ただ女真族が率いる後金《こうきん》（後の清）との対決はかなり苦戦したと予想されます。騎馬民族の女真族は平原における戦いを得意としたからです。もっとも、織田・徳川連合軍が長篠の戦いにおいて、日本最強といわれた武田の騎馬軍団を鉄砲隊で潰滅させていることを考えると、女真族の騎馬部隊を打ち破った可能性もあります。

もし日本がインド洋大海戦と大陸での大会戦の二つの戦いのどちらか一つにで

も勝っていれば、世界の歴史は大きく変わっていたでしょう。少なくとも今日の世界とは、まるで違ったものになっていた可能性があります。

ただ、日本には虐殺によって他国を完全服従させ、他民族を奴隷化する伝統はなく（ヨーロッパは古代からそうである）、その甘さゆえに、後にヨーロッパ諸国が行なったように中国大陸や東南アジアを支配できたかどうかははなはだ疑問ではあります。しかしもしかしたら、大東亜文化圏のようなものが生まれ、膨張するヨーロッパ諸国に対抗しえたかもしれません。

江戸時代の身分制度

幕府は武士を頂点とする身分制度を定めました。武士は特権階級で苗字を名乗ることと刀を持つことが許されていました。かつては「士農工商」という言葉があり、士は武士（僧侶を含む）、農は農民（漁師を含む）、工は職人、商は商人を指しましたが、近年、歴史教科書からは消えました。

この言葉は古代中国の歴史書から引用されたもので、実際は武士である「士」と

「農工商」とを分けただけのものでした。「農・工・商」の間に身分の上下はなかったのです。「工・商」はわかりやすくいえば都市部に住む町人のことです。町に住む職人は町人とされ、農村に住む職人は農民とされたというだけのことです。

それぞれの人口比は、武士は人口の七パーセント前後、農民は七五〜八三パーセント、町人は一〇〜一七パーセントくらいといわれていますが、はっきりとした統計はなく、また藩によっても時代によっても割合が異なるため、この数字は目安にすぎません。

この他に約二パーセントの賤民階級がありました。皮革業を生業とした穢多《えた》、刑罰などによって賤民に落とされた非人と呼ばれた人々です。その身分は明治になって四民平等が謳われても完全な形で消えることはなく、現代においてもなお社会問題として残っています。

皇室や公家は別格の身分とされていました。皇室は幕府から三万石の領地（禁裏御料《きんりごりょう》）が、朝廷に仕える公家たちには十万石の領地（公家領）が与えられていて、何とかやりくりできましたが、中級以下の公家は朝廷からの俸給も少なく、和歌や書道を庶民に教えたり、百人一首のカルタや花札の絵を描いたり、屋敷の一部を博奕打ちに貸したりして生計を立てていました。

幕府は「士」と「農工商」とを区別したとはいえ、不変で厳格なものでありませんでした。下級武士である足軽と農民の間にははっきりした線引きはなく、特に「中《ちゅう》間《げん》」と呼ばれる下級武士は、武士と農民の中間的な存在であることから、その名が付けられました。苗字を名乗れるのは武士に限られていましたが、実は農民や町人たちの多くも苗字を持っていました。ただ公式には名乗れなかったというだけだったのです。江戸時代の農民や町人には苗字がなかったというのは実は大きな誤解です。

幕府は身分や職業を世襲としましたが、これも有名無実化していました。江戸の後期になると、旗本や御家人に持参金を持って養子に入れば、町人でも容易に武士になれたのです。この行為を「御家人株を買う」といいます。表向きは武士の身分を金銭で買うことは禁じられていましたが、実際のところは黙認されていました。幕末に軍艦奉行となった旗本の勝義邦《かつよしくに》（海舟《かいしゅう》）の曽祖父は町人でしたが、御家人株を買って名目上は徳川直参の家臣となっています。同じく幕末の京都で恐れられた新撰組にも、もとは町人や農民であった隊士が何人もいました（局長の近藤勇《こんどういさみ》は農民であり、副長の土方歳三《ひじかたとしぞう》も農民出身で薬売りであった）。

このように江戸の身分制度は時代によってはとてもフレキシブルであり、ある意味、近代的な感覚を備えたものだったともいえます。

なお江戸時代の法律である「公事方御定書《くじかたおさだめがき》」には、武士が町人や農民から無礼な仕打ちや侮辱を受けた時は、斬り殺しても処罰されないとは書かれていますが（これを「切捨御免」という）、実際にはよほどの理由がない限り、町人を斬り殺して免罪となる例は少なく、多くの場合、斬った武士も処罰されました。江戸時代は刀を抜いただけでも大ごとになったため、多くの武士が公の場で刀を抜く機会など一生に一度もなかったといわれています。ちなみに江戸城内では、刀を抜いただけでも切腹でした（二百六十五年間に七回あったと記録されている。「赤穂浪士《あこう》」で有名になった松の廊下事件もその一つ）。もっとも武士の体面を重んじる藩もあり、切捨御免が認められていた藩もあります。

コラム　武士は幕府や藩に召し抱えられ、禄《ろく》（給料）を与えられる身分ですが、禄は個人ではなく家に与えられました。家の主人が隠居すると、家督を継いだ息子が父に代わって城勤めをしますが、原則的には禄も役職も父と同じと決まっていました。家老の子は家老になり、足軽の子は足軽になります（例外はある）。父の跡を継げるのは長男のみで、次男以下の男子は他家に養子に入るしかありません。それが叶わない場合、兄の家で「部屋住みの身分」として一生居候のような暮らしをするか（正式な結婚はできない）、浪人となって町人と同じように自ら金を稼いで生活しなければなりませんでした。

女性の場合も同様で、男子の跡継ぎがいない家では、長女が婿《むこ》を取りますが、次女以下は他家に嫁に行くか、男子と同じように「部屋住み」として一生独身で暮らします。

農民も同じく、父の土地を継ぐことができるのは長男のみでしたが、農家には次男以下を部屋住みとして食べさせるだけの余裕はなく、ほとんどが武家の奉公人になったり、他の農家の下男になったりしました。中には江戸に出て町人になるケースもありました。

自由な身分といえるのは都市の町人でしたが、当然ながら生活の公的保障は一切ありません。治安も良く、社会資本も整っていたとはいえ、現代とは比べものにならない厳しい社会であったことは間違いありません。

武断政治から文治政治へ

慶安《けいあん》四年（一六五一）に三代将軍・家光が死去し、家光の長男である家綱《いえつな》が十歳で四代将軍となりました。幼い家綱が政務を執るのは難しく、老中や若年寄などが彼を支えることとなりました。この時代になると、徳川政権の基盤が固まり、戦国の荒々しい空気が希薄になったこともあって、それまでの武力を背景にした武断政治から文治政治へと舵が切られます。

家綱は温厚な人柄で、長じても絵画や釣りを好み、政治は老中たちに任せていました。彼らが政策面での確認を求めると「左様《さよう》せい」（そのようにしろ）と言ったことから、「左様せい様」という渾名が付けられていたほどです。関ヶ原の戦いから半世紀も過ぎると、徳川将軍にも随分おっとりした男が生まれたものです。

家綱の在職中、「明暦《めいれき》の大火」と呼ばれる大火事が起き、江戸城の本丸も含めて、多くの武家屋敷や神社仏閣が焼けました。家綱はそれらの復興に多額の費用を充てます。また火事から避難しやすいように両国橋を架け、橋のたもとには「火除地《ひよけち》」を設けて、すぐに壊せる建造物しか許可しませんでした。その「すぐに壊せる」ということから土俵が作られ、後に両国は相撲の街として栄えたのです。

家綱は身体が弱く、嫡男をもうけることなく亡くなったため、館林藩主となっていた徳川綱吉《つなよし》（家光の四男）が将軍職を継ぎました。

徳川五代将軍となった綱吉は「生類憐《しょうるいあわれ》みの令」で知られる将軍です（これは何度かにわたって出された一連の御触れを指す）。この令によって、犬や猫などの動物を殺した者は死罪や切腹を命じられました。さらには釣りをしただけで流罪になったり、鳥が巣をかけた木を切って処罰されたり、この法によって罪人とされた者は夥しい数に及びました。

綱吉はもともとは聡明な将軍であったといわれています。「生類憐みの令」も、儒教や仏教に則って弱者へのいたわりを重んじ、生き物の命を粗末に扱ってはならないという精神から出されたものでしたが、行きすぎた法律と運用がしばしば天下の悪法となるという悪しき見本です。

幕府は「生類憐みの令」を守るようにと全国の藩に通達していますが、それが遵守されたのかどうかは疑問です。というのも、尾張藩（徳川御三家の一つ）の御畳《おたたみ》奉行、朝日文左衛門《あさひぶんざえもん》が残した同時代の日記『鸚鵡籠中記《おうむろうちゅうき》』には、敢えて禁を犯す目的で釣りや投網を七十六回もしたことが記されているからです。

当時の人々がこの悪法を嫌悪したのは当然ですが、綱吉の評判の悪さはそれだけが原因ではありませんでした。むしろ在職中に天変地異が頻繁に起こったことの方が大きかったかもしれません。元禄《げんろく》八年（一六九五）の奥州の飢饉、元禄一一年（一六九八）の勅額《ちょくがく》大火、元禄一六年（一七〇三）の元禄大地震、元禄一七年・宝永《ほうえい》元年（一七〇四）の浅間山噴火、宝永四年（一七〇七）の富士山噴火、宝永五年（一七〇八）の宝永の大火などです。当時は、災害を「天罰」と捉える風潮があり、為政者のせいだとも考えられていましたから、その意味で綱吉は不運な将軍だったともいえます。

コラム　綱吉の出した馬鹿げた法律は「生類憐みの令」だけではありません。「鶴《つる》字法度《のじはっと》」という驚くべきものもありました。綱吉は長女である鶴姫を溺愛するあまり、鶴姫が十一歳の時、庶民が「鶴」の字を使うことを禁止したのです。このため井原西鶴《いはらさいかく》は西鵬《さいほう》と改名し、京都の老舗「鶴屋」は「駿河屋《するがや》」と屋号を変えざるを得ませんでした。ここまでくると、完全なバカ殿です。

また綱吉は能を舞うのが異常に好きだったため、陰で「能狂」と呼ばれるほどでしたが、その舞はとても上手とはいえないものだったようです。しかし本人はそのことに気付かず、江戸城内でも家臣たちに頻繁に披露しただけでなく、大名の屋敷や寺社を訪れた際も能を舞うのが常でした。そのため大名や家臣たちは、綱吉に会うと能を所望しなければならなかったのです。しかも自ら舞うだけでなく、側近や大名にも強制しました。貞享《じょうきょう》三年（一六八六）、江戸城で能の大きな催しが行なわれましたが、この時には錚々《そうそう》たる大名が綱吉の命を受け、慌てて稽古に励んで能を舞ったといいます。まるで落語の世界です。

「生類憐みの令」や「能狂」の逸話からは、戦と下剋上が常だった戦国時代ははるか昔のこととなった様子がよくわかります。「大坂夏の陣」からわずか七十年余りで、すっかり天下泰平の世になったのです。

花開く元禄文化

戦国時代から江戸時代初期までの日本は、世界有数の金銀の産出国でした。その豊かな財力で江戸の町の整備にとどまらず、全国の主要な街道と河川の普請《ふしん》などの公共工事が盛んに行なわれます。しかし江戸初期に金と銀の産出量のピークが過ぎ、また前述の「明暦の大火」での江戸城の再建や町の復興などによる支出のせいで、中期以降は財政が苦しくなりました。そこで幕府は元禄八年（一六九五）、貨幣の金銀含有量を減らす改鋳《かいちゅう》に踏み切ります。

「悪貨が良貨を駆逐する」というグレシャムの法則で知られるように、金の含有量を減らす改鋳は、貨幣の価値を金で決める「金本位制」の下では良くないこととされていました。しかしこの時、改鋳前の一両と改鋳後の一両の貨幣としての価値が変わらないまま、むしろ市中に多くの貨幣が出回ったため、インフレにはなったものの景気は良くなったのです。これは現代の経済用語でいえば、「金融緩和政策」です。つまりこの元禄の改鋳は見方を変えれば、江戸時代の日本が世界に先駆けて近代的な管理通貨制度を採用した画期的な出来事だったともいえるのです（ただし完全ではない）。

この好景気を背景にして、様々な娯楽や文化が生まれました。いわゆる「元禄文化」と呼ばれるものです。貨幣経済のさらなる進展と経済成長により、生活に余裕のできた庶民が多くの文化を享受するようになりました。江戸時代を代表する元禄・化政という二つの文化のうち、元禄文化が上方を中心に栄えたのも、経済の先進地であったことが理由です。

「浮世草子《うきよぞうし》」と呼ばれる小説が流行り（代表作に井原西鶴の『好色一代男』『好色五人女』『日本永代蔵』など）、また人形浄瑠璃も人気を博しました（代表作に近松門左衛門《ちかまつもんざえもん》の『曽根崎心中』『心中天網島《しんじゅうてんのあみじま》』など）。西鶴の小説は、庶民の欲望を生き生きと描いたものですが、一方、近松の作品は、社会の制約によって悲劇的な最期を遂げる庶民の姿を描いています。いずれも当時の庶民の生き方や暮らしをリアルに描いたもので、こんな物語はそれまでありませんでした（それ以前の物語は、貴族や武士を主人公としたものがほとんど）。

江戸以前の読み物は写本（書き写し）によるものでしたが、江戸時代には木版印刷が普及したため大量に刷られるようになります。木版は一丁（二ページ分）ごとに彫るため、百ページの本なら五十枚の木版が必要となります。一冊の本を作るのにかなりの手間とコストがかかるため、本も高価になります。たとえば『好色一代男』の価格は銀五匁《もんめ》で、これは現代の価値に直すと約八千〜一万円という価格です。これが飛ぶように売れたというのですから、当時の庶民の読書欲の高さがうかがえます。そして実に元禄年間（十六年間）に出版された書物は約一千万部といわれます。年平均で六十万部以上です。出版は江戸時代を代表するビジネスの一つであり、文化の振興を支えたインフラだったのです。

松尾芭蕉《まつおばしょう》が俳句を完成させたのもこの時代でした。絵画の世界では、庶民の風俗を描いた浮世絵が生まれます。浮世絵もまた木版によって大量に刷ることができるようになりました。文芸も絵画も、庶民が嗜み育んだというのが元禄期文化の特徴です。

儒学や朱子学も盛んになりましたが、これは主君に忠義を尽くし目上の者を敬うという朱子学の思想が幕府に尊ばれたからでした。一方で朱子学を批判して、孔子や孟《もう》子《し》の教えに戻るべきという学派が生まれているのも面白い現象です。

中国で生み出された囲碁のレベルを飛躍的に高めたのも元禄の日本人でした。

囲碁が日本に伝えられたのは奈良時代といわれていますが、戦国時代には多くの大名が愛好していました。なかでも囲碁好きだった家康は、幕府を開いた後、自分の囲碁の師匠であった本因坊算砂《ほんいんぼうさんさ》に高禄を与えて家元にします。ちなみに算砂は織田信長の師匠でもあり、信長が彼に「名人」という称号を与えたことで、「名人」という言葉ができました。つまり江戸幕府によって、世界史上初の「ゲーム専門の集団」が生み出されたわけですが（将棋の家元も同時に誕生）、元禄期に登場した本因坊道策《どうさく》は、日本の囲碁を、発祥の地である中国をはるかに凌ぐレベルに高めたのです。その後も碁士（棋士）たちは囲碁を進化させ続け、二十一世紀に入るまでコンピューターが人間に勝てない高みにまで押し上げました。

自然科学が発達したのもこの頃です。元福岡藩士の宮崎安貞《みやざきやすさだ》による『農業全書』には、著者の経験と見聞をもとにした科学的見地から、農業の仕事や作物の栽培法が書かれています。また博物学、医学、天文学、数学も発達しました。もとは囲碁の家元の碁士であった渋川春海《しぶかわはるみ》（二世安井算哲《やすいさんてつ》）は、誤差が生じていた当時の暦（宣明暦《せんみょう》）を見直し、天体を観測して新しい暦（貞享暦）を作りました。

徳川綱豊《つなとよ》（後の六代将軍・家宣《いえのぶ》）に仕えた関孝和《せきたかかず》は、和算と呼ばれる日本式数学の基礎を確立した人物ですが、その業績は世界的な評価に値するものといえるでしょう。独力で代数の計算法を発明し、世界で最も早く行列式の概念を提案したのです。また「エイトケンのΔ《デルタ》2乗加速法」という計算法を用いて円周率を小数点第十六位まで正確に求めています。エイトケンのΔ2乗加速法がヨーロッパで再発見されたのは一八七六年ですから、関は二百年以上も先取りしたことになります。

江戸時代の庶民は知的レベルが非常に高く、数学好きでもありました。寛永四年(一六二七)に吉田光由《よしだみつよし》が著わした『塵劫記《じんこうき》』は、面積の求め方やピタゴラスの定理まで書かれた数学の本ですが(関孝和もこの本で勉強した)、これが江戸時代を通してのベストセラーかつロングセラーとなっているのです。幕末までに四百種類もの『塵劫記』が出版されたという事実を見ても、当時の庶民の知的好奇心の高さ、数学好きの度合いがわかります。

その顕著な例が算額《さんがく》でしょう。算額とは、庶民が自分で考えた数学の問題を額や絵馬に書いて神社仏閣に奉納したものですが(解答の算額もある)、中には現代の専門家を悩ますような難問もあるというから驚きます。代表的なひとつが神奈川県の寒川神社に奉納された算額で、ここにはノーベル化学賞を受賞したイギリスのフレデリック・ソディが昭和一一年(一九三六)に発表した「六球連鎖の定理」と同じものが問題として出されています(解答もあり)。「六球連鎖の定理」の説明は省きますが、とてつもなく複雑な数式を用いた難解なものです。この定理をソディが発表するより百年以上も前に日本の和算家が発見していたというのは驚嘆すべきことです。

そもそも算額を奉納するような習慣は世界に例がなく、日本の江戸時代特有の文化です。なお、現在、千枚近い算額が発見されており、重要文化財に指定されているものもあります。江戸時代の庶民が数学を勉強したのは、出世や仕事のためではありませんでした。もちろん受験のためでもありません。純粋に知的な愉しみとして取り組んだのです。古今東西を見渡してもこんな庶民がいる国はありません。

ケインズを二百年以上も先取りした荻原重秀

貨幣改鋳による金融緩和政策で、元禄期に好景気をもたらしたのは、勘定奉行の荻《おぎ》原重秀《わらしげひで》です。重秀が語ったとされる有名な言葉に、「貨幣は国家が造る所、瓦礫《がれき》を以《もっ》てこれに代えるといえども、まさに行うべし」というものがあります。つまり重秀は、「政府に信用がある限りその政府が発行する通貨は金や銀でなくてもかまわない（瓦礫でも代用できる）」という、現代に通じる「国定信用貨幣論」を打ち立てたのです。

この言葉自体は重秀が語ったものではないという説もありますが、重秀がこのように考えていたことは間違いないでしょう。

それまで貨幣の価値は「金」（ゴールド）の価値でした。これを金本位制といいます。ちなみに金本位制のもとでは、紙幣であっても金に替えることができます（これを兌換紙幣という。現在の紙幣は信用貨幣システムによるもので不換紙幣）。ヨーロッパを中心とした世界が、金本位制を脱し、信用貨幣システムに移行したのは第一次世界大戦を終え、世界恐慌を経た後のことです。それより二百数十年も前に、日本の勘定奉行が、信用貨幣の概念を有し、その流通によって、財政を圧迫することなくデフレを回避し、経済を成長させる策を取っていたのです。これは画期的なことでした。

旗本の次男に生まれた重秀は、綱吉に取り立てられて勘定奉行にまでなり、貨幣改鋳以外にも辣腕を振るいました。太閤検地以来八十年ぶりとなる各地の検地、地方直しを実施し、佐渡金山の再生、東大寺大仏殿再建、火山災害賦課金の設置、さらに代官の世襲を廃し官僚化を進めるなど、実に多彩かつ現代的な業績を残したのです。にもかかわらず、今日、荻原重秀の名を知る人は多くありません。それどころか、元禄の貨幣改鋳は教科書などでは負の歴史として書かれています。

その理由は、綱吉の死後、六代将軍・家宣のブレーンとなった新井《あらい》白石《はくせき》が、重秀を嫌って弾劾《だんがい》し、その政策の多くを逆回し（貨幣を金銀本位に戻し緊縮財政に）した上に、強烈なネガティブキャンペーンを張ったせいでしょう。一例ですが、貨幣改鋳の負の側面として伝えられてきた物価上昇も、年率三パーセント弱にすぎず、それも実際には冷害の影響が大きかったという具合です。二十世紀イギリスの偉大な経済学者、ジョン・メイナード・ケインズより二百数十年も早く現代のマクロ経済政策を先取りした日本人、荻原重秀の功績はもっと語られてもいいと思います。

世界最高の教育水準

江戸時代独特の文化の一つに寺子屋があります。寺子屋は僧侶や浪人（主家を持たない武士）が寺や自宅で子供たちを教育する庶民のための施設です（寺子屋の名称は本来は上方のもので、江戸では「筆学所《ひつがく》」「幼童筆学所」と呼ばれた）。月謝はなく、入学時にわずかばかりの束脩《そくしゅう》（入学料のようなもの）を払い、あとは盆と正月の差し入れくらいで、実質はボランティアに近いものだったというから驚きです。

その歴史は古く、桃山時代にはすでに都市部に寺子屋がありました。当時来日したキリスト教の宣教師が、「日本人は女子供まで字が読める」と驚いたのも、寺子屋のお陰でした。これが江戸時代中期（十八世紀）から農山漁村に広がり、その数は幕末には全国で一万五千以上にもなっていたといわれています。明治になって義務教育制度ができたとき、地方では既存の寺子屋が校舎として活用されました。

寺子屋で教えたことは「読み書き・算盤《そろばん》」が基本でしたが、他に『国尽《くにづくし》』『町村尽《まちむらづくし》』などの地理書、『国史略《こくしりやく》』『十八史略』などの歴史書、『百人一首』『徒然草』などの古典、「四書五経《ししょごきょう》」『六諭衍義《りくゆえんぎ》』などの儒学書、『庭訓往来《ていきんおうらい》』『商売往来』などといった往来物のほか、時代により、また教師によって多岐にわたる書物が教材とされました。就学率は地方によって差がありましたが、江戸では七〇～八〇パーセントだったといわれています。この数字、状況を見れば、江戸時代の庶民が世界一高い識字率を誇り、世界に類を見ないほど高い教養を持ったのも自明です。

武士の子弟は、藩に作られた藩校で学んでおり、そこでは寺子屋よりもレベルの高い教育が施されていました。水戸の弘道館《こうどうかん》、長州の明倫館《めいりんかん》、薩摩の造士館《ぞうしかん》など名門校がいくつもあり、幕末には多くの優秀な者が輩出しています。その他にも蘭学や医学などを教える私塾が全国にあり、向学心に燃える若者たちが通っていました。江戸時代の日本は極めて教育水準の高い国だったことがわかります。

現代の歴史学者の中には、江戸時代の識字レベルは名前が書ける程度のもので、寺子屋の教育レベルも優れたものではなかったという人がいますが、それは自虐史観というものではないでしょうか。当時の出版物の内容の高さや出版点数の多さ、それに『塵劫記』がベストセラーになる状況などを見ても、江戸の庶民はかなりの教育水準にあったのは間違いないことです。また明治維新で開国したと同時に、あっという間に欧米の科学技術や工業技術に追いつけたのは、民衆にそれだけの下地があったからにほかなりません。

コラム 江戸時代にはスポーツという概念も、また競技もありませんでしたが、武家の男子には剣術、槍術、弓術、馬術といった武芸が必修でした（女子は薙刀《なぎなた》）。

庶民はそうした武器を使用する武芸を学ぶことは少なかったものの、徒手で行なう柔術だけは例外でした。これは戦国時代からあった武芸の「組討《くみうち》」や人を捕らえるための「捕手《とりて》」が発達したもので、江戸時代に各藩で様々な流派が生まれ、武士だけでなく、町人や農民にも習う者が少なくありませんでした。男性のほとんどが習っていた村もあったほどです。

柔術はそもそも合戦から生まれたもので、まず「当身《あてみ》」（殴る蹴る）、次に組み合った時に用いる「関節技」（相手の関節を攻める）、「絞め技」（首を絞める）という構成です。また着衣格闘技というのも実戦的です（相手の着衣を摑んで投げたり絞めたりする）。

ちなみに柔道は明治になって、柔術から生まれた競技で、当身や危険な関節技、絞め技の多くを禁じ、投げ技を中心としたものとなりました。その後、講道館柔道の発達によって、古流の柔術は廃れていきますが、他方、明治の頃に日本の柔術家が海外に伝えたものが、「ブラジリアン柔術」や「ヨーロピアン柔術」などとなって独自の発達を遂げています（ロシアの格闘技サンボはレスリングと柔術から生まれた）。世界の多くの軍隊もこうした柔術の技を取り入れています。

平成五年（一九九三）、アメリカのデンバーで行なわれた世界初の総合格闘技の大会で、ボクサーやレスラーや空手家を破って優勝したのは、日本の古い柔術の流れを汲むブラジリアン柔術の使い手でした。それ以降、多くの総合格闘家が柔術の技を身に付けるようになったといわれています。江戸時代の庶民の武芸が、現代の総合格闘技に大きな影響を与えているというわけです。

なお世界でも人気の高い空手は、琉球で発達したものです。韓国が「自国の伝統武芸」と主張するテコンドー（オリンピック競技にもなっている）は、昭和に来日した朝鮮人が日本の松濤館流空手を真似て作った新しい格闘技です。

赤穂事件

元禄時代は、大きな騒乱・事件の少ない平和な時代でしたが、そんな中、「赤穂事件」は江戸の庶民を驚かせた事件の一つでした。

発端は、元禄一四年（一七〇一）に播磨《はりま》赤穂藩の藩主、浅野《あさの》長矩《ながのり》（内匠頭《たくみのかみ》）が江戸城松之大廊下において吉良《きら》上野介《こうずけのすけ》に斬りかかったことでした（時の将軍は綱吉）。内匠頭は切腹、赤穂藩は改易《かいえき》となりましたが、上野介には何のお咎めもなかったことから、赤穂藩の浪人たちが吉良邸に討ち入りし、主君の仇を討ったのです。この事件は後に『仮名《かな》手本忠臣蔵《でほんちゅうしんぐら》』（略して『忠臣蔵』）として人形浄瑠璃や歌舞伎の人気演目となり、現代でもドラマの題材とされています。

『忠臣蔵』がなぜ当時の庶民の人気をさらったかについては、様々な理由が考えられます。「平和な時代が続き、武士道が廃れたと思われた時代に、古き良き武士の姿を見たから」「忠義のためなら命を捨ててもかまわないという自己犠牲の美しさに感動したから」「仇討ちが恰好良かったから」などが挙げられますが、そのすべてがあてはまるといっていいでしょう。

江戸城で刀を抜けば、理由の如何を問わず切腹と決まっていましたから、内匠頭に対する幕府の処置は当然でした(前述したように江戸城内での刃傷《にんじょう》事件は七回)。内匠頭が刃傷沙汰に及んだ理由については、「いじめ説」や「怨恨説」など多くの学者たちが様々な臆説を述べていますが、いずれも論拠に乏しいものです。私は単に精神錯乱であったと思っています。上野介については、松之大廊下の事件の三年前、津和野《つわの》藩主の亀井《かめい》茲親《これちか》に対しても陰湿ないじめをしたという話が残っていますが、これもおそらくは後世の創作でしょう。

豪商の出現

元禄の頃から干拓などの事業によって農地が拡大しました。さらに農機具の発達

（千歯《せんば》こきや備中鍬《びっちゅうぐわ》など）や肥料の改良などにより、農作物の収穫量が飛躍的に向上します。土地ごとの特産品も多く作られ、これらの販売によって貨幣経済が進みました。

漁業や林業や鉱業なども発展し、その流通を担った商人の中には豪商と呼ばれる者も現れます。大坂の淀屋はその代表的な存在で、全盛期に全国の大名に貸し付けていた金は、現在の資産価値に直すと百兆円に上ったともいわれています。ところが宝永二年（一七〇五）、五代目の広当《ひろまさ》（辰五郎《たつごろう》）の時に、「町人の分限を超え、贅沢な生活が目に余る」という理由で、幕府によって闕所《けっしょ》（財産没収）となりました。しかし淀屋は後に再び大坂で店を興して商売を続け、幕末の頃には倒幕運動に身を投じ、ほとんどの財産を朝廷に献上して、店を閉じたのです。

嵐の中を船で紀州から江戸までみかんを運んで大儲けしたエピソードで有名な紀伊国屋文左衛門《きのくにやぶんざえもん》も元禄時代を代表する豪商ですが、晩年は事業に失敗し、乞食同然の哀れな暮らしだったといいます（異説もある）。

元禄の頃に店を興し、その後も長く豪商として残ったのは三井です。三井初代の高利《たかとし》が作った呉服屋「越後屋」は、後に両替商としても成功し、江戸期を通じて発展しました。

三井一族は明治維新後、世界有数の大財閥となります。しかし大東亜戦争後、進駐軍によって解体され、二百七十三年の歴史に幕が下ろされました。三井一族は全財産の九割を財産税で没収された上、資産の大部分を占める株式を一方的に処分されたのです。さらに一族はすべての会社役員の座から追放されました。江戸英雄元三井不動産社長は、「その取り扱いの無慈悲で過酷なことは戦犯以上であった」と自著に書き残しています。

余談ですが、それから約半世紀後の平成四年（一九九二）、三井宗家第十一代当主が亡くなった時、遺族は東京都港区西麻布に残された一二〇〇坪の土地と由緒ある邸宅の相続税（約百億円）が払えず、一〇四〇坪を国に物納しました。国はその後、物納された土地を民間に売却しましたが、建物は平成六年（一九九四）に東京都小金井市にある「江戸東京たてもの園」に移築されました。そこでは、元禄から長きにわたって栄華を誇った三井家の往時の姿を今も見ることができます。

街道の整備

大名の参勤交代と流通の発達に伴って、全国に街道が整えられていったことは前述しました。このうち、東海道、中山道、日光道中、奥州道中、甲州道中の五街道は幕府が直轄し、宿泊や通信のための施設を整備しました。

街道には宿駅が設けられ、参勤交代の時に大名が宿泊する本陣および脇本陣、一般旅行者が宿泊するための旅籠《はたご》が作られました。宿駅には茶店や商店もでき、また人や荷物を運ぶための駕籠《かご》かきや馬も用意され、宿場町として発展していったのです。

街道が整備されていくと、庶民が旅行する機会も増えました。伊勢神宮や讃岐の金刀比羅宮《ことひらぐう》、安芸の嚴島《いつくしま》神社、信濃の善光寺などの有名な寺社に参詣に行く者、また全国の湯治場に行く者、大坂や京都に観光に行く者などが、街道を使いました。

ここで驚くのが、江戸時代の治安の良さです。強盗や山賊が出ることは稀で、京都から江戸まで女性でも一人旅できました。同時代のヨーロッパでは考えられないことです。こういうことを書くと、江戸時代の犯罪記録を出してきて「治安はよくなかった」と批判する人がいますが、当たり前のことですが、現在のどんな治安のよい町でも凶悪犯罪は起こります。歴史を見る時に大切なことは枝葉に捉われず、大きな視点でものを見ることだと思います。

飛脚制度ができたのも江戸幕府の頃でした。それ以前も通信のための制度や施設はありましたが、すべて公のものや大名専用でした。しかし江戸時代の飛脚は大名だけでなく、庶民の手紙や物も扱ったのです（公儀の継《つぎ》飛脚や大名の大名飛脚もあった）。飛脚の手段は駆け足と馬の二種類でした。

物資の大量輸送には船が使われ、そのために太平洋と日本海と瀬戸内海で全国をつなぐ航路ができたのも江戸時代です。

コラム　街道が整備され、お伊勢参りや金刀比羅参りが庶民の間にも定着していく中で、「犬のお伊勢参り」という世にも面白い現象が出現しました。これは、人が飼い犬を連れてお参りするのではなく、歳を取るなどして自力でお参りできなくなった飼い主（人）に代わって、犬が、首にお布施を下げて伊勢まで旅をし、参拝する、つまり「犬のお遣い」です。

参拝に赴く犬は道中、見ず知らずの人々から食べ物や水、休憩場所を与えられたり、道案内をしてもらったり、時には首の巻物が重かろうと持ってあげる人が現れたりしたというのです。時には「感心な犬だ」といってお金を首に巻いた袋に入れてくれたりということもあり、多くの人の助けを得て無事にお伊勢参りを果たした犬が、無事に飼い主の元へ戻ったということです。俄かには信じられない話ですが、詳細な記録がいくつも残っています。

「犬のお伊勢参り」の最初の記録は、明和八年（一七七一）、山城国（現在の京都府南部）の高田善兵衛という人の犬が、外宮《げくう》、内宮《ないくう》に参拝したというものですが、次第に全国に広まったようで、多くの書物に記されています。なかには犬だけではなく、安芸国（現在の広島県西部）から伊勢にお参りした豚の話まであり、これはさすがに「珍しきこと」と書かれています（『耳嚢《みみぶくろ》』）。

このエピソードに接して、まず驚き知るのは、当時の日本の津々浦々の治安がいかに良かったか、市井の人々がいかに暢気な優しさを備えていたかということです。貧しく治安の悪い国であれば、犬が首にお金など巻いて歩いていたら、たちまち捕まって金を盗られ、犬も食べられていたでしょう。

この話からは、当時の日本人の物心両面の豊かさに加え、現代の日本人にも通じる巡礼者への接し方、動物への独特な接し方をも見ることができます。

都市の発展

全国の各藩では、藩主が住む城の周辺に武士や町人が集まり、城下町が発展しました。幕府の直轄地である大坂は、全国の藩が蔵屋敷を置いたこともあり、商人の町として大いに賑わいましたが、どこよりも大発展を遂げたのはやはり江戸でした。

家康が江戸城に入った頃は、推定人口十五万人ほどだった小都市（同時代の京都は三十万〜四十万人、大坂は二十万人、いずれも推定）に、幕府が開かれると、旗本や全国の大名が次々に屋敷を構え、多くの商工業者も集まったため人口が急増し、元禄時代には町人だけでも三十数万人、武士を含めると八十万人にもなりました。

これに伴い、幕府は江戸の町を整備していきます。まず治水と水上交通のため、もともと江戸湾（現在の東京湾）に注いでいた利根川を太平洋に注ぐように河道の付け替え工事（利根川東遷事業）を行ないます。そして台地を削り、その土で埋め立て工事を行なって、土地を増やしました。

さらに飲料用の上水道を整備します。江戸の地下水は海水が混じっているために飲料には適さなかったからです。上水道の水源は多摩川と井之頭池で、この二つから引かれた水は、地下に埋め込んだ石樋《せきひ》や木樋《もくひ》の水道を通って江戸中に配水されました。ちなみに中央・総武線の駅「水道橋」の名は、神田上水の水門から、川の対岸に水を送るための懸樋《かけひ》の名残です。大名屋敷や大店では、専用の呼び井戸へ水が送られましたが、庶民の住む長屋へは、木樋からさらに細い竹樋を通じて共同の上水井戸に貯水されました。

ポンプなどもない時代、高低差のみを利用してすべての上下水道を江戸の町中に網の目のように張り巡らせるのには、きわめて高度な測量技術と土木技術が不可欠でした。トランシット（二点間の角度を測る機械）のような測量機器もない中で、わずかな高低差を計算して地中に石樋や木樋を埋め込んでいく作業には恐ろしいまでの技術力と緻密さが必要です。

たとえば玉川上水の水源から最終的な水門（江戸湾に流れる出口）までの距離四三キロの間の高低差は九二メートルです。これは理論的には四・三メートルの間に九・二ミリの高低差しかないということになります。このわずかな差の下り勾配を正確につけながら江戸中に石樋を敷くなどまさに神業的な技術です。当時の江戸には、この神業を成し遂げるほどの優れた技術者が何人もいたのです。余談ですが、最初の水道を敷くのを指揮した大久保忠行《おおくぼただゆき》は、その功績によって主水という名を与えられていますが、水道の水が濁ってはならぬということで、「もんと」と読みました（主水は通常は「もんど」と読む）。

江戸の水道で驚くべきことは、長屋や借家に住む庶民は上水道を利用するにあたって一切料金を払っていなかったことです。上水道の維持管理費用は、地主が間口に応じて分担金を支払うシステムになっており、武家屋敷は石高によって分担金が決められていました。

さらに驚くことに下水道も同じように高低差を利用して作られたのです。これも地中の木樋内を汚水が通っていくシステムとなっていました（木樋の蓋はどぶ板と呼ばれた）。木樋も蓋も木で作られていて経年劣化するため、常に補修が必要でした。三百年も前に江戸の町でこれほどのインフラ整備が行なわれていたことにはただただ驚嘆し、先人への敬意を深くするばかりです。

最終的には江戸は百万都市となりますが、人口が増えていくたびに、上水道と下水道の工事が追加されていたことはいうまでもありません。

なお、飲料用の水道が建設されたのは江戸だけではありませんでした。城下町に水道を敷いた藩は少なくなく、播磨国赤穂（現在の兵庫県赤穂市）、備後国《びんごのくに》福山（現在の広島県福山市）の上水は江戸の上水と並んで、「天下の三上水」といわれました。

江戸の食文化

江戸文化で特筆すべきことの一つは、世界に類を見ない外食産業の繁栄です。江戸で外食産業が流行るようになったのは「明暦の大火」（一六五七年）以後と言われています。町を復旧させるために各地から大工や左官や職人などが集まったことで、彼らを相手にした煮売り屋などが増えていったのです。江戸の四大名物料理といわれた「蕎麦」「鰻の蒲焼」「天婦羅」「握り寿司」は、もとは職人たちが手軽にさっと食べることができる、今でいうファストフードのようなものでした。江戸の庶民の多くが本格的な台所は持たなかったことも、外食産業の発展につながったといえます。

京都や大坂では行楽に出かける際などに弁当を持参する風習がありましたが、江戸では庶民も侍も手ぶらで出かけ外食するのが普通でした。文化年間（一八〇〇年代初頭）の頃には、江戸の料理屋は七千を超えていたといわれます。この数は同時代のパリやロンドンを圧倒し、世界一でした。当時、人口約百万人の江戸で七千軒以上というのは、飲食業が盛んな現在の東京を軽く上回る比率です（平成三〇年【二〇一八】の東京の人口は約千三百八十万人、飲食店数は八万数千軒）。

ここでまた驚くことに、江戸時代の後期になると、料理店のガイド本も多数出版され、料理店の番付が書かれたものも人気を呼んでいました。現代の『ミシュランガイド』を二百年以上も先取りしていたのです。料理のレシピ本もたくさん出版されていました。『豆腐百珍《とうふひゃくちん》』などベストセラーとなった本も多く、そのうちの一冊『江戸流行料理通』は江戸土産として人気でした。

コラム　江戸の町を語る上で避けることができないのが火事です。「火事と喧嘩は江戸の華」という言葉があるように、江戸では火事が頻繁に起きました。

記録にあるだけで千七百九十八回、記録に残らない小さなものまで含めると、三千回はあっただろうと考えられています。一八〇〇年代の六十七年間だけで九百八十六回という多さです。その中には、死者十万を数えた「明暦の大火」、武家屋敷二百七十五・寺社七十五・町家二万が焼失した「水戸様火事」など、江戸の大半を燃やし尽くした規模の大火災が幾度もありました。

火事だけでなく、地震も頻繁に起きました。元禄地震、安政江戸地震などは大きな被害を与えています。

しかしながら江戸の町はそのたびに驚異的なスピードで復興しています。これほどの復興力を持った国は世界に類を見ないばかりか、その力はこと江戸に止まりません。

日本列島は、太古から多くの災害に見舞われてきました。世界有数の地震地帯にあるため、江戸時代にも全国各地が大地震に見舞われ、それに伴う大津波の被害にも遭っています。さらに夏から秋にかけては、毎年のように西日本を中心に大型台風が襲い、台風や豪雨による河川の氾濫や堤防の決壊も日常茶飯事でした。北陸、東北では豪雪による被害も少なくありませんでした。

現代でもこうした天災の被害は甚大ですが、江戸時代におけるダメージの大きさは今とは到底比較になりません。人々は災害のたびに家屋や田畑や財産を失い、また何よりも大事な家族を失いました。

しかし私たちの祖先は決して挫けませんでした。悲しみと痛手を乗り越え、そのつど力強く立ち直ってきたのです。日本人の持つ独特の「忍耐強さ」「互いに助け合う心」「過去を振り返らない強さ」「諦めのよさ」などの精神は、もしかしたら繰り返しやってくる災害に立ち向かってきたことで培われたのかもしれません。その意味では、私たちの性格は日本という風土が生んだものといえるのではないでしょうか。

江戸時代が幕を閉じた約七十年後、日本は大東亜戦争へと進んで、その結果、全国各地が焦土と化します。この時にも我々の先人は、焼け野原の中から、世界が目を見張る奇跡の復興を遂げるのですが、その原動力もまた、長年にわたる災害との格闘という民族の歴史が育んだ精神の遺産といえるのかもしれません。

「五公五民」の嘘と「百姓一揆」の真実

ここで江戸時代の農民の暮らしについて語りましょう。

農民は収穫した米の半分（「五公五民」という）、あるいは六割（「六公四民」という）を年貢米として領主に納め、悲惨な暮らしをしていたという誤ったイメージがあります。農民は米を食べることができず、ヒエやアワばかり食べていたという話もまことしやかに伝えられています。

八代将軍・吉宗《よしむね》の下で、享保の改革の裏方を務めた勘定奉行、神尾《かんお》春央《はるひで》の「胡麻の油と百姓は絞れば絞るほど出るものなり」という放言が独り歩きしたためでもありますが、「悲惨な農民」のイメージは一種の印象操作の産物です。

江戸時代の農民は人口の約八割を占めていました。よく考えればわかることですが、収穫した米の半分を年貢で取るということは、残りの二割の人口でそれを食べていたということになり、それはあまりにも不自然です。また人口の八割がヒエやアワばかり食べていたならば、日本のほとんどの農地がヒエ畑やアワ畑だったということになります。近年の研究では、江戸時代の農民の生活は実はそれほど悲惨ではなかったということが明らかになっています。ここでも、いやそうではないと、わざわざ悲惨な例を持ち出して、江戸時代の農民の貧しさを訴える歴史学者がいます。たしかに現代の基準で見れば、当時の農民が苦しい生活をしていたのはたしかです。ただ、それは武士や町民も同じです。私が言いたいのは、長い間、日本の歴史学者の間に根強くあった誤った「貧農史観」で江戸時代の農民を見るのはやめようということなのです。江戸時代の年貢は個人ではなく、村に対して課され、年貢率は、「村高《むらだか》」と呼ばれる村の生産力、村が作り出す富の総量を米の量に換算した数字をもとに決められました。この村高はほとんどの地域で寛文から元禄までに行なわれた検地によって決まってしまっていました。その一方で、未墾地の開発がこの時代までにほぼ終わり、その後は商品価値の高い作物を工夫して作るようにもなっていたのです。こうして元禄以降は、村の富が増大しても村高には反映されない状況となり、農民には余裕ができていったのです。

享保の改革の頃になってもこの状況は続き、表向きは「五公五民」とされながらも、実際、享保元年（一七一六）から天保一二年（一八四一）までの年貢率は三〇〜四〇パーセント、四公六民から三公七民という状態になっていました。生産性の向上、収益性の高い作物栽培の導入に加え、農産加工品の発達などによる現金収入の増加も「村高」に反映されなかったため、実質的な年貢率は一〇〜三〇パーセントだったと類推されてもいます。この税率なら重税に苦しんでいたとはいえません。

また「農民を虐げ冷酷に税を取り立てる武士」は、実は江戸時代の農村にはいませんでした。そんな武士の姿が見られるのは主に後世に創作された映画やドラマ、漫画の中だけといっていいでしょう。

江戸時代の農村では農民による自治が行なわれていました。これがヨーロッパにおける農村や農民と大きく異なる点です。日本にはヨーロッパや中国で見られたような農奴《のうど》は存在しませんでした。旅や移動の自由は認められていましたし、次男や三男が江戸や大坂に出稼ぎに行ったり、その地に町人となって住みついたりするのは珍しいことではありませんでした。

元禄時代以降、農地が拡大し農村の収入が増えていっても、幕府が新たに検地を行なって村高をつかみ直すことは、新田以外はほとんど不可能となっていました。後の天保の改革の時に、近江国で幕領検地を行なおうとしたことがありましたが、農民の反対によって頓挫しています。つまり、支配者としての武士、虐げられる農民というのは江戸時代の実相ではないということです。こうして農民は着実に富を蓄え、休日を増やしたばかりか、村祭りなどの機会を利用して娯楽を享受するようになっていきました。

とはいえ、飢饉になれば東北地方を中心に多くの餓死者が出たことも事実です。海外貿易による食料輸入がなく、自給率一〇〇パーセントの国では常にその危険がつきまといます。これはある意味、仕方のないことです。大飢饉の時は、「米所」の大坂の町人にも多くの餓死者が出ています。

ところで、「百姓一揆」に関しても、誤解が多いように思います。大勢の農民が鍬や竹槍を持ち、武士と争うような一揆は、江戸初期を除いては、ほとんど起こっていません。それらは戦国時代の土一揆のイメージです（戦国時代の一揆では農民も武士と同じく武装していて、戦争とほぼ同じだった）。元禄時代以降の一揆は農民が集団で、あるいは代表を立てて、領主や代官と交渉するという形がほとんどです。これを越訴《おっそ》と言います。越訴は幕府も各藩も禁じていましたが、実際に越訴が行なわれた時も、多くの場合、代表者も農民も罪には問われませんでした。ただし、その際に徒党を組んだり乱暴に及んだりした場合は、首謀者は磔などの刑に処せられました。

とはいえ、飢饉などで逼迫した状況の時は、豪商や米問屋に対して、集団による「打ちこわし」（豪商の屋敷などを民衆が破壊すること）などの騒乱事件はたびたび起きています。これは一般の町人も行なっているもので、通常の百姓一揆とは別に考えるべきものかもしれません。

コラム 江戸時代の典型的な疾患《しっかん》の一つに脚気《かっけ》があります。

これはビタミンB_1の不足によって生じる疾患で、末梢神経に障碍をきたし、心機能の低下・不全を併発すると死に至ります。足がむくんでしびれが起きることから脚気と呼ばれました。

玄米にはビタミンB_1が含まれているため、これを食べていた時代は脚気になる人は多くありませんでしたが、元禄時代から、江戸や大坂など都会で白米を食べる習慣ができたことにより、脚気患者が一気に増えたのです。地方から参勤交代で江戸に出た侍や、あるいは江戸や大坂に丁稚奉公に来た農民が罹り、地方に戻ると快癒することから、「江戸患い」「大坂腫れ」といわれました。美味しい米を食べるというグルメな江戸の習慣が皮肉にも厄介な病を生んでしまったのです。

長らく原因も治療法もわからず、明治時代に入っても毎年、脚気による死者は数千〜一万数千人にのぼり、結核と並んで「二大国民病」「二大亡国病」といわれました。当時は、日本の風土病、あるいは何らかのウイルスによるものと考えられていましたが、明治四三年（一九一〇）、鈴木梅太郎《すずきうめたろう》がビタミンB_1の不足によって脚気になることを発見しましたが、その説はすぐに受け入れられず、また国民の栄養に対する意識の低さから、その後も患者はなかなか減りませんでした。大東亜戦争後は日本人の栄養状態が改善され、脚気患者は劇的に減りましたが、昭和五〇年（一九七五）頃からインスタント食品やジャンクフードの摂食が増えたことから、脚気患者が増えるという事態になりました（その後、インスタントラーメンなどにもビタミンB_1が添加されるようになり、脚気患者も減少した）。

閑院宮家創設

宝永六年（一七〇九）、綱吉が亡くなりましたが、彼には嫡男がいなかったため、養子の家宣が六代将軍となりました。家宣はもとは甲府藩主の徳川綱豊（家光の孫）です。

家宣は将軍となるとただちに、「生類憐みの令」を廃止しました。そして学者の新井白石を侍講（政治顧問）に登用します。家宣は将軍に就いてわずか三年で亡くなり、息子の家継《いえつぐ》が三歳で将軍となりますが（歴代最年少の将軍）、三歳の童子に政務ができるはずもなく、新井白石が引き続き実際の政治を執り行なったのです。白石はまず元禄時代に改鋳した貨幣の金銀含有量を元に戻しました。これによって幕府の財政が悪化し、同時に市中に出回る貨幣の流通量が減ったため、日本全体がインフレからデフレへ転換し、世の中は不景気となりました。このあたりが経済の不思議なところです。

新井白石の功績で忘れてはならないのは、閑院宮《かんいんのみや》家という宮家を創設したことです。宮家というのは宮号を賜った皇族のことですが、天皇が跡継ぎの男子を残さずに崩御した時に天皇を出す家という存在でもありました。ところが、家宣が将軍であった時（東山《ひがしやま》天皇の在位中）には、三つしかない宮家（伏見宮《ふしみのみや》、桂宮《かつらのみや》、有栖川宮《ありすがわのみや》）はいずれも天皇とは遠い血筋になっていました。さらに皇族男子の多くが出家している状況でした（過去、出家した皇族が還俗して天皇になった例は「壬申の乱」を戦って勝利した天武天皇のみで異例中の異例）。将来、天皇に跡継ぎがないまま崩御した時に、宮家に皇統を継ぐ男子がいなければ、万世一系は途絶えます。

そのことを危惧した新井白石は、いざという時のために、家宣に新たな宮家を作ることを建白します。それは東山天皇の願いでもありました。そして新たな宮家である閑院宮家の創設が決まりました。そして結果的にはこのことが皇室を救うことになりました。というのは、閑院宮家が創設されて七十年後、後桃園《ごももぞの》天皇が崩御した時、跡継ぎの男子がなく、閑院宮家の祐宮《さちのみや》（東山天皇の曽孫）が皇室に入り、光格《こうかく》天皇となったからです。

令和の御代の今上陛下はその光格天皇の直系です。

コラム　閑院宮家創設が歴史上重要なのは、そのことが皇統断絶の危機を救い、皇室の万世一系を後世に繋げることになったからです。もちろんこれはあくまで結果論で、後桃園天皇が崩御した時、閑院宮家がなければ皇統を継ぐ別の誰かが皇室に入った可能性はあります。

私がここで言いたいことは、徳川幕府が「万世一系は絶やしてはならない」と考えていたということです。絶対的権力者であった幕府が朝廷をどのように見ていたかがわかります。朝廷こそが日本の国体であり、幕府はあくまで朝廷に代わって政を行なう機関であることを任じていた証左に他ならないと私は見ています。

もし徳川家が、「皇室はいずれ消えてしまえばいい、そうなれば徳川が日本を治める最高の家になる」と考えていたなら、皇統の危機に際して、わざわざ閑院宮家を創設するはずはありません。

平成から令和にかけて、多くのメディアや文化人や学者や政治家が「女系天皇論」を主張し始めました。「女系天皇」という言葉は近年メディアによって作られた新語で、その意味するところは「内親王（天皇の娘）が結婚して産んだ子供が天皇になる」ということです。たしかに内親王が産んだ子供は天皇の血統を継いではいます。しかしその夫が皇室の血統を継がない男なら、二人の間に生まれた子供は万世一系を継ぐ子供ではありません。つまり「女系天皇」が誕生した時点で、日本は連綿と千数百年以上続いていた万世一系が途絶えるということなのです。そうなれば、「世界最古の国」としての日本は消え、新たな王朝が立つ別の国となります。これは一般社会における「男女同権」とはまるで次元の違うことなのです。

現在、「女系天皇」を主張する組織や人たちの真の目的がどこにあるのかは不明ですが、三百年以上前に、徳川幕府でさえ、万世一系を守ろうと尽力した事実を、私たちは忘れてはならないと思います。

吉宗の時代

家継は三年後の正徳六年（一七一六）、わずか六歳で亡くなりました。ここで二代将軍・秀忠の血を引く徳川宗家（直系）の男子は絶えることとなります。そこで幕府は御三家の一つである紀州藩の藩主、徳川吉宗（家康の曽孫）を八代将軍としました。宗家の男系男子が絶えた時のために用意しておいた御三家が生きたというわけです。吉宗は新井白石を解任し、財政再建のために自ら様々な改革を行ないました。これは享保元年（一七一六）に始まったことから、後に「享保の改革」と呼ばれます。そのうち最大の事柄は、それまで米の収穫高に応じて決められていた年貢を、豊作凶作にかかわらず一定の量に定めた定免《じょうめん》法に切り替えたことです。これにより幕府の収入は安定しましたが、農民にとっては不作や凶作の時には、非常に厳しい状況となりました。一方、豊作の時は米の価格が下がるため、幕府にとっても農民にとっても益の少ない結果となったのです。このあたり、吉宗は生きた経済がわかっていなかったといえます。

しかしそれ以外の策は斬新で効果的なものとなりました。全国各地の新田開発、青木《あおき》昆陽《こんよう》に命じたサツマイモの栽培研究、その他、菜種や朝鮮人参や薬草などの商品作物の栽培奨励、植林政策など、農業改革には注目に値する策がいくつもあります。特にサツマイモの栽培普及は飢饉から多くの人を救いました。

優秀な人材を確保するために「足高《たしだか》の制」を設けたことも良策の一つでした。江戸時代の武士の地位と禄高（給料）は、生まれた家によって決められていましたが、吉宗は、優秀な者については高い地位に昇進させ、在職中に限りという条件で禄高も上げるというシステムを作ったのです。

司法改革も行ないました。それまでの裁判は、奉行などが先例に倣いつつ、その時の主観に近いやり方で判決を下していましたが、基本法と判例を明文化した「公事方御定書」（今でいう「刑事訴訟法」のようなもの）を作り、裁判審理の場で用いることとしたのです。これはそもそも幕府の法律でしたが、後に各藩がこの写本を所有し、次第に日本国内統一法のようなものとなっていきました。

他にも吉宗が「享保の改革」で新設した制度は数多くありますが、何より注目すべきは、「目安箱」の設置です。目安箱とは、江戸の庶民が直接幕府に宛てた注文や請願や訴えの手紙を入れることのできる箱です（後には京都や大坂やその他幕府の直轄地にも設けられた）。

大和朝廷成立以来、千年以上、基本的に庶民は政府に口を出すことはできませんでした（直訴は最悪の場合、死刑）。吉宗はその伝統を打ち破って、広く庶民の訴えを聞くことをシステム化したのです。目安箱に似たものは江戸幕府以前にもあったようですが、吉宗の作ったそれは単なる庶民のガス抜きではありませんでした。私がいたく感心するのは、実際に目安箱に寄せられた庶民の意見を政策に取り入れ、形にしたことです。たとえば江戸幕府の薬草園である小石川御薬園の一角に、貧しい庶民のための無料の医療施設である小石川養生所が作られたのも目安箱の投書を採用した事業でした（現在、小石川植物園として国の史跡に指定されている）。また江戸の防火対策にも庶民の意見がいくつも採用されています。

吉宗は幕府の財政立て直しのために緊縮策をとり、自らも率先して粗衣粗食（食事は玄米で一汁三菜）とし、庶民にも贅沢を禁じました。しかしこれは結果的にデフレを促進させただけでした。

幕府の緊縮政策に真っ向から逆らったのが、尾張藩主の徳川宗春《むねはる》です。宗春は民に贅沢を奨励し、自らも散財しました。そのお陰で尾張藩の景気は良くなり、城下町の名古屋は空前の繁栄を迎えます。吉宗は宗春のやり方を非難しましたが、宗春は幕府の言うことを聞きませんでした。

ただ尾張藩では町や庶民の景気は良くなりましたが、藩の財政は改善されませんでした。一番の理由は、商人から税金を取らなかったことにあります。尾張藩の収入のほとんどは領内の年貢米（これは換金できた）でした。すでに近代的な経済活動が行なわれつつあった中で、商取引から税を徴収するというアイデアが浮かばなかったのは不思議ではありますが、この点は幕府も同じでした。

吉宗の宗春に対する憎悪は凄まじいものがありました。宗春を強引に隠居させ、名古屋城の三の丸に蟄居《ちっきょ》を命じ、死ぬまでその屋敷から出ることを禁じたばかりか（父母の墓参りさえ許さなかった）、死後も、墓に金網をかけるように命じたという話も残っています。この過酷な処断を見ると、吉宗は自分の経済政策が失敗だったということ、つまり敗北を認めていたのではないでしょうか。宗春が逆の政策をとって名古屋を大いに繁栄させていたことが悔しかったと考えれば辻褄が合います。英明で知られる吉宗でしたが、それゆえに自らの誤りを認めたくなかったのかもしれません。「享保の改革」で徹底した緊縮策をとっていた吉宗でしたが、一向に景気が回復しない状況に困り果て、元文元年（一七三六）、大岡忠相《おおおかただすけ》（越前守）の忠告を聞き入れて、金の含有量を大幅に減らした貨幣（元文小判）を発行しています。つまり綱吉と同じ金融緩和政策を行なったわけです。これは「元文の改鋳」と呼ばれていますが、この策により江戸の町の景気はようやく蘇りました。

後世、「享保の改革」は成功したという評価がなされていますが、実際には享保年間（一七一六〜一七三六）の二十年に行なわれた改革は経済的には成功とはいいがたく、元文の改鋳によって、初めて成功したといえるのです。

吉宗がしたことでもう一つ重要なことは、次男と四男のために二つの家（田安《たやす》徳川家、一橋《ひとつばし》徳川家）を創設したことです。紀伊徳川家出身の吉宗は、今後、将軍の座は自分の血統で固めたいと考えたのかもしれません。そのために、徳川幕府が「御三家」を作ったように、「血のスペア」の意味で二家を創設したのではないかともいわれています。後に作られた清水徳川家を加えた三家は、「御三卿」と呼ばれました。

ちなみに江戸幕府の最後の将軍、慶喜は一橋家から出ています。ただし、その血筋は紀伊徳川家ではなく、水戸徳川家です。そのことは後述しましょう。

傑物、田沼意次

吉宗の後、九代将軍となった家重《いえしげ》（吉宗の長男）は障碍（脳性麻痺という説が濃厚）のため、言語が不明瞭でした。そんな虚弱体質ながら、幼少から大奥に入り浸り酒と女に溺れたといいます。頻尿でもあり、江戸城から上野寛永寺に行くまでのわずか数キロの間に、二十三ヵ所の便所を設置させたことから、陰で「小便公方《くぼう》」と揶揄されていました。ただし知能は正常だったという説もあります。

家重の逝去（享年四十九）後、十代将軍となったのは家治《いえはる》（家重の長男）です。家治は祖父、吉宗に似て幼い頃より聡明で、文武に優れた人物であったといわれていますが、二十三歳で将軍になってからは政治を家臣に任せ、趣味の将棋に没頭したことから、後世、無能な将軍という評価が下されています。残された家治の棋譜から、現代のアマチュア高段者に匹敵する腕は十分にあったとされており、日本将棋連盟会長を務めた二上達也《ふたかみたつや》九段によれば、詰将棋創作に関しては相当なレベルだそうです。

徳川将軍の中では珍しく愛妻家で、正室（本妻）に男児が生まれなかったことから、やむを得ず側室を持ちましたが、二人の側室が男児を産んだ後は側室のもとへは通わなかったといいますから、当時としては奇特な将軍といえます。

家治の将軍在位中（宝暦《ほうれき》一〇年【一七六〇】～天明六年【一七八六】）に、側用人・老中として権勢を誇ったのが、旗本の田沼意次《たぬまおきつぐ》です（意次が側用人になったのは明和四年【一七六七】）。意次の父は紀州藩の足軽でしたが、吉宗に才能を認められ、幕府の旗本となりました。意次が世に出たのも、吉宗の能力重視の方針のお陰だったのです。

意次は悪化していた幕府の財政を立て直すため、それまでの米中心の経済から、商業振興策へと転換を図りました。鉱山の開発、干拓事業、また清との貿易で重視された輸出用の俵物《たわらもの》（煎海鼠《いりこ》、干鮑《ほしあわび》、鱶鰭《ふかひれ》）を専売にして貿易の拡大を行なうなど様々な新規事業を興します。さらに蝦夷地の天然資源を調査し、ロシアとの交易の可能性を探るために、国後島《くなしり》や択捉島《えとろふ》の探検もさせています。

これらの商業振興策もさることながら、意次の政策で最も注目すべきは、商人から税を徴収したことでした。彼は商品流通を行なうための株仲間（幕府から営業の独占権を与えられた商人の集まり）の結成を奨励し、そこから冥加金《みょうがきん》を取ったのです。これは現代の事業税に近いものといえます。

この政策はなぜかあまり評価されていませんが、私は画期的なことであったと思います。江戸幕府が開かれて百五十年以上、どの将軍も老中も思いつかなかったことでした。いや、むしろ経済がこれほど発展し、商人たちが大きな収益をあげ、その金を大名たちに貸して利益を得ていたにもかかわらず、彼らの利益から徴税することに気付かなかったのは不思議だというほかありません。つまりそれだけ米が経済の中心と見られていた証拠かもしれません（藩の大きさや旗本の家格を示す単位も石高であった）。

そもそも幕府が江戸、大坂、京都、その他天領の町のインフラ、街道の整備、役人の給料まで、すべて幕府直轄地の鉱山と年貢で賄うというシステムはどうみても無理がありました。意次が商業経済に目を付けたのはまさに慧眼《けいがん》でした。意次の商業振興策は、幕府の財政を大いに潤わせ、市中の景気も良くなりました。町人や役人の生活も、それまでの米を中心としたものから金銭中心となり、近代的な経済社会へと急速に近づいたのです。

また吉宗が行なった能力主義をさらに進め、士農工商に囚われずに優れた人材の登用を図って、身分制度にも風穴を開けようと試みもしています。意次の大胆な発想には驚かされるばかりですが、斬新で先鋭的な改革は、旧来の伝統を墨守する保守的な幕閣の反発を買うこととなりました。

意次の改革は、都市以外ではすぐに効果が現れるものではなく、生活に困窮した農民たちが田畑を放棄して都市に流入したため、農村は荒廃していきます。明和の大火や浅間山の大噴火などの大災害があり、加えて天明の飢饉が起こり、一揆や打ちこわしも増えたことで町の治安は悪化し、社会不安が増大します。こうした不運も重なって、天明六年（一七八六）、将軍家治の死と同時に意次は失脚させられました。

もし意次が失脚せず、彼の経済政策をさらに推し進めていれば、当時の経済は飛躍的に発展していた可能性が高いと思われます。そうなると日本は世界に先駆けて資本主義時代に入っていたかもしれません。

田沼意次というと、現代でも賄賂《わいろ》政治を行なった人物として悪名高いのですが、それは当時の政敵によるデマや噂を信じた後世の人々が作った誤ったイメージです。意次は失脚後、領地や私財のほとんどを没収されるほどの苛烈な処分を受けましたが、実はこの時、財産と呼べるものは驚くほど少なかったといわれています。意次への処分の厳しさから、いかに彼が既存勢力の幕閣から嫌われていたかがうかがえます。意次の失脚は、「改革者を蹴落とす」という日本的な悪しき部分を見るようでもあります。

寛政の改革

家治の後に十一代将軍となった家斉《いえなり》は、もとは一橋徳川家の出身でしたが、家治の息子が急死したために、八歳で家治の養子となり、天明七年（一七八七）に将軍職に就きました。当時、十四歳でした。

家斉は将軍在位五十年と歴代で最も長く将軍職にありましたが、政治を幕臣たちに任せ、大奥に入り浸っていたことから、「俗物将軍」と渾名されました。わかっているだけでも十六人の妻妾を持ち、男子二十六人、女子二十七人をもうけています（成人したのは二十八人）。精力増強のためオットセイの陰茎を乾燥させて粉末にしたものを飲み、陰で「膃肭臍《おっとせい》将軍」とも呼ばれていました。幕府は家斉の大勢の子と大名家との縁組みの際（半ば無理矢理に養子にやったり、嫁に出したりした）、領地の加増を行なうなど多額の出費をしたために、財政が苦しくなっていきます。

家斉の代わりに老中として政務を行なったのは、陸奥白河藩主の松平定信《さだのぶ》（吉宗の孫。田安徳川家の流れを汲む）でした。二十八歳で老中になった定信は、経済中心の田沼意次の政策を憎み、祖父の吉宗が行なった米と農業を基本にした政治を目指して、逆向きの様々な改革を行ないました。田沼意次がやろうとした蝦夷地開拓やロシアとの貿易計画も中止しています。定信のこうした政策は後に「寛政《かんせい》の改革」と呼ばれます。

一方で、飢饉に備えるために穀物の備蓄を命じたり（「囲い米」）、地主や商人などにも、万一の時に備えて基金の積み立てを命じました。また江戸の治安と犯罪者更生のために、無宿人（その多くが軽犯罪者）を集めて職業訓練を行なう「人足寄場」を江戸石川島に設置しました。これを提案したのは池波正太郎の小説『鬼平犯科帳』の主人公として知られる火付盗賊改方長官の長谷川宣以《はせがわのぶため》（平蔵《へいぞう》）です。もっとも実態は強制収容所に近いものでした。私が定信の政策で感心するのは、天明の飢饉で減った農村人口を増やすために、児童手当のようなものを支給していることです。国力の基本は人口にあるということをしっかりと認識していた証拠です。

定信は、幕府の役人のみならず、朝廷や大名、農民や町人に至るまで、厳しい倹約を命じました。昔ながらの文武を奨励し、幕府の学問所（昌平坂《しょうへいざか》学問所）では朱子学以外の講義を禁じました（「寛政異学の禁」）。また在野の学者らによる幕政批判を厳しく禁じ、『海国兵談』で国防の危機を説いた林子平《はやししへい》を処罰しました。これが後に国の安全保障の危機を招く遠因ともなりました。

理想主義者で潔癖症の定信は、町人の文化や生活習慣にまで口を出し、贅沢品を取り締まり、公衆浴場での男女の混浴も禁止しました。また洒落本《しゃれぼん》や黄表紙の内容は風紀を乱すものだとして、作者や版元を処罰しました。

しかしこのような理想主義は現実社会の人々の暮らしとは乖離《かいり》したもので、定信は将軍家斉との対立もあって、寛政五年（一七九三）に失脚し、彼自身による改革は六年ほどで終わりました（改革は続行された）。

コラム　この頃に流行った狂歌に、「白河の 清きに魚も すみかねて もとの濁りの 田沼こひしき」（大田南畝《おおたなんぽ》）という有名な歌がありますが、理想だけでは生き

ていけない庶民の本音が表われています。白河とは陸奥白河藩主だった定信のことです。

大田南畝は御家人で、勘定所勤めの官僚でしたが、若い頃から狂歌の名人で、洒脱で諧謔に富んだ歌をいくつも詠んでいます。定信の政策を皮肉った「世の中に 蚊ほどうるさき ものはなし ぶんぶ（文武）といふて 夜もねられず」の作者も南畝といわれています。南畝は当時としては長寿の七十四歳まで生きましたが、道で転倒したことがもとで亡くなりました。辞世は「今までは 人のことだと 思ふたに 俺が死ぬとは こいつはたまらん」という、実に人を食ったものでした。

余談ですが、死に臨んで和歌などを詠む「辞世」は、日本独特の文化の一つで、日本史に残る有名人の多くが名歌を詠んでいます。ただ残念なことに、明治に入ってその風習は急速に廃れ、大東亜戦争後はほとんどなくなりました。私も死ぬ時には、何か一つ拙い歌を詠んでみたいと思っています。

ちなみに南畝の少し後に活躍した式亭三馬《しきていさんば》（滑稽本『浮世風呂』の作者）の辞世は「善もせず 悪も作らず 死ぬる身は 地蔵笑はず 閻魔叱らず」というもので、同じく滑稽本『東海道中膝栗毛』の作者、十返舎一九《じっぺんしゃいっく》の辞世は、「この世をば ど

りゃおいとまに せん香の 煙と共に 灰左様《はいさよう》なら」というものです。一九は「遺体を洗わずに火葬にしてくれ」と遺言し、友人たちが火葬にしたところ、着物の間に仕込んでいた花火が炸裂して、葬儀の参列者を驚かせたという愉快な逸話が残っています。

南畝の狂歌や、三馬や一九の滑稽本には、幕府の政治体制とは別世界に生きた江戸の庶民のしたたかな精神とユーモアが随所に垣間見られます。

見せかけの天下太平

定信が失脚した後は、将軍家斉も贅沢三昧な生活を送り、社会も再び活性化します。景気が良くなる中で、文化・文政《ぶんせい》（一八〇四～一八三〇）の元号を取って「化政《かせい》文化」と呼ばれる町人文化が花開くこととなります。浮世絵は技術が上がり、多色刷りの豪華絢爛な版画が多数作られ、また滑稽本などの出版文化も全盛期を迎えます。歌舞伎も隆盛を極めました。

「元禄文化」は上方（京都、大坂）を中心としたものでしたが、「化政文化」は江戸を中心としたもので、この頃を境に文化の発信地が上方から江戸に移ります。江戸の庶民は太平の世に花開いた享楽的ともいえる化政文化を謳歌しました。しかしその平和な暮らしは、非常に危うい基盤の上に成り立っているものでした。この時すでに、日本は累卵《るいらん》の危うきともいうべき状況にあったのです。その原因は異国の脅威です。

十八世紀の半ばからイギリスでは産業革命が起こり、ヨーロッパ全体が凄まじい勢いで近代化していました。日本は百五十年にわたる鎖国政策のせいで、武力や科学技術の分野でヨーロッパ諸国に大きく後れを取っていたのですが、幕府はその現実と深刻さに気付いていませんでした。寛政の改革の頃（天明七年【一七八七】～寛政五年【一七九三】）、日本が自国のことで精一杯だった頃、世界はまさに激動の時代を迎えていたのです。

安永《あんえい》四年（一七七五）に、イギリスの植民地だったアメリカの十三州が独立を目指してイギリスと戦って勝利し、アメリカ合衆国が生まれ（独立宣言は安永五年【一七七六】）、寛政元年（一七八九）には、フランスのパリで市民が反乱を起こし、最終的には国王を処刑するという大事件が起きました。これは「フランス革命」と呼ばれています。

ヨーロッパ諸国の多くは君主制だったので、フランスの市民革命が自国に広がるのを抑えようと、革命政府をつぶしにかかりましたが、ナポレオン・ボナパルト率いるフランス軍がそれらの国を打ち破りました。フランスの英雄となったナポレオンはついにフランス皇帝の座に就きます。皮肉なことに民衆によって立てられた革命政権を守るために戦った男が、再び君主制に戻したというわけです。もっとも、その皇位は前王朝とは何ら血統的つながりもなく、ただフランスで新しい絶対的権力者が生まれたというにすぎません。フランスに限らずヨーロッパの王朝はすべて日本の皇室のような長い伝統を有してはいません。一方、「フランス革命」の精神である「人間は平等である」というスローガンはヨーロッパに広まり、近代化への大きな原動力となりました。

ただしヨーロッパ人が唱えた「平等」は、あくまで白人のキリスト教徒に限られ、有色人種や異教徒に対しては一切の人権を認めず、アフリカ、アメリカ、アジアの植民地で先住民を虐殺、奴隷化していきます。自由を求めてイギリスと戦ったアメリカもその後、現地のアメリカ・インディアンを大量に虐殺しました。中南米ではそれ以前にスペイン人が行なった殺戮によって先住民が絶滅寸前にまで追い込まれています。

日本がそんなヨーロッパの動きに背を向けて、自国だけで太平の夢をむさぼっている間に、世界はヨーロッパ人によって蹂躙《じゅうりん》されていたのです。十五～十七世紀の大航海時代に、スペインとポルトガルが、アフリカ、南北アメリカ、インドへ進出し、その後、イギリス、オランダ、フランスが続き、十八世紀までに、有色人種が住む地域の多くを植民地化したのです。その流れは十八世紀後半にイギリスで起こった産業革命によりさらに加速しました。こうして東南アジア諸国も、一八〇〇年代に次々とヨーロッパの国々に滅ぼされ、多くが植民地とされていきました。

ヨーロッパから見て極東に位置する日本は、最後に残されたターゲットでした。私が文化文政の頃の日本を「累卵の危うき」と表現したのはまさにこの状態を指しての言葉です。

次々に押し寄せる異国船

田沼時代の明和年間（一七六〇年代）から、ロシア船が日本近海に出没し始めていましたが、寛政年間（一七九〇年代）には、ロシア船、イギリス船、アメリカ船が次々と来航して、幕府に通商を要求するようになりました。当然ながら幕府はいずれも拒否しました。

家光が「鎖国令」を出した頃の日本は、ヨーロッパの国々でも容易に手を出せない国力（武力）を持っていましたが、前述したように百五十年という時間は彼我の力関係に大きな変化を与えていたのです。特に大きかったのが蒸気機関の発達です。それを動力とした工場は生産力を増し、また蒸気船や蒸気機関車の発明によって、人の移動や物の流通が飛躍的に増加していました。産業革命により資本主義社会となったヨーロッパの国々は新たな市場を求めて、アジアへの進出に一層拍車がかかりました。

オランダ以外のヨーロッパ船が日本に通商を求めてきたのは、安永七年（一七七八）、蝦夷地の厚岸《あつけし》（現在の北海道厚岸郡厚岸町）に来たロシア船が最初でしたが、これは松前藩が拒否しました。しかし十四年後の寛政四年（一七九二）、ロシア遣日使節が根室にやってきて、再び通商を求めると、幕府は長崎への入港の許可書を与えて退去させています。

十二年後の文化元年（一八〇四）、ロシアは今度は長崎に来航して通商を求めますが、幕府は半年以上も回答を引き延ばした末、翌年、拒否しました。これに怒ったロシアは文化三年（一八〇六）と文化四年（一八〇七）に樺太《からふと》や択捉島で略奪や放火を行ないます。これは「文化露寇」といわれる事件で、「弘安の役」以来五百二十五年ぶりの外国による攻撃でした。そのためかどうか、文化四年（一八〇七）、幕府は朝廷にこのことを報告しています。これは少なくとも外交に関しては朝廷の任を受けて事に当たっているという幕府の意識の現れといえるかもしれません。このことは後のペリー来航の時に大きく顕在化することになります。

幕府はそれまでロシアの漂着船には水や食料を支給して速やかに帰らせる「ロシア船撫恤《ぶじゅつ》令」を出していましたが、この事件以降、蝦夷地を幕府の直轄地とし、東北諸藩に出兵を命じて、蝦夷地沿岸の警備を強化するとともに、同年、「ロシア船打払令」を出しました。ちなみに「撫恤」とは「あわれみ、いつくしむこと」という意味ですが、なんとも「上から目線」なものでした。

ちなみに樺太南部と択捉島は一六〇〇年代以降、日本が実効支配していました。ただ、樺太北部に関しては、一八〇〇年代半ばまで領有が曖昧でした。樺太および千島列島の領有問題は後述します。

日本に来航したのはロシア船だけではありませんでした。寛政八年（一七九六）には室蘭にイギリス船が来航して港の水深を測っていますし、享和《きょうわ》三年（一八〇三）には長崎にアメリカ船が来航して通商を求めています（幕府は拒否）。

フェートン号事件

こうして次第に緊迫の度合いを高めていた時に、「フェートン号事件」が起きます。文化五年（一八〇八）八月十五日（新暦十月四日）、イギリスの軍艦フェートン号がオランダ国旗を掲げて長崎に入港し、同国人と思って出迎えたオランダ商館員を拉致したという事件でした。長崎奉行の松平康英《やすひで》はイギリス側に対して、オランダ人を解放するように求めましたが、イギリス側はそれには応じず、水と食料を要求しました。

この事件の背景には、オランダとイギリスの敵対関係があります。寛政五年（一七九三）にオランダはフランスに占領され、文化三年（一八〇六）にナポレオンが自分の弟をオランダ国王にします。これによりフランスと敵対関係にあったイギリスにとってオランダは敵国となり、フェートン号はオランダ船の拿捕《だほ》を目的に長崎にやってきたのでした。ヨーロッパのナポレオン戦争が遠く離れた日本にも影響を与えたというわけです。日本は知らないうちに世界史の事件の中に巻き込まれていたのです。

事態の収拾を目指す康英は湾内警備を担当する佐賀藩に対し、フェートン号を拿捕あるいは焼き討ちにするよう命じます。ところが太平の世に慣れきっていた佐賀藩は、経費節減のために守備兵力を一割に減らしていたのです。よって康英は近隣の藩に援軍を要請しました。

十六日、イギリス側は人質を一人解放し、あらためて薪、水、食料（米、野菜、肉）を要求すると同時に、拒否すれば港内の和船を焼き払うと恫喝してきました。康英はやむなく食料や水を提供、オランダ商館から提供された豚と牛もイギリス船に送ると、要求を満たしたイギリス船は残る人質を解放して、出航しました。

十七日未明になってようやく大村藩から兵隊が長崎に駆けつけましたが、フェートン号はすでに去った後でした。事件後、康英は、国威を辱めたとして自ら切腹、佐賀藩の家老数人も切腹しました。

この事件は日本とイギリスの間で国際問題とはなりませんでしたが、著しく主権を脅かされた出来事でもありました。文化三年と四年のロシア人による樺太および択捉島での略奪、そして文化五年のフェートン号事件により、幕府はイギリスとロシアを危険な国と認識し、長崎通詞（幕府の公式通訳者）らにイギリスについて研究するよう命じると同時に、オランダ語通詞全員に英語とロシア語の研修を命じました。

文化八年（一八一一）には「ゴローニン（ゴロヴニンとも）事件」が起きました。これは松前藩配下の南部藩士が国後島でロシア軍艦の艦長ゴローニンら八人を、捕まえた事件です。この拘束の経緯については、松前藩とゴローニン双方の言い分（帰国後の証言）が食い違っていますが、箱館（函館）で取り調べを行なった松前藩の奉行は先の文化三年に起こったロシア人たちによる樺太や択捉島で行なった略奪行為の報復と見做していました。そしてこの事件により、ロシアと日本は一時、軍事的緊張が高まります。ロシアの副艦長は本国に戻り、ゴローニン救出のために遠征隊を出すように要請しましたが、当時ロシアはナポレオンとの戦争直前で、日本に遠征隊を送る余裕はありませんでした（ナポレオンのロシア遠征は翌年の文化九年【一八一二】）。ここでも日本は世界史の中に関係しています。

この事件は最終的に、民間の廻船《かいせん》業者、高田屋嘉兵衛《たかだやかへえ》（ロシアに船を拿捕され人質になっていた）の尽力などで、ロシア側が樺太や択捉島での略奪行為を謝罪するという形をとり、文化一〇年（一八一三）ゴローニンらが釈放されて解決しました。この時、ロシアは幕府に対して国交樹立と国境画定協議を提案します。幕府は国交樹立は拒否しますが、国境画定協議は応じる構えを見せます。しかし諸事情のため、両国の間で国境画定の交渉が行なわれるのは四十二年後となります。

文化一四年（一八一七）、イギリス船が浦賀に来航します。この時は特に目的はなかったようでしたが、翌文政元年（一八一八）、再びイギリス船が通商を求めて浦賀に来航します（幕府は拒否）。文政五年（一八二二）にもイギリス船は浦賀に来航して、薪や水や食料の提供を求めますが、幕府は薪と水は与えたものの、交易は禁じる旨を伝えています。

右往左往する幕府

文政七年（一八二四）、「大津浜《おおつはま》事件」が起きました。これはイギリスの捕鯨船の乗組員十二人が水戸藩の大津浜（現在の茨城県北茨城市大津町）に上陸した事件です。

実は十八世紀にはヨーロッパの船は日本近海で捕鯨を行なっており、事件の少し前から水戸藩の近海でも、異国の捕鯨船が頻繁に見られるようになっていました。この時、大津浜に上陸したイギリス人らは、船に壊血病の患者が出たため、新鮮な野菜と水を求めてやってきたのでした。水戸藩士が彼らを捕らえますが、事情を聞いた幕府役人は、水と野菜を与えて釈放します。というのも、ロシア船に対しては「ロシア船打払令」が出ていましたが、その他の異国船には「撫恤令」が適用されていたからです。これは「薪水《しんすい》給与令」ともいわれ、薪（燃料）と水と食料が不足した異国船に対しては、それらを与えて追い返すというものでした。

しかし水戸藩では、この幕府の対応を手ぬるいと非難する声が上がりました。この事件の際にイギリス船員と会見した水戸藩士であり水戸学の学者であった会沢正志斎《あいざわせいしさい》が尊皇攘夷論を説いた『新論』を著し、これが後の水戸藩での攘夷運動につながったといわれています。

同じ年、薩摩沖の宝島（奄美大島と屋久島の間に位置する島）でも、イギリスの捕鯨船の乗組員と島民の間で争いが起こっています。「宝島事件」と呼ばれるこの事件は、この時、上陸したイギリス人（二十〜三十人といわれる）が牛三頭を強引に奪ったため、薩摩藩士がイギリス人一人を射殺したものです。

この二つの事件がきっかけとなり、文政八年（一八二五）、幕府はそれまでの「薪水給与令」を廃し、「異国船打払令」を出すに至ります。これは日本沿岸に接近する外国船は、見つけ次第砲撃し、また上陸する外国人は逮捕するという強硬なものでした。別名「無二念打払令」とも呼ばれますが、「無二念」とは「何も考えずに」という意味です。つまり幕府は外国との交流は問答無用で拒否するという強気な姿勢を内外に示したのです。この時の幕府は、外国船など威嚇すれば逃げていくだろうと高を括っていたふしがあります。二百年近くも前に、家光が鎖国令を出したときと違って、ヨーロッパとの国力（武力）差が逆転していることを認識していなかったのです。

ところが天保一三年（一八四二）、アヘン戦争で清帝国がイギリスに負けたことを知った幕府は、初めて彼らの強さを認識しました。すると途端にイギリスおよびヨーロッパ列強に怯え、同年、それまでの政策を一八〇度転換して「異国船打払令」を廃し、遭難した船に限り給与を認める「天保の薪水給与令」を発令しました。まさに右往左往の策です。

シーボルト事件と蛮社の獄

少し遡りますが、「異国船打払令」が出された三年後の文政一一年（一八二八）、「シーボルト事件」が起きています。これはオランダ商館付きの医師シーボルトが、国外への持ち出しが禁じられていた「日本地図」の縮図をオランダに持ち帰ろうとした事件です。海岸線が詳細に描かれた日本地図は、国防上きわめて重要な資料でした。この事件でシーボルトは追放、彼に関わった多くの日本人が処分されました。

シーボルトはオランダのスパイだったとする説がありますが、私は、シーボルトは純粋な興味から、日本地図を土産物として持ち帰ろうとしたのだと思っています。博物学者でもあったシーボルトは非常に好奇心旺盛な学者で、帰国の際、哺乳動物標本二百点、鳥類標本九百点、魚類標本七百五十点、爬虫類標本百七十点、無脊椎動物標本五千点以上、植物二千種、植物標本一万二千点の他、日本で収集した文学的・民俗学的コレクション五千点以上を持ち帰っています。日本地図もその一つにすぎなかったのでしょう。もっともシーボルトはオランダ政府から日本の内偵調査の命令を受けていたといわれており、そうした任務を行なっていた可能性はあります。

シーボルトは日本に滞在中、ヨーロッパの最先端の医学を多くの日本人に教え、蘭学を学ぶ者の中には、西洋を無条件に敵視する幕府の姿勢に疑問を抱く者も現れました。蘭学者の中には「日本は開国し、西洋の優れた知識や文化を取り入れるべきだ」と考える者もいたのです。

江戸幕府も「蛮書和解《わげ》御用掛」を設置するなどして蘭学を積極的に受け入れる姿勢を示したものの、その流れは天保八年（一八三七）に起こった「モリソン号事件」で断ち切られます。

アメリカの商船モリソン号は漂流した日本人漁民七人を保護し、彼らを日本に届けるために浦賀にやってきました（これを機に通商を求める目的もあった）。ところが、イギリスの軍艦と勘違いした浦賀奉行が砲撃し、モリソン号を追い払いました。ただ、この時、日本の大砲の射程が短く、脅威ではないことが明らかになってしまいます。

幕府がモリソン号は漂流民を届けにやってきたという真相を知ったのは一年後、オランダ商館からの情報によってです。

蘭学者の渡邉崋山《わたなべかざん》や高野長英《たかのちょうえい》らは幕府の対応を非難します。そこで幕府は崋山ら多くの蘭学者を捕らえます。この言論弾圧を「蛮社《ばんしゃ》の獄」といいます。当時、蘭学者は

「南蛮の学問を学ぶ」ということから「蛮社」と呼ばれていました。この時、多くの素晴らしい学者が殺されたり、永牢（終身刑）の処分を受けたりしました。これは日本にとって大きな損失でした。西洋について詳しい情報を持った人物を粛清する行為が、自らの首を絞めることにつながりかねないということに、幕閣たちは気付いていなかったのです。

コラム シーボルトが持ち出そうとした地図は、「大日本沿海輿地《よち》全図」の縮図ですが、これを作ったのは伊能忠敬《いのうただたか》という一民間人でした。
上総《かずさ》国山辺郡小関村（現在の千葉県山武郡九十九里町小関）で生まれた忠敬は農民であり商人でもありました。四十九歳で隠居しますが、驚いたことに五十歳の時に江戸に出て、当時、天文学の権威であった三十一歳の高橋至時《たかはしよしとき》を師匠として、天文学、暦学、数学を学んだのです。至時と忠敬はやがて壮大なことを考えつきます。それは正確な測量による日本地図の作成でした。ちょうどその頃、ロシア船が何度も蝦夷地に来航していました。至時は幕府に蝦夷地の測量を願い出て、忠敬がその任に就いたのです。

こうして寛政一二年（一八〇〇）、五十五歳の忠敬は蝦夷地測量の旅に出ました。忠敬の測量はあしかけ十七年にも及び（その間に師匠の高橋至時は亡くなっている）、ついに日本の沿海図を正確に描いた地図「大日本沿海輿地全図」を作り上げるのです（実際に出来上がったのは忠敬が亡くなった三年後、高橋至時の息子の景保《かげやす》が完成させた）。これによって幕府は海防および国防の上で大きな情報を得ました。「大日本沿海輿地全図」は別名「伊能図」あるいは「伊能大図」と呼ばれています。

忠敬が作った地図を前にすると、私は言葉を失うほどの深い感動を覚えます。当時の平均寿命を超えている年齢から暦学を学び、五十五歳から七十一歳まで、日本全国を歩いて測量するなど、想像もつかない気力と努力です。さらに驚くべきことは、忠敬の測った緯度の誤差が約千分の一だったということです。海岸線は人が歩けない険しい崖や岩で覆われたところが多いにもかかわらず、忠敬の残した地図には、そうした海岸線もきわめて正確に描かれています。現代のような測量機器などはもちろんない時代です。凹凸のある道なき道を行き、その距離を正確に測るというのは、まさに超人的な、気の遠くなるような大仕事です。

忠敬のような人物を知ると、当時の日本人の底知れぬパワーに、あらためて畏敬の念を抱かずにはいられません。頻繁にやって来る異国船を前に、幕閣が右往左往している時にも、こうした民間人（測量の旅に出た時は幕府の役人）が日本を支えていたのです。

内憂外患、揺れる日本

天保八年（一八三七）、家斉の子の家慶《いえよし》が十二代将軍となりましたが、家慶は政治への関心が薄く、趣味に没頭し、家臣の意見を聞いても「そうせい」と言うのが口癖だったため、陰では「そうせい様」と渾名されました。これは四代将軍の家綱の「左様せい様」と同じです。

しかし家綱の時代（慶安四年【一六五一】～延宝八年【一六八〇】）と、家慶の時代（天保八年【一八三七】～嘉永《かえい》六年【一八五三】）では日本を取り巻く状況がまるで違っていました。対外的には異国船来航の事件が幕府を揺るがせていたのは前述の通りですが、国内的にも大きな問題がいくつも起こっていました。

天保年間（一八三〇～一八四四）に入って、毎年のように不作が続き、天保四年（一八三三）には天保の大飢饉が起こりました。この大飢饉は天保一〇年（一八三九）まで続き、その間に日本の人口は全体の四パーセント近い百二十五万人以上減少したといわれています。

天保八年（一八三七）、天保の大飢饉の影響で、大坂でも連日、百五十～二百人もの餓死者が出たといわれている年にある事件が起きました。元大坂町奉行東組与力で儒学者の大塩平八郎《おおしおへいはちろう》は、私財をなげうって飢えた民衆の救済活動を行なっていましたが、一向に根本的な解決策を取らない幕府の怠慢と、米を買い占める豪商に対して怒りを爆発させ、ついに民衆とともに蜂起したのです。しかし密告者のせいで乱はその日のうちに鎮圧されました（大塩平八郎の乱）。

同じ年、越後国柏崎で国学者の生田万《いくたよろず》が貧民救済のため蜂起します（生田万の乱）。翌年には佐渡でも大規模な打ちこわしが起こるなど、全国各地で暴動が頻発しました。

日本は内外ともに大きく揺れていたのです。前述の「蛮社の獄」が起こったのも天保一〇年（一八三九）でした。

黒船前夜

天保一四年（一八四三）、イギリス船が八重山諸島を調査・測量するという事件が起きました。翌天保一五年（一八四四）には、オランダ国王が幕府に対して「開国勧告」の手紙をよこします。このまま鎖国を続けていると、アヘン戦争で敗れた清の二の舞になるかもしれないと、わざわざ忠告してくれたのです。にもかかわらず、幕府は翌年、オランダ国王に対して謝絶の返答をしました。

同年、フランス軍艦アルクメーヌ号が那覇に入港して、貿易とキリスト教の布教許可を求めてきました（琉球側は四年後に拒否の回答）。以後、ほぼ毎年のように、ヨーロッパやアメリカの船が来航し、日本に対して通商を求めてくるようになったのです。

嘉永二年（一八四九）、アメリカの戦闘小型帆走船に乗ったジェームス・グリンが長崎に入港し、日本で幽閉されていたアメリカ船員の引き渡しを要求する事件が起きました。この船員とは蝦夷地沖で難破した捕鯨船の乗組員たちでした。

グリンは船員を解放しなければ、アメリカによる軍事介入の可能性があるとほのめかしました。幕府はその脅しに屈した形で、船員全員を釈放します。グリンは帰国後、アメリカ政府に対し、「日本を外交交渉によって開国させること」と「必要であれば『強さ』(武力)を見せるべき」との建議を提出しました。この建議によって、アメリカは日本を武力で脅して、開国させる方針を決めたといわれています。

コラム　グリンが解放した船員の中に、冒険家ラナルド・マクドナルドがいました。カナダ生まれのアメリカ人ですが、白人とネイティブ・アメリカン(インディアン)の血を引いていた彼は、肌が有色であったこと(アメリカでは差別を受けていた)と、容貌が日本人に似ていることから、日本に対して親近感を抱いていました(彼は日本人とネイティブ・アメリカンのルーツは同じだと思っていた)。生来冒険心に富んだマクドナルドは、謎のベールに包まれていた日本に対する興味と、「日本人に英語を教えたい」という気持ちから、嘉永元年(一八四八)、二十四歳の時に自らの意思で日本に密入国しました。

彼は日本のために働きたいという思いを持っていましたが、残念ながら幕府によって捕らえられ、長崎に送られて座敷牢に入れられます。ところが、彼が日本文化に関心を持ち、また聞き覚えた日本語を使うのを見た長崎奉行は、日本人通詞十四人に英語を教えることを黙認しました（マクドナルドは日本人に英語を教えた最初のアメリカ人である）。後にペリーとの交渉で通訳を務めた森山栄之助《もりやまえいのすけ》はマクドナルドの教え子です。

帰国後、マクドナルドは、日本は未開の国ではなく高度な文明を持った国であるということをアメリカ人に伝えました。彼の情報は後の対日政策の方針にまで影響を与えたといわれています。彼の名は日本ではほとんど知られていませんが、アメリカでは歴史上重要な人物として評価されています。

その後、マクドナルドはインド、オーストラリア、アフリカ、ヨーロッパなど、全世界を舞台に働き、晩年はワシントン州のインディアン居留地で暮らしました。日本に対しては終生愛着を持っていたといいます。七十歳で亡くなりましたが、最期の言葉は「Soinara（さようなら）my dear Soinara」であったといわれており、墓碑にも「SAYONARA」の文字が刻まれています。

黒船来航

嘉永五年（一八五二）六月、オランダ商館長は、一年後にアメリカ艦隊が開国要求のために日本にやってくるという情報を幕府に伝えます。幕閣らはその時にどう対応するかを議論したものの、結論を出せずじまいでした。

翌嘉永六年（一八五三）六月三日（新暦七月八日）、ペリー率いるアメリカの軍艦四隻が浦賀にやってきました。そして武力行使をほのめかし、開国を要求します。この時、幕府は慌てふためくばかりでした。というのも、何の準備も用意もしていなかったからです。そしてここから幕府も日本全体も開闢以来の混迷の時代を迎えます。

激動の幕末を語る前に、アメリカ側の事情を述べておきます。アメリカが日本に開国を求めた理由は、日本が捕鯨船の寄港地として最適だったからです。当時、捕鯨はアメリカの重要な産業の一つでしたが、捕鯨船は一年以上の航海を行なうため、大量の薪や水や食料を入手できる補給拠点や、難破した時のための避難港が必要だったのです。捕鯨の目的は、ランプの燃料となるクジラの脂を取ることでした。当時、まだ石油（灯油）は使われておらず（ペンシルベニア州でアメリカ初の油田が発掘されるのは安政六年【一八五九】)、加えてアメリカは弘化《こうか》五年(一八四八)にメキシコとの戦争に勝って、カリフォルニアを含む西海岸を手に入れたことで、太平洋全体が重要なエリアとなっていたのです。もうひとつ「米清貿易」のための寄港地が欲しかったという理由もありました。

ペリーは日本に来る二年前の嘉永四年(一八五一)、日本遠征の基本計画を海軍長官に提出していますが、その中には次のような文章があります。

「日本人は蒸気船を見れば、近代国家の軍事力を認識するはず」

「中国人に対したのと同じように、恐怖に訴える方が、友好に訴えるより有効である」

まさに「舐められ」ていたのです。しかし、これが外交です。この時、アメリカ艦隊はいつでも戦闘を開始できる状態でした。

実はアメリカは三年前に、オランダに「日本との交渉の仲介」を依頼して断わられています。ペリーが日本の海の玄関である長崎ではなく浦賀に来たのは、オランダに交渉の邪魔をさせないためでした。ペリーは日本遠征が決まった時から、前述のシーボルトやゴローニンの書いた本を読み、日本人の性質を徹底的に研究していました。

このように事前に様々な情報を仕入れ、用意周到にやってきたアメリカ艦隊に対し、幕府はといえば、オランダ商館長から一年も前にペリー来航の情報を知らされていながら、何の準備もしていませんでした。それどころか、ペリーが来航する半世紀も前から、ヨーロッパ船やアメリカ船の来航頻度が年々高まり、開国要求も強まっていく中にありながら、幕府は来るべき「Xデー」にまったく備えていなかったのです。

歴史学者の中には、そうではないと否定する人がいます。たしかに幕府は譜代大名に情報を与えたり、海岸防禦御用掛（海防掛）などに意見を求めたり、三浦半島の防衛のために兵を増やしたりはしていましたが、実際にアメリカ艦隊が来たらどのように対処するべきという結論は一切なかったのです。その証拠に、ペリーの開国要求に対して幕府は返答できず、「将軍が病気のために決定できない」として、一年の猶予を要求しているのです。つまり、何も考えていなかったということに他なりません。

この事実を私たちはどう見ればいいのでしょうか。普通に考えれば、文化・文政の頃には、幕閣らも、いずれ欧米列強が武力を背景に開国を迫ってくることはわかっていたはずです。長崎のオランダ商館から毎年、送られてくる『阿蘭陀《オランダ》風説書《ふうせつがき》』（世界情勢の報告書のようなもの）で、世界の情勢をおおよそ摑んではいました。もちろん

『阿蘭陀風説書』に世界情勢のすべてが書かれているわけではありません。たとえば、オランダがナポレオンに敗れて占領されていたことなどは伏せられていましたが、それでもアジアやアフリカ諸国のほとんどが欧米列強に支配されていることなどは幕府も把握していましたし、清がイギリスにアヘン戦争で敗れ、香港を奪われたことも知っていました。

にもかかわらず、幕府は五十年以上、何もしないで手をこまねいていたのです。年々増してくる異国の開国圧力に対し、ただ弥縫策《びほうさく》（一時しのぎの間に合わせの方策）を重ねることで問題を先延ばしにしていたのです。史料第一主義の歴史学者の中には、幕府は度々「異国船打払令」や「海防令」のようなものを出している例をあげて、十分に異国の圧力に備えていたと言う人がいますが、「打払令」を出すのと、実際に外国船を追い払えるだけの武力を持つのは似て非なるものです。最も重要なのは、外国の開国要求に対して対応できるだけの国力と国際的な交渉力を備えることでしたが、幕府はそれを怠ってきたのです。

しかし嘉永六年（一八五三）、黒船来航によって、徳川幕府はついに追い詰められました。そしてここから日本の歴史は大きく動きます。

コラム 日本がいずれ外国から武力によって開国を迫られる日が来ることは火を見るよりも明らかであったにもかかわらず、幕府がそれを先延ばしにしてきた一番の理由は「言霊主義《ことだま》」にあると私は見ています。

日本人は昔から言葉に霊が宿ると考えていました。わかりやすくいえば、言葉には霊力があって、祝福を述べれば幸福が舞い降り、呪詛《じゅそ》を述べれば不幸が襲いかかるという信仰です。とくに後者について、「あってはならないこと」や「起こってほしくないこと」は、口にしたり議論したりしてはならないという無意識の心理に縛られているのです。これを私は日本人特有の深層心理だと思っています。よくないことを口にするのは「縁起が悪い！」と忌み嫌われるのが日常生活においてだけでなく、政治の世界においても、同様なのです。

これは近代に入っても同様です。大東亜戦争時、作戦前に参謀や将校が「失敗するかもしれない」とか「敗れた場合」ということを軽々に口にすることは許されませんでした（そうした意見は多くの場合退けられた）。そのために陸軍では多くの無謀な作戦がとられ、夥しい兵士が飢えで苦しみました。なぜなら日本の参謀は作戦日数分の食料しか用意せず、作戦通りに進まなくなった時のための備えがなかったからです。情けないことにそれが何度もありました。

終戦間際の昭和二〇年（一九四五）の春以降、ソ連の軍隊がシベリア鉄道を通って続々と満洲国境に集結していました。普通に考えれば、満洲に侵攻する準備だとわかるはずです。しかし日本の関東軍はその情報を摑んでいながら、「ソ連軍による満洲侵攻」に何の対策も講じませんでした。「日ソ中立条約」が結ばれていたとはいえ、明らかな異常事態を見れば、ソ連が条約を破って攻め入ってくる可能性があると考えるのは普通です。しかし、それを考えること自体を否定したことにより、終戦直前に襲いかかってきたソ連軍によって、満蒙開拓団の民間人から夥しい死者を出し、武装解除した関東軍の兵士など六十万人近くが捕虜となりシベリアに送られました。

現代においても、世界の多くの国の憲法に書かれている「緊急事態条項」が日本国憲法にはありません。それどころか国会で議論さえも行なわれていません。「最悪の事態が起こるかもしれない」という想定での議論が避けられ続けているのです。

記憶に新しいところでは、大規模な原発事故に備えてロボットを導入しようという意見が、「原発に大規模な事故を想定することは許されない」という考えから、議論以前につぶされていたという事例があります（原発に大規模な事故が起きる可能性があると認めた場合、原発反対派から追及されるのを恐れたためである）。

このように、「起こってほしくないこと」は「起こらない」と考えようとする「言霊主義」は、我が国においては二十一世紀の現代にも根強く残っているのです。まして多くの迷信が信じられていた江戸時代においては言わずもがなです。

ペリー来航を伝えられながらも何の対策もしなかった理由が「言霊主義」にあると私が書いた理由がおわかりでしょうか。

とまれ、二百五十年近くも激動の世界情勢に背を向け、いわば殻に閉じこもったまま太平の眠りについていた日本という国家が、これ以降、無理矢理に国際社会に引きずり出されることになるのです。

第七章

幕末

黒船の来航から明治維新までの十五年間は、まさしく日本中がひっくり返るほどの大騒ぎとなりました。それまでの二百五十年間に起こった様々な大事件をすべてひっくるめても、この時代に起こった大事件の総数には及ばないのではないかと思えるほどです。重要な事件や出来事が目白押しの上、魅力溢れる人物が続々登場して、そのすべてを書こうと思うと本一冊でも到底足りないほどです。

本書は日本の通史ですから、いかに面白かろうが細かいドラマは他書に譲ることにして、歴史の大きな流れを追い、必要最小限の出来事を記すことにします。

ここで特筆すべきは、「天皇」の存在です。

江戸時代においては政治の表舞台にまったく登場しなかった「天皇」ですが、祭祀を司るだけの存在ではなかったことが明らかになります。海の向こうから「夷狄」が現れ、日本が未曽有の危機を迎えた時、将軍や幕閣を含め、多くの人々が、「天皇」こそ、日本と日本人の精神的な柱であることに気づいたのです。

維新の動乱はまさにその天皇をめぐって大きく動いていきます。

もう一つ、読者の皆さんに心に留めておいてもらいたいのは、この時代、討幕派も佐幕派も、日本を国難から救おうと真剣に考えていたということです。

幕府狼狽

ペリーは大統領からの国書を、半ば無理矢理に幕府に手交しました。そこには「日本はアメリカ船に石炭と水を供給すること」「アメリカの難破船や乗組員を救助すること」「下田と箱館（函館）を開港し、アメリカの領事を駐在させること」などの要求が記されてありました。幕府は一年後に返答すると答え、ペリーを帰国させました。

アメリカ艦隊が去った十日後、将軍家慶が亡くなります。暑気中《あた》りで病臥《びょうが》していたとのことですが、おそらくは黒船来航による精神的なショックも影響したと考えられます。二十九歳の息子の家定《いえさだ》が跡を継ぎ、十三代将軍となりました。

前将軍の家慶は十四男十三女をもうけましたが、成人まで生き残ったのは家定のみでした。江戸時代の乳幼児の死亡率が現代とは比べものにならないほど高かったことは言うまでもありませんが、家慶の子らの死亡率は当時の基準で見ても異常です。もしかしたら遺伝的な何かがあったのかもしれません。そして家定も幼少から病弱な上に、言葉が不自由でした。身体にも麻痺があり（おそらく脳性麻痺）、気に入らないことがあるとすぐに泣き、そのため人前に出るのを極端に嫌ったといわれています。父の家慶は、家定には将軍職は務まらないと考え、一時は一橋家から養子を取って将軍継嗣《けいし》にしようとしていたほどでした。

江戸幕府を揺るがす大事件の最中に将軍が死去するという巡りあわせもさることながら、跡を継いだ将軍が心身ともに脆弱な人物であったこともまた、幕府にとっての大きな不運だったといえるでしょう。

家慶は亡くなる前、「今後の政治は徳川斉昭《なりあき》（海防参与）と阿部正弘《あべまさひろ》（老中）に任せる」と言い遺しました。徳川斉昭（水戸藩主）は開国には大反対で、アメリカとの戦争も辞さずという徹底した攘夷論者でしたが、阿部正弘（備後福山藩主）は、それが国際情勢を無視した考えだということをわかっていました。

しかし、何が最善策であるかわからなかった阿部は、全国の諸大名に対して、忌憚のない意見を出すようにと命じましたが、これは異例なことでした。徹底した上意下達で、諸大名に対して幕府が政策案を求めるなど、かつて一度もなかったからです。それほどまでに困り果てていたということですが、見方を変えると、民主主義の萌芽であるともいえます。というのも、幕府はやがて大名に止まらず、旗本や御家人、さらには町人にまでアイデアを求めていくようになるからです。八代将軍・吉宗の目安箱とは違い、庶民が政道そのものに意見できるという状況は、かつて日本にはなかったことです。

寄せられた意見は七百十九通にものぼりました（町人からも九通あった）が、中には当時無役の三十歳の勝義邦の意見もありました。勝の意見を要約すると、「国を守るには軍艦が必要である。同時にそれを操れる海軍士官と水兵の養成、つまり海軍が必要」というものでした。この意見が幕府の役人の目に留まり、勝は後に長崎海軍伝習所に派遣され、出世の糸口を摑むこととなります。

幕末に起こった討幕運動は全国の下級武士たちによって興されましたが、それもこの時に幕府が下々に広く意見を求めたことがきっかけになったといわれています。つまり「自分たちも天下のご政道に口を出してもいいのだ」という空気が生まれたのです。

同時に、今の幕府では国は守れないのではないかという危機感を、多くの者が抱くようになったのです。そしてこの意識が時代を大きく動かしていきます。

コラム　黒船が来航したことで、幕府は江戸湾の海岸警護を周辺の藩に命じますが、各藩とも武具を満足に所持しておらず、慌てて出入りの商人に武具を集めさせました。足軽や従卒の数も足りず、これも斡旋屋に依頼して、とりあえず頭数だけを揃えたという話も残っています。

直参の旗本や御家人も同様で、徳川将軍の号令で異国と一戦交えるかもしれない事態になったものの、多くの家には甲冑《かっちゅう》すらありませんでした。そのため旗本や御家人が古道具屋に殺到し、それまで十両ほどだった具足が七十～八十両にも跳ね上がりました。壊れた武具を直す鍛冶屋も大繁盛したといいます。長らく太平の世に浸りきり、幕府も大名も、そしてもちろん一般の武士たちも「国防」を完全におろそかにしてきたことの証左です。

ペリーが兵隊を乗せた小舟を下ろし、江戸湾（現在の東京湾）の水深を測るという行動に出た時、防備にあたっていた川越藩士たちはそれを阻止しようとしますが、幕府から「軽挙妄動を慎め」と命じられていた浦賀奉行によって押しとどめられました。自国領内、しかも江戸城の目の前の海を外国人が堂々と測量することを黙認した幕府の態度は腰抜けとしかいいようがありません。

　このことは私の目には、現代の日本で起きていること、たとえば尖閣諸島の沖で、中華人民共和国の海警局の船の跋扈を看過している状況と似たことのようにも見えます。

開国

　嘉永七年（一八五四）一月（新暦二月）、ペリーは再びやってきました。前回の倍近い七隻の大艦隊を伴っての来航でした（最終的に九隻となる）。

　諸大名の意見は開国に反対が過半数でしたが、アメリカを恐れた幕府は、三月に「日米和親条約」（正式名称は「日本國米利《めり》堅《けん》合衆國和親條約」）を結びます。

　ここに二百年以上続いた鎖国の時代が終わりを告げました。このニュースはたちまち世界に広まり、その後、イギリス、ロシア、オランダがアメリカと同じ要求をし、幕府はそれらの国々とも次々と和親条約を結ぶことになります。

　これにより幕府の威信は大きくぐらつきましたが、そのことを象徴するかのように、翌安政二年（一八五五）十月、江戸に大地震が起きます。家屋倒壊約一万五千、死者も一万人にのぼったとされ、江戸城も大きな被害を受けました。前年から翌年にかけて全国各地で何度も起きた大地震を総称して「安政大地震」と呼ばれています。

「日米和親条約」締結から二年後の安政三年（一八五六）、アメリカから外交官のタウンゼント・ハリスが来日し、今度は通商条約の締結を迫ります。幕府（老中首座は阿部正弘から堀田《ほった》正睦《まさよし》に代わっていた。阿部は翌年、急死）は交渉の引き延ばしを図りますが、同じ頃、「アロー戦争」で、清がイギリス・フランス連合軍に完敗したという情報が入ってきました。

あらためて欧米列強の力を見た幕府は、安政五年（一八五八）、アメリカと通商条約を結ぶことを決め、朝廷に勅許を求めますが、徹底した攘夷論者であった孝明《こうめい》天皇はこれを拒否しました。攘夷論とは、外国を撃退して鎖国を通そうという排外的な思想です。朝廷のみならず、全国の大名も程度の差こそあれ、条約調印には反対意見が多かったのです。

しかし同年、大老（臨時の役職で老中よりも上）に就いた井伊《いい》直弼《なおすけ》（彦根藩主）は、朝廷の勅許を得ないまま「日米修好通商条約」を結びます。

この条約は日本にとってきわめて不利な二つの条文を含む不平等条約でした。その二文とは、「アメリカの領事裁判権を認める」ことと「関税自主権がない」ことでした。「領事裁判権を認める」とは、アメリカ人が日本で罪を犯しても、日本人が裁くことができないということです。極端にいえば、アメリカ人は日本で犯罪をやり放題ということにもなり得ます。また、関税率を決める権限がなければ、外国から安い商品が流れ込んで日本の産業が大打撃を受けても、それを防ぐ手段がありません。そもそも関税とは貿易をする両国間で話し合って決めるものであるはずなのに、それを一方的に相手国が決めるというのは道理に合いません。

この時決められた関税率は、輸入品には平均二〇パーセント、輸出品には五パーセントというものでしたが、輸出品の関税が低かったのはアメリカが日本の生糸を大量に買いたかったからです。その結果、条約締結以降、国内の生糸価格が高騰します。またその後、列強が難癖を付けて輸入関税を五パーセントに下げさせたため、外国から安価な綿織物が大量に入ってきて、国内の綿織物産業が大打撃を受ける事態に陥っています。

現代なら中学生でもわかるこんな不利な条件を、なぜ呑んだのかといえば、乱暴にいえば当時の幕閣の無知のせいです。それまで大々的に国際貿易を行なったことがなかったので、関税の重要性を理解していなかったのです。領事裁判権については、日本側は「アメリカ人を裁く手間が省ける」と、むしろ歓迎したともいわれています。「国家主権」の意味と重要性を皆目理解していなかったといっても過言ではありません。こうして書いていても、当時の幕閣らのあまりの無知とお気楽さに頭がくらくらしてきます。

また開国した途端、日本へ来た外国人が、銀を金に換えて持ち帰るという事態も起きました。長い間、金と銀の交換比率(価値の比率)は、世界も日本も一対五でした。しかし一七〇〇年代にメキシコで巨大な銀鉱山が発見され、世界では銀の価格が急落し、金との交換比率は一対十五にまで開いていたのです(現在は一対八十以上)。ところが幕府は長年の鎖国でそのことを知らず、外国人にその虚を衝かれて、大量の金が日本から持ち去られたのでした(実際の方法は、メキシコ銀貨を日本の一分銀と交換し、それをさらに小判に換えて持ち帰った)。こうして国外に流出した金は、わずか半年の間に十万両(一説には五十万両)にも上ったといわれています。

これが半世紀以上も国際情勢に目を瞑ってきた弊害でした。いずれ開国を迫られる日が来るとわかっていたのですから、可能な限り情報を収集し、国際条約等について勉強をし、対策を練っていれば、こんな馬鹿げた詐取には遭わなかったはずです。それをひたすら「その日が来ないこと」を願い、あるいは「その日が来ること」を考えずに過ごし、いざその日が来てから泥縄式に対処したために、ひどい体たらくに陥ったのです。

同じ年、幕府はアメリカと結んだ不平等条約とほぼ同内容の条約をオランダ、ロシア、イギリス、フランスとも結びました。「安政の五ヵ国条約」と呼ばれるこれらの不平等条約を解消するのに、その後、日本は大変な苦労をすることになります。

日本人は世界のどの国の人々にも劣らない優秀な国民だと私は思っています。これまで述べてきたように、文化、モラル、芸術、政治と、どの分野でもきわめて高いレベルを保持し、優れた社会を築いてきたと確信しています。しかし、幕末における一部幕閣の政治レベルの低さと国際感覚の欠如だけは、悔しいながらも認めざるを得ません。

世界情勢に背を向けて、ひたすら一国の平和に浸かり、そこに日本人特有の「言霊主義」が混ざり合った結果、このような無様な事態に陥ってしまったのです。

コラム　安政元年十二月（新暦一八五五年二月）、ロシアと日露和親条約を締結したことは前述しましたが、この条約には今日の日露関係にも大きな影響を及ぼす重大な内容が含まれていました。それは北方四島が日本領であるという確認です（国境線は択捉島とウルップ島との間に引かれた）。樺太はこれまでのように国境線を引かず、両国民が混住するということに決まりました。

条約締結への道のりにはある美談が残されています。遅れ馳せながら日本との通商を求めて、ロシアの提督プチャーチンが下田に現れた折、安政大地震が起きました。下田の町は津波で壊滅状態となり、停泊していたロシアの黒船も壊れ、プチャーチン一行も行き場を失いました。この時、ともに被災した伊豆の人々とロシアの乗組員は協力して被災者救助にあたります。その後、日本側がロシア側に帰国のための新しい船を造って寄贈しようということになりました。

当時、伊豆の代官だった江川太郎左衛門《えがわたろうざえもん》は、長崎で海防を学び、後に江戸湾に、国防のための洋上砲台（現在のお台場）を設置した先進的な人物でした。彼は幕府にかけあい、腕利きの職人や資材を伊豆に集めます。そしてロシアの乗組員らとも協力し、日本史上初の西洋式帆船を完成させたのです。

この後に行なわれた日露の交渉によって、正式に国境線が決められ北方四島は日本の領土と定められました。ここで読者に誤解をしないでもらいたいのですが、日露和親条約以前から北方四島は日本の領土です。ロシア側にあらためてそれを確認させた上で、択捉島とウルップ島の間に国境線を引いたのです。

それから約百六十年後の平成二八年（二〇一六）、日本を訪れたロシアのプーチン大統領に、安倍晋三首相が一枚の絵を贈りました。そこに描かれていたのは、かつて日露の人々が協力して造った帆船「ヘダ号」（造船された戸田《へだ》村、現在の静岡県沼津市戸田の地名から名付けられた）でした。両国の先人の親善、協力の美談とともに、北方四島の帰属を決めた歴史を思い起こそうというメッセージを込めたギフトだったのです。

桜田門外の変

「日米修好通商条約」が結ばれた一ヵ月後、将軍家定が三十四歳で亡くなり、家定の養子で十二歳の家茂《いえもち》が十四代将軍となりました。

家定には子供がいなかったため、幕府内では以前から継嗣問題が起こっていました。水戸藩主の徳川斉昭ら幕政改革派（一橋派）は一橋慶喜《よしのぶ》を推しましたが、大老の井伊直弼ら幕府保守派（南紀派）が推す紀伊徳川家当主の慶福《よしとみ》（家茂）が継嗣となります。家茂は将軍となったものの、政治の実権は引き続き大老の井伊直弼が握っていました。

幕府が朝廷の勅許を得ずにアメリカと通商条約を結んだことや将軍の後嗣を勝手に決めたことで、一橋派の大名や公家も公然と幕府を非難するようになり、前水戸藩主や尾張藩主らは井伊直弼に抗議するために江戸城に不時登城（定式登城日以外の登城で禁じられていた）を行ないますが、直弼はこれに怒り、彼らに謹慎などの処分を下しました。これが契機となり、直弼は「条約反対派」や「一橋派」に対して厳しい弾圧を加えました。これは「安政の大獄」と呼ばれています。

孝明天皇は「朝廷の勅許を得ずに日米修好通商条約を結んだことは許せぬ」「幕府は攘夷を推進するため改革をすべし」という内容の勅諚（天皇の命令のようなもの）を水戸藩に下しました（二日遅れで幕府にも下された）。ただ、水戸藩への勅書の添書きには「この内容を全国の諸藩に伝えよ」と記されていました。この勅書は俗に

「戊午《ぼご》の密勅」といわれていますが、それは正式な手続きを経ないで出されたものだったからです。

幕府は水戸藩に対し、諸藩へ伝えることを禁じ、さらに勅書を朝廷に返納するように命じます。井伊直弼は密勅は水戸藩が画策したものと見做し（事実ではない）、前藩主の徳川斉昭は永蟄居、家老や京都留守居役などは切腹や斬首となりました。「安政の大獄」では、一橋慶喜も隠居謹慎を命じられています。

この事件の後、「安政の大獄」による弾圧はさらに厳しいものとなり、最終的に、刑死（切腹含む）した者は八人、遠島や追放は七十人以上にのぼりました。松下村塾で多くの俊秀を育てた吉田松陰もこの時、処刑されています。

私は井伊直弼の開国の決断自体は正しかったと考えています。徳川斉昭や孝明天皇のような国際情勢を無視した攘夷論は話にならないし、頑迷に開国を拒絶し続けていたなら、日本を武力で侵略する列強が出てきた可能性もありました。あるいは「アロー戦争」で清を破ったイギリスとフランスのように、連合国として日本に相対してきたかもしれません。たしかに不平等条約は残念なことだったが、当時の幕府が苦しい状況の中で最悪の事態を回避したといえるのかもしれません。

ただし、「安政の大獄」はやりすぎでした。この苛烈な策が反発を呼び、国内の攘夷論がさらに高まった上に、討幕の気運も生まれたからです。特に密勅の件における水戸藩への処罰は水戸藩士を激怒させました。

安政七年(一八六〇)三月、水戸藩を脱藩した十七人と薩摩藩士一人が、彦根藩邸から江戸城に向かう井伊直弼の行列を襲撃する事件が起きました。「桜田門外の変」と呼ばれるこのテロ事件で、井伊直弼は殺されます。

この時、彦根藩の行列には護衛の藩士が二十六人、足軽や中間も含めると六十人近くがいましたが、わずか十八人の刺客に藩主の首を取られています。当日は季節はずれの雪で、彦根藩の侍らは刀の柄《つか》と鞘《さや》に袋をかぶせていたために抜刀するのに手間取ったという不運もあったのですが、襲撃と同時に少なくない藩士が逃走したとも伝えられています。そもそも護衛のために付いていた侍が刀に柄袋をかぶせるなど、あり得ない話です。危機感の著しい欠如というほかありませんが、戦国時代、「井伊の赤備え」と他家に恐れられ、武勇の誉れ高かった井伊家の藩士たちさえもが、長年の太平の世に暮らすうち、侍の覚悟すら失っていたということなのでしょう。

コラム

「桜田門外の変」で死亡した八人の彦根藩士はお家断絶を免れましたが（息子の跡目相続を許された）、重傷者の五人は主君を守れずに家名を辱めたということで、下野国佐野に流され、軽傷だった者は切腹、無傷の者は斬首で、いずれも御家断絶の処分を受けました。

私は小説家であるせいか、歴史を見る時はいつも、通史には顔を出すことのない無名の人々の人生に思いを馳せる癖があります。それで「桜田門外の変」を見る時も、殺された井伊直弼や決死の覚悟で行列に突入した脱藩浪士たちよりも、変に巻き込まれた彦根藩士たちのことを想像してしまいます。彼らはその朝までは自分の身にそんなことが起きることなど思いもしなかったことでしょう。いつものように屋敷から江戸城までの行列をルーティンのようにこなしていたのでしょう。浪士たちが襲撃する直前まで、彼らの頭の中にあったのは「今日は雪のために特に冷えるな」くらいだったのかもしれません。もしその日に何事も起こらなければ、記憶にも残らない日だったことでしょう。

しかしその直後に起こったことは、百五十年後の二十一世紀にも日本の子供たちの教科書に載るほどの大事件となりました。にもかかわらず、彼らの名前は誰も知りません（井伊家の記録には載っているが）。彼らにも妻や子供がいたはずです。現代の我々と同じように、家族の幸せを願って生きていたことでしょう。しかし斬り殺されたり切腹を命じられた藩士たちはそれを失いました。お家断絶された家族たちがその後どのようにして激動の幕末を生きたのか、歴史は彼らについては一言も語ってくれません。

これは「桜田門外の変」に限りません。国のため、あるいは朝廷のために命を懸ける人は大きく歴史を動かしますが、多くの人々はいつの時代も自らの幸せと家族の幸せを願って生きています。教科書でしばしば太字で記される出来事の裏には、名もなき人々の慟哭や嘆きがあります。しかし、歴史の大きな流れは実はそうした名もなき人々が作っていることを忘れてはならないと思っています。

和宮降嫁

将軍がいる江戸城の前で大老が暗殺されるという前代未聞の事件は、幕府の屋台骨を大きく揺るがせました。老中になった安藤信正《あんどうのぶまさ》（磐城平《いわきたいら》藩主）と久世広周《くぜひろちか》（関宿《せきやど》藩主）は、早急に幕府の威信を回復させなくてはならないと考え、同時に反幕の矛先を和らげるため、公武合体（朝廷と幕府が一致協力して国難に対処していこうという政策）を画策します。その策とは孝明天皇の妹である和宮親子内親王《かずのみやちかこないしんのう》を将軍家茂に嫁がせるというものでした。この時、和宮は有栖川宮熾仁親王《ありすがわのみやたるひとしんのう》との婚約が決まっていたため和宮も孝明天皇も最初は拒絶しますが、幕府は「攘夷を実行するから」という実現不可能な約束をして、文久《ぶんきゅう》二年（一八六二）二月、家茂と和宮の婚儀が行なわれます。この時、家茂、和宮ともに十六歳でした。

孝明天皇は討幕派ではなく、むしろどちらかといえば公武合体派に近い考え方で、しかも幕府が攘夷を約束したこともあり、この時、降嫁《こうか》を拒む和宮を説得したといわれています。

しかしこの婚儀は急進的な尊王攘夷論者から非難を浴びました。降嫁の年の一月、脱藩した六人の水戸藩士が磐城平藩邸から江戸城に向かう安藤信正の行列を襲い、安藤を負傷させます。この事件は「坂下門外の変」と呼ばれています。刺客は護衛の磐城平藩士によって全員が殺され、暗殺の目的は達せられませんでしたが、「桜田門外の変」に続いて、江戸城のすぐそばでテロ事件が起きたことで、幕府の権威はさらに失墜します。安藤は老中を罷免され、隠居・蟄居を命じられました。

コラム 政略のために泣く泣く降嫁した和宮でしたが、結婚後は仲睦まじい夫婦となったといわれています。家茂は優しい性格で、聡明でもあったと伝えられています。幼い頃は小動物を可愛がるのを愉しみとしていましたが、十二歳で将軍となってからは、そうした趣味は封印し文武両道に励みました。幕府海軍奉行の勝義邦は「武勇にも優れた人物であった」と語っています。

家茂の優しさを表わすエピソードの一つに、こんな話があります。ある日、書の達人の老臣が家茂に字を教えていた時、突然、家茂が墨を磨《す》るための水を老臣にかけてしまい、「今日はここまで、また明日」と言って席を立ちました。日頃にはない家茂の乱暴な態度に周囲の者は訝《いぶか》りましたが、水をかけられた老臣は涙を流していました。実は老臣は習字中に失禁していたのです。将軍の前で粗相したことが周囲に知られれば厳しい処分を受けるとみた家茂は、咄嗟に老臣に水をかけて不問に付したのです。

また別のエピソードも残っています。伝染病のためにフランスの蚕《かいこ》が絶滅の危機に瀕したことを知った家茂は、蚕種を農家から集めてナポレオン三世に寄贈しました。フランスではその蚕を研究して病気の原因を突き止めることができ、同時に生き残った蚕同士を掛け合わせて品種改良に成功したのです。ナポレオン三世は謝礼として慶応三年（一八六七）、幕府に対し、軍馬の品種改良のためのアラビア馬二十六頭を贈呈しています。

後に、家茂は崩れ落ちようとする幕府の立て直しに、若き身を投じ懸命に奮闘しますが、志半ばにして二十歳の若さで世を去ります。死因は脚気でした。

吹き荒れるテロの嵐

安政七年（一八六〇）の「桜田門外の変」がきっかけとなったかのように、以降、日本中でテロの嵐が吹き荒れるようになります。狂信的な攘夷論者によって各地で外国人が殺されたり襲撃されたりする事件も多発します。

京都でも尊王攘夷派の志士たちが「天誅《てんちゅう》」と称して、佐幕開国派（幕府の政策を支持する勢力）の武士を暗殺するテロ事件が横行しました。京都にはそうした志士と呼ばれるテロリストが五百人もいるといわれ、連日のように起こる殺人事件は、もはや京都所司代や町奉行の手には負えなくなっていました。このため幕府は文久二年（一八六二）に京都守護職を置くことにし、会津藩にその任に当たらせることとします。二十六歳の若き会津藩主、松平容保は最初、この任を固辞しますが、再三の要請により、ついに引き受けました。家老たちは、京都守護職に就くということは「薪を背負って火中に飛び込むようなもの」と言って容保に翻意を促しますが、容保は日本と京都を守る覚悟で任地に赴きます。

容保は頑迷な佐幕派ではなく、むしろ開明的な思想を持ち、公武合体により日本を強化したいという思いを持っていた人物でした。

彼はテロリストを弾圧するのではなく、むしろ彼らの主張に耳を傾けてやるべきと考えており、「国事に関することならば内外大小を問わず申し出よ。手紙でも面談でも一向にかまわない。その内容は関白を通じて天皇へ奉じる」との布告を発令し、幕府へも建議します。しかし将軍後見職にあった一橋慶喜は「そんなものを聞いていてはきりがない」とにべもない態度を通しました。

志士たちの暴挙は一向に収まりませんでした。容保は配下に新撰組や京都見廻組を組織してテロリストを取り締まりますが、このことが後に長州藩の恨みを買い、会津の悲劇へとつながっていきます。

荒れる京の町

文久三年（一八六三）、八月、京都で大きなクーデターが起こります。これは「八月十八日の政変」と呼ばれるもので、天皇の主導によって外国と戦争を行なおう（攘夷親征）とする過激派の公家が京都から追放された事件です。この時、彼らを支援していた長州藩も同時に京都から追われています（七人の公家が長州に下ったことで「七卿落ち」といわれる）。

さらに翌元治《げんじ》元年（一八六四）の六月、「池田屋事件」が起こります。これは攘夷派の志士たちが集まっていた池田屋という旅籠（京都三条）を新撰組（会津藩の治安維持のための下部組織のような存在）が襲撃した事件です。この時、多くの志士が殺されたり捕縛されたりしました。京都に潜伏していた長州藩の大物志士も何人も殺されています。

同年七月、長州藩は失地回復と会津藩主の松平容保を排除するために、京都に兵を送り込みました。これを会津藩と薩摩藩を中心とするいくつかの藩が迎え撃ち、京の市街で戦闘が行なわれました。これは「禁門の変」(蛤御門の変)と呼ばれています。ちなみに藩同士の戦いは「大坂夏の陣」以来のもので、京の市街地の家が約三万戸焼失したといわれています。この戦いで長州藩は敗北し、「朝敵」となります。

朝廷はただちに幕府に対して長州追討の勅命を出し、幕府は三十五の藩から十五万の兵を動員して長州に軍を送ります。これは「第一次長州征伐」といわれるものですが、長州が三人の家老を切腹させるなどして謝罪の意を示したことで、実際の戦いは行なわれませんでした。

遣米使節団

ここで時間を少し戻しますが、「安政の大獄」で日本中が騒然となっている頃、はるか海の向こうでは、日本人がアメリカ人を驚かせていました。安政七年(一八六〇)一月、日本の遣米使節団の一行が日米修好通商条約批准のため、日本人として初めてアメリカを公式訪問したのです。

メンバーはアメリカの軍艦ポーハタン号に乗った新見正興《しんみまさおき》（正使）、村垣範正《むらがきのりまさ》（副使）、小栗忠順《おぐりただまさ》（目付）ら七十七人と、護衛艦の咸臨丸《かんりんまる》に乗った九十六人の総勢百七十三人。咸臨丸には木村喜毅《きむらよしたけ》（総督）、勝義邦、福沢諭吉《ふくざわゆきち》、中浜万次郎《なかはままんじろう》（ジョン万次郎として知られる）がいました。

新見らはサンフランシスコから蒸気機関車とアメリカ軍艦を乗り継いで、東海岸に到着します。ニューヨークでは彼らの姿を一目見ようとする市民たちで溢れかえりました（ブロードウェイを往く使節団の行列とそれを見守る群衆の写真が残っている）。ニューヨーク・ヘラルド紙は一行を「星からの珍客」と評しました。髪を結い、見たこともない服装で、腰に二本の刀を差した日本人の姿は、アメリカ市民たちの目には非常に奇異に映ったに違いありません。しかしアメリカ人はまもなく、日本人一行の礼儀正しい振る舞い、慎み深い態度に感銘を受けます。ニューヨーク・タイムズ紙は「彼らは世界で最も洗練された人たちである。我々には奇妙に見えるけれども、彼らから見れば、我々も奇妙に見えるだろう」と書いています。

新見らはホワイトハウスでアメリカ大統領に謁見しますが、大統領が江戸城のような大きな城に住んでいないことに驚きました。さらにワシントンの海軍工廠に案内され、その巨大さに衝撃を受けます。目付の小栗忠順は今さらながらに攘夷の愚かさを認識しました。そしてアメリカの技術を取り入れることを心に誓ったのです。この時、小栗は一本のネジを土産に持ち帰っています。このネジは群馬県高崎市にある東善寺に今も大切に保管されています。

しかし小栗もまたアメリカ人たちを驚愕させていました。実は小栗は一両小判とドル金貨の交換比率を定める為替レート交渉という任務を負っていたのですが、造幣局において、彼はアメリカ人技師たちの前で小判とドル金貨のそれぞれの金含有量を測ってみせます。彼らはまず小栗が使った天秤の精密さに驚き、次に小栗の算盤による計算の速さと正確さに舌を巻きました（アメリカ人の筆算よりも小栗の算盤の方が何倍も速かった）。

一方、咸臨丸の一行もアメリカ人に感銘を与えていました。中でも私が好きな逸話は木村喜毅総督のパフォーマンスです。咸臨丸にはサンフランシスコの上流階級の人々が見学に来ましたが、この時、夫人たちも艦内に入ろうとしました。幕府の軍艦は女人禁制であり、木村は乗船を断わりました。すると夫人たちは怒り、今度は日本人を欺こうと男装してやってきて、まんまと乗船して艦内を見学したのです。下船の時、木村は彼女らにお土産として紙包みを渡しました。船から降りて紙包みを開けると、そこには美しい簪《かんざし》が入っていました。この粋なはからいに、夫人たちが感激したのはいうまでもありませんが、サンフランシスコ市民も喝采を送りました。この話が伝わると、日本人の株が一気に上がったといわれています。

ちなみに木村は出港前に、家に伝わる家宝を売り払って小判とアメリカ金貨に換え、咸臨丸に詰め込んで訪米中の諸雑費にあてていますが、おそらくこの簪もその金で購《あがな》ったものでしょう。国を背負って立つという任務のために私財を擲ったのです。木村は維新後、明治新政府から士官の誘いを受けますが、それを断わって貧しい隠居生活で生涯を送ります。

この訪米で、アメリカ文化に直接触れた使節団の男たちが得たものは計り知れません。小栗忠順、勝義邦、福沢諭吉らは後に日本史に大きな足跡を残すこととなります。

しかし日本においては、いまだ攘夷の嵐が吹き荒れており、近代化にはもう少し時を経なければなりませんでした。

咸臨丸に乗っていた中浜万次郎は、日本史の教科書などで大きく取り上げられることはありませんが、私は幕末史を語る上で避けて通れない重要な人物だと思っています。敢えていえば、幕末の日本を動かした人物だとすら考えています。

万次郎ほど数奇な運命を辿った人物はないといっても過言ではありません。文政一〇年（一八二七）、土佐国幡多《はた》郡中ノ浜村（現在の高知県土佐清水市中浜）の貧しい漁師の家に生まれた万次郎は幼くして父を亡くしたために、寺子屋にも通えず、読み書きもできませんでした。十四歳の時、乗り組んだ漁船が難破して、仲間四人とともに絶海の無人島（鳥島）に漂着します。

そこで幸運にもアメリカの捕鯨船に助けられますが、当時、海外に出た日本人は帰国すれば処刑されてしまうため、船長のホイットフィールドは一行をハワイに降ろそうとしました。しかし万次郎は仲間と離れてただ一人捕鯨船員として船に残ることを希望します。万次郎は船の中で見た世界地図で、日本の小ささを知り衝撃を受けていたのです。

同年、捕鯨船がアメリカに帰国した後、万次郎はマサチューセッツ州ニューベッドフォードのフェアヘイブンに住むホイットフィールド船長の養子となります（当時船長は新婚だった）。そこから高等教育機関のバーレット・アカデミーに通い、高等数学、測量、航海術、造船技術などを学びます。万次郎はその学校を首席で卒業していますが、日本では寺子屋にも行かず、十四歳で初めて英語に触れたことを考えると、彼がいかに優秀であったかがわかります。また学問だけでなく、当時の日本にはなかった自由な民主主義の概念をも身に付けました。しかしその一方、アジア人であることによる人種差別をも経験しています。当時のアメリカは南北戦争前で、黒人はまだ奴隷の状態でした。

卒業後はホイットフィールド家を出て、捕鯨船に乗って世界を回ることとなります。途中、船長が病気で船を降りた時、新しい船長を決める船員たちの投票で、万次郎ともう一人の船員が同数一位となりますが、万次郎は年長者に船長の座を譲り、自分は副船長となります。そして普通なら十年はかかるといわれた一等航海士にわずか三年で選任されたのです。

二十三歳のとき、日本に帰ることを決意した万次郎は、嘉永二年（一八四九）に帰国資金を得るためにサンフランシスコの金鉱で金の採掘をします。余談ですが、この年のカリフォルニアのゴールドラッシュにはアメリカ全土から約三十万人の人が金を求めて集まったといわれ（彼らは「フォーティナイナーズ」と呼ばれている）、それまで人口わずか二百人くらいの小さな町であったサンフランシスコが一挙に大都市になりました。そこに一人の日本人の若者がいたというのはドラマを感じさせます。

万次郎は、そこで得た資金をもとに上海行きの商船に乗りました。途中、かつてハワイで別れた漁師仲間に再会して彼ら（全員ではない）をも帰国の船に乗せます。

嘉永四年（一八五一）、万次郎は仲間とともに、商船から小舟に乗り換えて、琉球に上陸しました。すぐに鹿児島へ送られて薩摩藩による取り調べを受けますが、藩主、島津斉彬《なりあきら》が自ら万次郎に会い、万次郎の語るアメリカの話に真剣に耳を傾けたのです。万次郎が「異国では、人の値打ちは身分によって定まらず、才によって定まる」と語った時、斉彬は何度も深く頷いたといいます。薩摩藩は万次郎を厚遇し、藩の洋学校の英語講師に採用しました。また彼から得た知識をもとに、後に和洋折衷の越通船《おっとせん》を建造します。万次郎はその後、土佐に戻り、十一年ぶりに母との再会を果たすのですが、この時、土佐藩は万次郎を士分として取り立て、藩校の教授に任命しました（この時の生徒に後藤象二郎《ごとうしょうじろう》や岩崎弥太郎《いわさきやたろう》らがいる）。

嘉永六年（一八五三）、黒船来航によって慌てふためいていた幕府は、アメリカの情報を得るために万次郎を江戸に招き、旗本の身分を与えます（この時、中浜という苗字が授けられた）。その後、軍艦操練所の教授となり、測量術や航海術などを指導し、英語教育も行ないました。

一方、艦隊を率いて日本に開国を迫ったペリーとの交渉の通訳に、万次郎ほどの適役はいませんでしたが、老中がスパイ疑惑を持ち出したため、役目から外されました。もし万次郎が交渉で重要な役目を負っていたなら、日米修好通商条約の中身は相当変わっていたでしょう。

この頃、勝義邦も万次郎と会い、アメリカ文化を学んでいます。勝の先見性と視野の広さは万次郎から授けられたところ大ではないかと私は思っています。万次郎は幕末から明治の時代に当時のアメリカにおける民主主義を最もよく理解していた人物でした。坂本龍馬も万次郎の世界観に大きな影響を受けたといわれています。この後、日本は勝や龍馬が思い描いたように動いていきますが、彼らの師として「世界」を教えたという意味で、万次郎こそが幕末の日本に最も大きな影響を与えた一人だといえます。

遣米使節団の一員として咸臨丸に乗り組んだ際には、艦長格を自任する勝義邦がひどい船酔いでほとんど動けなかったため、代わって万次郎が操船の指揮を執ることとなりました。この時、万次郎の操船技術の高さにもアメリカ人が感嘆しています。咸臨丸に乗船していたアメリカ海軍のジョン・マーサー・ブルック大尉は、『咸臨丸日記』で、「咸臨丸上では、ジョン万次郎だけが、日本海軍を改造するにはなにが必要かを知っている唯一の日本人だった」と書いています。

その後も万次郎はいくつかの役職に就きますが、いずれも彼の高い能力に見合うポストとはいえませんでした。幕府に取って代わった明治政府も彼を重用しなかったのです（明治政府が与えたポストは東京大学の英語教授）。理由は、少年時代に漢文などの素養を身に付けておらず、日本語の文章力に乏しいからというものでした。いかにも日本の官僚的な考え方です。アメリカの近代的な政治やシステムを肌で知っていた万次郎が明治政府の要職に就いていたなら、日本の明治はまた違ったものになっていたに違いありません。

なお、明治三年（一八七〇）、ヨーロッパへ派遣された万次郎は、帰国の途中アメリカに立ち寄り、恩人のホイットフィールド船長と四半世紀ぶりの再会を果たしています。余談ですが、万次郎の子孫である中浜家とホイットフィールド家の子孫の間では今も交流が続いており、万次郎の故郷である土佐清水市と、ホイットフィールド家があったマサチューセッツ州のフェアヘイブン市は姉妹都市の関係となっています。

主要参考文献(上巻)

全般

・朝日新聞社(編)『朝日 日本歴史人物事典』朝日新聞社
・河合敦『早わかり日本史 ビジュアル図解でわかる時代の流れ!』日本実業出版社
・公益財団法人日本文化興隆財団企画『季刊誌 皇室 平成31年 春 82号 ご即位30年記念大特集 両陛下のお歩み』扶桑社
・国史大辞典編集委員会(編)『国史大辞典(全十五巻・十七冊)』吉川弘文館
・竹田恒泰『中学歴史 令和2年度文部科学省検定不合格教科書』令和書籍
・藤堂明保、竹田晃、影山輝國『倭国伝 全訳注 中国正史に描かれた日本』講談社学術文庫
・西尾幹二『決定版 国民の歴史(上)(下)』文春文庫
・吉重丈夫『歴代天皇で読む 日本の正史』錦正社
・渡部昇一『[増補]決定版・日本史』扶桑社文庫
・『朝日新聞 創刊135周年記念 号外縮刷版』朝日新聞社
・『詳説世界史 改訂版 世B310』山川出版社
・『詳説日本史 改訂版 日B309』山川出版社
・『新選日本史B』東京書籍
・『世界大百科事典(第二版)』平凡社
・『大辞泉』小学館
・『大辞林(第三版)』三省堂
・『天皇の歴史1～10』講談社学術文庫
・『問いを生み出す学び舎歴史教科書』学び舎
・『ブリタニカ国際大百科事典』ブリタニカ・ジャパン
・『日本史B 新訂版』実教出版
・『日本大百科全書』小学館
・『日本の歴史1～26』中公文庫

第1章

・青松光晴『図でわかりやすく解き明かす 日本古代史の謎 神話の世界から邪馬台国へ』デザインエッグ社

・池橋宏『稲作の起源—イネ学から考古学への挑戦』講談社選書メチエ
・石川日出志『農耕社会の成立　シリーズ日本古代史①』岩波新書
・石野博信、橋本輝彦、辰巳和弘、黒田龍二「大和・纒向の三世紀の居館と祭祀」(『石野博信討論集　邪馬台国とは何か—吉野ヶ里遺跡と纒向遺跡』新泉社 所収)
・石原道博(編訳)『新訂 魏志倭人伝・後漢書倭伝・宋書倭国伝・隋書倭国伝—中国正史日本伝(1)』岩波文庫
・出野正、張莉『倭人とはなにか—漢字から読み解く日本人の源流』明石書店
・荊木美行(編著)『古代天皇系図—初代神武天皇～第五十代桓武天皇』燃焼社
・入江相政(編)『宮中歳時記』TBSブリタニカ
・梅原猛『葬られた王朝　古代出雲の謎を解く』新潮社
・岡田康博『三内丸山遺跡：復元された東北の縄文大集落』同成社
・落合淳思『殷—中国史最古の王朝』中公新書
・海部陽介『日本人はどこから来たのか?』文藝春秋
・河内春人『倭の五王　王位継承と五世紀の東アジア』中公新書
・菊池秀夫『邪馬台国と狗奴国と鉄』彩流社
・工藤雄一郎『旧石器・縄文時代の環境文化史—高精度放射性炭素年代測定と考古学』新泉社
・河野本道『アイヌ史/概説』北海道出版企画センター
・小菅将夫『「旧石器時代」の発見　岩宿遺跡』新泉社
・小林謙一、工藤雄一郎、国立歴史民俗博物館(編)『縄文はいつから!?—地球環境の変動と縄文文化(増補)』新泉社
・小林謙一(編)『土器のはじまり』同成社
・崎谷満『新日本人の起源—神話からDNA科学へ』勉誠出版
・佐藤信(編)『大学の日本史　1古代　教養から考える歴史へ』山川出版社
・佐藤洋一郎『稲の日本史』角川ソフィア文庫
・産経新聞取材班『神武天皇はたしかに存在した』産経新聞出版
・篠田謙一『日本人になった祖先たち—DNAが解明する多元的構造(新版)』NHK出版
・清水眞一『最初の巨大古墳—箸墓古墳』新泉社

・瀬川拓郎『アイヌの歴史―海と宝のノマド』講談社選書メチエ
・高田貫太『「異形」の古墳　朝鮮半島の前方後円墳』角川選書
・玉田芳英(編)『史跡で読む日本の歴史1』吉川弘文館
・服部四郎『日本語の系統』岩波書店
・林田愼之助『富豪への王道―史記・貨殖列伝を読み解く』講談社
・原田実(監修)『偽史と奇書が描くトンデモ日本史』じっぴコンパクト新書
・班固(著)、小竹武夫(訳)『漢書〈3〉志(下)』ちくま学芸文庫
・広瀬和雄『前方後円墳とはなにか』中央公論新社
・藤尾慎一郎『縄文論争』講談社選書メチエ
・藤尾慎一郎『日本の先史時代―旧石器・縄文・弥生・古墳時代を読みなおす』中公新書
・藤本強『考古学でつづる日本史』同成社
・古田武彦『古代は輝いていたI　『風土記』にいた卑弥呼』朝日新聞社
・古田武彦『古代は輝いていたII　日本列島の大王たち』朝日新聞社
・水谷千秋『謎の大王　継体天皇』文春新書
・宮本一夫『農耕の起源を探る―イネの来た道』吉川弘文館
・森浩一『韓国の前方後円墳―「松鶴洞一号墳問題」について』社会思想社
・山田康弘『縄文時代の歴史』講談社現代新書
・吉村武彦『ヤマト王権　シリーズ日本古代史②』岩波新書
・渡部昇一『「日本の歴史」1　古代篇　神話の時代から』ワック
・青森県『特別史跡　三内丸山遺跡』Ｗｅｂｓｉｔｅ
・宮内庁Ｗｅｂｓｉｔｅ
・茅野市尖石縄文考古館Ｗｅｂｓｉｔｅ
・BBC News “World's oldest fish hooks found in Japanese island cave” 18 September 2016

第2章

・井上満郎『桓武天皇―当年の費えといえども後世の頼

り』ミネルヴァ書房
・宇治谷孟『日本書紀　全現代語訳(上)(下)』講談社学術文庫
・宇治谷孟『続日本紀　全現代語訳(上)(中)(下)』講談社学術文庫
・内田正男『日本書紀暦日原典(新装版)』雄山閣出版
・大津透『律令国家と隋唐文明』岩波新書
・大平聡『聖徳太子—倭国の「大国」化をになった皇子』山川出版社
・門田隆将、竹田恒泰『なぜ女系天皇で日本が滅ぶのか』ビジネス社
・倉本一宏『蘇我氏—古代豪族の興亡』中公新書
・小島憲之、直木孝次郎、西宮一民、蔵中進、毛利正守(校注訳)『日本書紀(全三巻)(新編 日本古典文学全集)』小学館
・坂上康俊『平城京の時代　シリーズ日本古代史④』岩波新書
・坂上康俊『律令国家の転換と「日本」』講談社学術文庫
・坂本太郎、家永三郎、井上光貞、大野晋(校注)『日本書紀(一)〜(五)』岩波文庫
・品田悦一『万葉集の発明　国民国家と文化装置としての古典　新装版』新曜社
・品田悦一『万葉ポピュリズムを斬る』短歌研究社、講談社
・関裕二『天武天皇　隠された正体』ワニ文庫
・瀧浪貞子『持統天皇—壬申の乱の「真の勝者」』中公新書
・瀧浪貞子『女性天皇』集英社新書
・武澤秀一『伊勢神宮と天皇の謎』文春新書
・遠山美都男『壬申の乱—天皇誕生の神話と史実』中公新書
・遠山美都男『白村江』講談社現代新書
・直木孝次郎『日本の歴史2　古代国家の成立』中央公論社
・中西進『万葉集 全訳注原文付(一)〜(四)』講談社文庫
・布目潮渢『新・人と歴史　拡大版27　隋の煬帝と唐の太宗　暴君と明君、その虚実を探る』清水書院
・布目潮渢、栗原益男『隋唐帝国』講談社学術文庫
・馬場基「平城京を探る」(『古代の都』岩波書店 所収)
・福永武彦(訳)『現代語訳　古事記』河出文庫
・宮崎市定『隋の煬帝』中公文庫
・夜久正雄『白村江の戦—7世紀・東アジアの動乱』国文研

叢書　Kindle版
・吉川真司『飛鳥の都　シリーズ日本古代史③』岩波新書
・和田萃（編）『古事記と太安万侶』吉川弘文館
・渡部育子『元明天皇・元正天皇―まさに今、都邑を建つべし』ミネルヴァ書房
・渡部昇一『古事記の読み方』ワック
・『歴史研究　第667号（2018年12月号）特集：白村江の戦い』歴研

第3章

・河合敦『後白河法皇』幻冬舎新書
・川合康『源平合戦の虚像を剝ぐ　治承・寿永内乱史研究』講談社学術文庫
・川尻秋生『平安京遷都　シリーズ日本古代史⑤』岩波新書
・黒板勝美『（新訂増補國史大系　第3巻）日本後紀・續日本後紀・日本文徳天皇實錄』吉川弘文館
・黒板伸夫、森田悌（編）『日本後紀（訳注日本史料）』集英社
・桑原博史（監修）『新明解古典シリーズ7　今昔物語集・宇治拾遺物語』三省堂
・斎部広成（撰）、西宮一民（校注）『古語拾遺』岩波文庫
・杉本圭三郎（訳）『新版　平家物語　全訳注　全四冊合本版』講談社学術文庫
・関幸彦『刀伊の入寇　平安時代、最大の対外危機』中公新書
・棚橋光男『後白河法皇』講談社選書メチエ
・土田直鎮『日本の歴史5　王朝の貴族』中央公論社
・野村朋弘『諡―天皇の呼び名』中央公論新社
・古瀬奈津子『摂関政治　シリーズ日本古代史⑥』岩波新書
・松林靖明、信太周、犬井善寿（訳）『新編　日本古典文学全集41・将門記／陸奥話記／保元物語／平治物語』小学館
・美川圭『院政―もうひとつの天皇制』中公新書
・紫式部（著）、山本淳子（訳注）『紫式部日記　現代語訳付き』角川ソフィア文庫
・元木泰雄『河内源氏』中公新書
・元木泰雄『平清盛と後白河院』角川選書

・柳田国男『蝸牛考』岩波文庫
・山田雄司『怨霊とは何か―菅原道真・平将門・崇徳院』中公新書

第4章

・井沢元彦『言霊　なぜ日本に、本当の自由がないのか』祥伝社
・井沢元彦『言霊II　なぜ日本人は、事実を見たがらないのか』祥伝社
・石田晴男『応仁・文明の乱』吉川弘文館
・井上章一、佐藤賢一『世界史のミカタ』祥伝社新書
・今谷明『籤引き将軍足利義教』講談社選書メチエ
・大倉隆二『「蒙古襲来絵詞」を読む』海鳥社
・小澤重男（訳）『元朝秘史（上）』岩波文庫
・笠松宏至、佐藤進一、百瀬今朝雄『中世政治社会思想（下）』岩波書店
・呉座勇一『陰謀の日本中世史』角川新書
・小林一岳『日本中世の歴史4　元寇と南北朝の動乱』吉川弘文館
・コンスタンティン・ムラジャ・ドーソン（著）、佐口透（訳注）『モンゴル帝国史1～6』平凡社
・佐原真『騎馬民族は来なかった』日本放送出版協会
・ジャック・ウェザーフォード（著）、星川淳（監修）、横堀冨佐子（訳）『チンギス・ハンとモンゴル帝国の歩み　ユーラシア大陸の革新』パンローリング
・杉山正明『クビライの挑戦　モンゴルによる世界史の大転回』講談社学術文庫
・竹田恒泰『天皇の国史』ＰＨＰ研究所
・中世後期研究会（編）『室町・戦国期研究を読みなおす』思文閣出版
・徳川光圀（著）、山路愛山（訳）『訳文大日本史（全五巻）』後楽書院
・服部英雄『蒙古襲来と神風　中世の対外戦争の真実』中公新書
・兵藤裕己『後醍醐天皇』岩波新書
・本郷和人『承久の乱―日本史のターニングポイント』文春新書
・宮脇淳子『世界史のなかの蒙古襲来　モンゴルから見た

高麗と日本』扶桑社
・森茂暁『建武政権―後醍醐天皇の時代』講談社学術文庫
・森茂暁『後醍醐天皇―南北朝動乱を彩った覇王』中公新書
・森茂暁『南朝全史―大覚寺統から後南朝へ』講談社
・森茂暁『室町幕府崩壊 将軍義教の野望と挫折』角川選書
・山下宏明『新潮日本古典集成〈新装版〉太平記 一～五』新潮社
・ロバート・マーシャル（著）、遠藤利国（訳）『図説 モンゴル帝国の戦い 騎馬民族の世界制覇』東洋書林
・渡部昇一『「日本の歴史」2 中世篇 日本人のなかの武士と天皇』ワック
・日本経済新聞 平成29年2月15日付
・京都市歴史資料館 情報提供システム フィールド・ミュージアム京都Ｗｅｂｓｉｔｅ二条河原落書
・文部科学省Ｗｅｂｓｉｔｅ 中央教育審議会初等中等教育分科会資料５－５
・臨済宗相国寺派Ｗｅｂｓｉｔｅ

第5章

・アレシャンドゥロ・ヴァリニャーノ（著）、松田毅一（訳）『東洋文庫２２９ 日本巡察記』平凡社
・池上裕子『織田信長』吉川弘文館
・今谷明『信長と天皇―中世的権威に挑む覇王』講談社現代新書
・英俊（著）、辻善之助（編）『多聞院日記 第４巻』三教書院
・太田牛一（著）、中川太古（訳）『現代語訳 信長公記』新人物文庫
・落合一泰（監修・講師）『ＮＨＫ高校講座テレビ学習メモ 第19回大航海時代』
・金子拓『織田信長〈天下人〉の実像』講談社現代新書
・藤堂明保、竹田晃、影山輝國『倭国伝 全訳注 中国正史に描かれた日本』講談社学術文庫
・トーマス・ロックリー（著）、不二淑子（訳）『信長と弥助 本能寺を生き延びた黒人侍』太田出版

・ノエル・ペリン（著）、川勝平太（訳）『鉄砲を捨てた日本人―日本史に学ぶ軍縮』中公文庫
・ピーター・ミルワード（著）、松本たま（訳）『ザビエルの見た日本』講談社学術文庫
・藤木久志『刀狩り 武器を封印した民衆』岩波新書
・ルイス・フロイス（著）、松田毅一、川崎桃太（訳）『完訳フロイス日本史①～⑫』中公文庫
・若尾政希『百姓一揆』岩波新書
・渡部昇一『戦乱と文化の興隆』ワック
・大御所四百年祭記念Ｗｅｂｓｉｔｅ 家康公を学ぶ

第6章

・浅野秀剛（監修）『別冊太陽 北斎 決定版』平凡社
・新井白石（著）、横井清（訳）『「読史余論」現代語訳』講談社学術文庫
・安藤如意（原著）、渡辺英夫（改補）『新編増補 坐隠談叢 囲碁全史』新樹社
・安藤優一郎『ＷＥＢ歴史街道 殿様は江戸で何をしていたのか？』ＰＨＰオンライン衆知
・安藤優一郎『江戸の不動産』文春新書
・ウイリアム・ルイス、村上直次郎（編）、富田虎男（訳訂）『マクドナルド「日本回想記」』刀水書房
・氏家幹人『江戸人の老い』ＰＨＰ新書
・Ｍ・Ｃ・ペリー（著）、Ｆ・Ｌ・ホークス（編）、宮崎壽子（監訳）『ペリー提督日本遠征記（上下 合本版）』角川ソフィア文庫
・鬼頭宏『人口から読む日本の歴史』講談社学術文庫
・倉地克直『江戸の災害史―徳川日本の経験に学ぶ』中公新書
・黒木喬『江戸時代史叢書４ 江戸の火事』同成社
・斎藤月岑（著）、今井金吾（校訂）『定本 武江年表（上）（中）（下）』ちくま学芸文庫
・斎藤洋一、大石慎三郎『新書・江戸時代② 身分差別社会の真実』講談社現代新書
・佐藤常雄、大石慎三郎『新書・江戸時代③ 貧農史観を見直す』講談社現代新書
・渋沢栄一（編）『東洋文庫76 昔夢会筆記 徳川慶喜公回想談』平凡社

・田中英道『増補　日本の文化　本当は何がすごいのか』扶桑社
・チャールズ・マックファーレン(著)、渡辺惣樹(訳)『日本1852　ペリー遠征計画の基礎資料』草思社文庫
・辻達也(編)『日本の近世2　天皇と将軍』中央公論社
・中野三敏、神保五彌、前田愛(校注)『新編　日本古典文学全集80・洒落本　滑稽本　人情本』小学館
・鳴海風『江戸の天才数学者―世界を驚かせた和算家たち』新潮選書
・仁科邦男『犬の伊勢参り』平凡社新書
・根岸鎮衛(著)、長谷川強(校注)『耳嚢(上)(下)』岩波文庫
・浜田義一郎『大田南畝(人物叢書)』吉川弘文館
・藤田覚『勘定奉行の江戸時代』ちくま新書
・藤田覚『東京大学日本史学研究室紀要　第四号　近世後期の情報と政治』
・堀口茉純『江戸はスゴイ　世界一幸せな人びとの浮世ぐらし』PHP新書
・村井淳志『勘定奉行 荻原重秀の生涯』集英社新書
・安永一『改訂新版　囲碁百年』時事通信社
・矢田俊文『近世の巨大地震(歴史文化ライブラリー)』吉川弘文館
・山田順子『なぜ、江戸の庶民は時間に正確だったのか？時代考証でみる江戸モノ65の謎』実業之日本社
・山本純美『江戸・東京の地震と火事』河出書房新社
・山本博文『参勤交代』講談社現代新書
・吉重丈夫『皇位継承事典』PHPエディターズ・グループ
・ロドリゴ・デ・ビベーロ(著)、安藤操(訳)『ドン・ロドリゴの日本見聞録　スペイン人の見た400年前の日本の姿』たにぐち書店
・渡辺一郎、鈴木純子『図説　伊能忠敬の地図をよむ』河出書房新社
・渡辺一郎『伊能忠敬の日本地図』河出文庫
・渡部昇一『「日本の歴史」4　江戸篇　世界一の都市江戸の繁栄』ワック
・東京消防庁Website 江戸三大大火
・東京都都市整備局Website 江戸の土地利用
・東京都立図書館Website 江戸の町づくり
・内閣府Website 防災情報のページ第1章　明暦期にいたる歴史的背景

- 日本サンボ連盟Ｗｅｂｓｉｔｅ
- The Papers of William Alexander Graham, Vol. IV 1851-1856, The North Carolina State Department of Archives and History, 1961, Hamilton

第7章

- 青木美智男『大系日本の歴史11　近代の予兆』小学館
- 安藤優一郎『幕末維新 消された歴史　武士の言い分江戸っ子の言い分』日本経済新聞出版
- 家近良樹『孝明天皇と「一会桑」―幕末・維新の新視点』文春新書
- 一坂太郎『司馬遼太郎が描かなかった幕末―松陰・龍馬・晋作の実像』集英社新書
- 一坂太郎『情熱と挑戦の生涯　高杉晋作』角川ソフィア文庫
- 尾佐竹猛(著)、吉良芳恵(校注)『幕末遣外使節物語　夷狄の国へ』岩波文庫
- 刑部芳則『公家たちの幕末維新―ペリー来航から華族誕生へ』中公新書
- 上垣外憲一『勝海舟と幕末外交　イギリス・ロシアの脅威に抗して』中公新書
- 久住真也『幕末の将軍』講談社選書メチエ
- 篠田鉱造『増補　幕末百話』岩波文庫
- 篠田達明『徳川将軍家十五代のカルテ』新潮新書
- ジョン万次郎(述)、河田小龍(記)、谷村鯛夢(訳)、北代淳二(監修)『漂巽紀畧 全現代語訳』講談社学術文庫
- 田辺太一(著)、坂田精一(訳)『東洋文庫69・72　幕末外交談(全二巻)』平凡社
- 戸川残花(著)、日本史籍協会(編)『幕末小史』東京大学出版会
- 徳川恒孝(監修)、徳川記念財団(編)『徳川家茂とその時代―若き将軍の生涯―』徳川記念財団
- 中濱武彦『ファースト・ジャパニーズ ジョン万次郎』講談社
- 中濱博『中濱万次郎―「アメリカ」を初めて伝えた日本人』冨山房インターナショナル
- 日本財団図書館『「阿部正弘と日米和親条約」展図録』
- 日本財団図書館『日露友好１５０周年記念特別展「ディアナ号の軌跡」報告書』

・日本政府『世界遺産一覧表記載推薦書　小笠原諸島』
・半藤一利『幕末史』新潮社
・藤田覚『幕末の天皇』講談社選書メチエ
・古川薫『幕末長州藩の攘夷戦争』中公新書
・宮永孝『幕末遣欧使節団』講談社学術文庫
・山本博文『徳川将軍と天皇』中公文庫
・外務省Website　幕末期
・外務省Website　北方領土問題とは？
・長崎市亀山社中記念館Website　亀山社中概要

編集
有本香

この作品は二〇一八年十一月小社より刊行された
『日本国紀』を大幅に加筆修正した新版です。

[新版]日本国紀《にほんこくき》〈上〉

百田尚樹《ひゃくたなおき》

令和3年11月15日　初版発行
令和6年7月31日　10版発行

発行人——石原正康
編集人——高部真人
発行所——株式会社幻冬舎
〒151-0051東京都渋谷区千駄ヶ谷4-9-7
電話　03(5411)6222(営業)
　　　03(5411)6211(編集)
公式HP　https://www.gentosha.co.jp/
印刷・製本—中央精版印刷株式会社
装丁者——高橋雅之

幻冬舎文庫

ISBN978-4-344-43127-0　C0195　ひ-16-8

この本に関するご意見・ご感想は、下記アンケートフォームからお寄せください。
https://www.gentosha.co.jp/e/